Dubai
Zeit für das Beste

Highlights – Geheimtipps – Wohlfühladressen

»Seine besten Tugenden verdankt der Araber der Wüste: den Humor, den Mut und die Geduld, die Sprache, die er spricht, und seine leidenschaftliche Liebe zur Poesie«.

Sir Wilfred Thesiger (Bei den Beduinen)

Dubai
Zeit für das Beste

Birgit Müller-Wöbcke
Udo Bernhart

BRUCKMANN

INHALTSVERZEICHNIS

Die Top Ten	6
Kennen Sie Dubai und die Emirate?	8

BUR DUBAI

1	Bastakiya	30
2	Al-Fahidi Fort & Dubai Museum	38
3	Heritage & Diving Village	44
4	Dubai Creek	50

SHEIK ZAYED ROAD

5	Emirates Towers	56
6	Downtown Dubai	64
7	Burj Khalifa	66
8	Dubai Mall	70
9	Mall of the Emirates	74

DEIRA

10	Al-Khor Corniche	80
11	Deira Old Souk	84
12	Historisches Deira	88
13	Gold Souk	94
14	Dubai Creek Golf & Yacht Club	96

JUMEIRAH

15	Jumeirah Beach	100
16	Burj Al Arab	108
17	Madinat Jumeirah	112
18	The Palm Jumeirah	116
19	Atlantis und Aquaventure	122
20	Dubai Marina	126
21	JBR Walk	134

ABU DHABI

22	Sheikh Zayed Grand Mosque	142
23	Abu Dhabi Corniche	148
24	Emirates Palace	156
25	Heritage Village	160

Vorangehende Doppelseite: Arabische Daus auf dem Dubai Creek
Oben: Burj Khalifa, Dubais jüngstes Wahrzeichen
Mitte: Alles Gold, was glänzt im Dubai Gold Souk.
Unten: Den Himmel über der Wüste auf einer Desert Safari genießen.

26	White Fort and Cultural Foundation	164
27	Yas Island	166
28	Saadiyat Island	172
29	Falkenhospital	176
30	Masdar City	178

SHARJAH

31	Qanat al-Qasba	182
32	Aquarium und Maritime Museum	186
33	Museum of Islamic Civilization	188
34	Heritage Area	192
35	Sharjah Lagoon	198
36	Sharjah Desert Park	200

UMGEBUNG UND AUSFLÜGE

37	Dubailand	206
38	Festival City	208
39	In die Wüste	212
40	Ras al-Khor Wildlife Sanctuary	220
41	Meydan City & Race Course	222
42	Hatta	226
43	Al-Ain	230
44	Liwa-Oasen	238
45	Sir Bani Yas	244
46	Ras al-Khaimah	250
47	Fujairah	256
48	Ajman	262
49	Umm al-Quwain	264
50	Musandam	266

REISEINFOS

Dubai von A-Z 272
Kleiner Sprachführer 284

Register 286
Impressum 288

Oben: Der neue Stadtteil Downtown Dubai aus der Vogelperspektive
Mitte: Mit der Abra über den Creek
Unten: Edles islamisches Dekor in der ansonsten hypermodernen Dubai Mall

DIE TOP TEN

DUBAI CREEK (S. 50)
Wie schön, dass auch im schnelllebigen Dubai manche Dinge sich kaum ändern. Al-Khor, von den Briten »Creek« genannt, der lange Meeresarm, der die Metropole in zwei Teile gliedert, ist nach wie vor die Lebensader der Stadt. Hier herrscht Betrieb rund um die Uhr, riecht es nach Diesel und Meer, setzt man in alten hölzernen *Abras* über den Creek, zusammen mit Menschen aus aller Welt.

»BURJ AL ARAB« (S. 108)
Auf einer eigens geschaffenen kleinen Insel und vor Jumeirah Beach thront der »Turm der Araber«, eines der berühmtesten Hotels weltweit. Das Wahrzeichen Dubais zieht internationale Prominenz an; eine Besichtigung ist möglich, wenn man in einem der spektakulären Restaurants und Cafés reserviert, z.B. zum *High Tea* (Nachmittagstee) in 200 Metern Höhe.

BURJ KHALIFA (S. 66)
Wenn man neben dem gigantischen Wolkenkratzer steht, muss man den Kopf in den Nacken legen, um die Turmspitze in über 800 Metern Höhe sehen zu können. Und auf der Aussichtsplattform *At the Top* im 124. Stockwerk liegt einem ganz Dubai zu Füßen, alle anderen Hochhäuser und Wolkenkratzer sehen dann wie Spielzeugbauten aus.

DUBAI MUSEUM (S. 38)
Unweit des historischen Bastakiya-Viertels, das durch seine alten Windturmhäuser begeistert, liegt das älteste Bauwerk Dubais, das 1787 errichtete Al-Jahili-Fort. Heute beherbergt es das Nationalmuseum. Die Dubaier lieben die Zeitreise in ihre Vergangenheit, die hier auf fantasievolle Weise wieder zum Leben erweckt wird.

DUBAI MALL (S. 70)
Die Dubai Mall ist mit über 1200 Shops, Designerboutiquen, Hunderten von Juwelierläden und Kaufhausfilialen sowie über 150 vorzüglichen Restaurants und Cafés die Königin aller Malls.

»EMIRATES PALACE« (S. 156)
Am westlichen Ende der Corniche von Abu Dhabi thront der fast einen Kilometer lange Palast, der als Luxushotel, Gästehaus der Regierung und Kongresszentrum gleichermaßen fungiert. Das in Armani-Uniformen gekleidete Hotelpersonal leitet die Gäste mit traumwandlerischer Sicherheit durch das Labyrinth blattgoldverzierter Gänge.

SHEIKH ZAYED GRAND MOSQUE (S. 142)
Nach Sonnenuntergang und illuminiert von Tausenden von kleinen Lämpchen sieht die in Abu Dhabi errichtete Moschee aus wie ein Märchenbuch aus 1001 Nacht. Tagsüber ziehen die aus weißem Marmor errichteten Kuppeln und Minarette jeden Sonnenstrahl auf sich. Die Höfe und der Innenraum bieten Platz für Tausende von Gläubigen.

LIWA OASEN (S. 238)
Dubai und die anderen Emirate sind ein Wüstenland. Dies merkt man nirgendwo eindrucksvoller als im tiefen Süden von Abu Dhabi. Wie Perlen auf einer Schnur reihen sich hier Oasendörfer aneinander und grenzen an die sagenumwobene Rub al-Khali, die größte Sandwüste der Erde. Und mit dem »Qasr al-Sarab« besitzt die abgelegene Region auch einen Hotelpalast inmitten hoher Sanddünen.

HERITAGE AREA (S. 192)
Die Altstadt des Emirates Sharjah begeistert als ein Gesamtkunstwerk: alte Korallensteinhäuser mit Windtürmen ebenso wie im Zerfall begriffene Paläste wurden in Museen umgewandelt. Die UNESCO ernannte die Altstadt deshalb 1998 und 2014 zur *Cultural Capital of the Arab World*. Und dann gibt es auch noch den herrlichen Souk al-Arsah.

THE PALM JUMEIRAH (S. 116)
Die künstliche Insel in Form einer Palme ist das erste bisher fertiggestellte Projekt dieser Art in Dubai. Mit ihren Jachthäfen, Luxusapartments, hervorragenden Hotels und einem Wasserpark ist sie zu einer besonderen Urlaubsadresse avanciert.

Oben: Dubai Mall of the Emirates: Unter der Glaskuppel warten stilvolle Cafés auf Gäste
Unten: Dubai Ibn Battuta Mall

Kennen Sie Dubai und die Emirate?

Sanddünen bis zum Horizont und Superlative, die die Welt bewegen: vom höchsten Bauwerk der Erde zu künstlich geschaffenen Palminseln. Luxuriöse Hotels, edle, ultramoderne Shopping Malls und *Suks* (Märkte) im altarabischen Stil, prächtige Moscheen und eine Formel 1-Rennbahn, Museen von Weltrang, Restaurants mit Sterne-Küche oder indisches Curry und arabisches *Schawarma* (Grillfleisch vom Drehspieß) an der Ecke – an Dubai und den Emiraten scheiden sich die Geister, doch unberührt lässt das Land zu keiner Zeit. Man kann es hassen oder lieben.

Wüstenemirate, die in kurzer Zeit zu Wirtschaftsmächten avancierten, Städte als Synonyme für Weltwunder, Orte, von denen vor wenigen Jahrzehnten nur selten die Rede war und die man heute in einem Atemzug mit Metropolen wie Hongkong oder New York nennt. Eine Region, in die man im europäischen Winter nur zu gern flüchtet. Kein Wunder: nur sechs Flugstunden entfernt erwarten den Besucher nicht nur Meer und Sonne an 365 Tagen im Jahr, eine saubere, gepflegte und obendrein sichere Umgebung, sondern auch Sehenswürdigkeiten und Attraktionen, die sprachlos machen. Größenwahn und maßlose Verschwendung, Plastikwelt und Disneyland – manch einer muss erst einmal seine Vorurteile aufgeben, bevor er sich ganz all dem hingeben kann, was besonders Dubai so verführerisch macht. Das Emirat ist nicht nur das bekannteste von sieben Scheichtümern, die die am 2. Dezember 1971 gegründeten Vereinigten Arabischen Emirate (VAE) bilden, sondern auch das von seiner

Steckbrief Dubai & Emirate

Lage: Die Vereinigten Arabischen Emirate liegen im Südosten der Arabischen Halbinsel zwischen dem Arabischen Golf und dem Golf von Oman (Arabisches Meer) und grenzen im Norden und Osten an Oman sowie im Süden und Westen an Saudi-Arabien.

Fläche: VAE 83 600 km², Dubai 3885 km²

Küste: Die VAE haben eine Küstenlänge von 1318 km, Dubai 70 km (ohne künstliche Inseln).

Hauptstadt: Abu Dhabi

Flagge:

Drei horizontale Streifen in den Farben (von oben) grün, weiß, schwarz mit senkrechtem rotem Balken am Stamm.

Amtssprache: Arabisch; Geschäftssprache ist Englisch.

Einwohner: 8,2 Mio. (davon 15 % Einheimische)

Währung: Dirham (Dh, AED) zu 100 Fils

Zeitzone: MEZ + 2 Std. im Sommer, + 3 Std. im Winter

Geografie: Die VAE ragen in die Halbinsel Musandam hinein, deren Spitze zu Oman gehört. 95 % des Landes bestehen aus Sand, Geröll- und Salzsumpfwüste. Der höchste Berg ist der Jebel Hafit (1240 m) bei Al-Ain. Das Hajargebirge an der nördlichen Grenze zu Oman ist bis zu 1500 m hoch. Die Westküste der VAE wird von vielen Lagunen gegliedert, die sich teilweise tief ins Land erstrecken.

Staat und Verwaltung: Die VAE sind eine Föderation von sieben (teilweise selbstständigen) Emiraten (Scheichtümern), deren Regierung (Rat der Herrscher) aus den sieben Emiren besteht. Präsident ist der Emir von Abu Dhabi, Vizepräsident und Ministerpräsident der Emir von Dubai. Der Rat der Herrscher ernennt die Minister und die Nationalversammlung. Wahlen oder eine andere Beteiligung des Volkes sind nicht vorgesehen.

Wirtschaft und Tourismus: Erdöl garantiert den Wohlstand des Staates; Dubai hat seine Wirtschaft weitgehend diversifiziert und lebt von Handel und Tourismus. Abu Dhabi und Sharjah betreiben die Ausweitung des Tourismus.

Religion: Der Staatsreligion Islam gehören 75 % der Bevölkerung an, davon sind 85 % Sunniten und 15 % Schiiten; die restlichen sind überwiegend Hindus und Christen (Gastarbeiter).

Bevölkerung: Nur 15 % der Bevölkerung sind Einheimische (*Emiratis*, *Nationals*, *Locals*), 85 % sind eingewanderte Gastarbeiter (*Expatriates*), darunter hauptsächlich Inder und andere Asiaten. Jährlich kommen mehrere Zehntausend feste und residentielle Einwohner dazu; die Migrationsschwankungen sind hoch.

Oben: Träumen auf arabisch: Abendstimmung am Jumeirah Beach
Unten: Sharjah Maritime Museum

Infrastruktur her am besten entwickelte. Den Grundstein für diese Entwicklung legte der Vater des heutigen Herrschers, Sheikh Rashid bin Saeed al-Maktoum, der von 1958 bis 1990 die Geschicke Dubais lenkte und der in großer Voraussicht dafür sorgte, dass sich innerhalb einiger weniger Jahrzehnte die Transformation von der unbedeutenden Wüstenstadt zur globalen Metropole vollziehen konnte.

Dafür gründete man u.a. auch den Dubai International Airport, einen Flughafen, der heute die weltweit höchsten Wachstumsraten aufweisen kann und der längst zu einem Drehkreuz für Flüge zwischen Europa und Asien geworden ist. So wurde für Emirates Airways, die Fluggesellschaft von Dubai, bereits ein eigener Terminal (3) eingerichtet, baut man gegenwärtig an einem neuen Flughafen in Jebel Ali, der von seiner Kapazität her der größte weltweit werden soll und den Namen Dubai World Central International tragen soll. Die Eröffnung ist für 2020 vorgesehen. Mittlerweile werden Dubai und die Emirate auch als Ziel von Kreuzfahrtschiffen immer beliebter.

Dubai und die Emirate

Superlative in der Wüste

Von sich reden macht Dubai auch aufgrund seiner himmelsstürmenden Architektur, und in einem imaginären Wettbewerb der Metropolen um die höchsten Bauwerke geht Dubai als Sieger hervor. Heute dominiert der 828 Meter hohe »Burj Khalifa« weithin sichtbar die Skyline der Mega-City, ein Wolkenkratzer, der mit Dutzenden von Aufzügen die Besucher bis ins 160. Stockwerk befördern kann, der zahlreiche teure Boutiquen beherbergt, ein vom italienischen Modeschöpfer Giorgio Armani entworfenes Hotel besitzt und als prestigeträchtigste und teuerste Adresse für Apartments im Emirat gilt. Zu seinen Füßen befindet sich die Dubai Mall, die 2009 eröffnete und zweitgrößte Shopping Mall der Welt, eine luxuriöse Versammlung von über 1000 Geschäften und auf Hochglanz polierten Granit- und Marmorgängen, mit gläsernen Kuppeln und Springbrunnen. Für Unterhaltung sorgt das über drei Stockwerke hohe Dubai Aquarium, dessen Meeresbewohner von Tauchern betreut werden. In Dubai gibt es viel, über das man staunen kann.

Unübertroffen ist die Vielfalt der Dubaier Hotellerie, wohl nirgendwo auf der Welt gibt es so luxuriöse und auch so ausgefallene Design-Hotels wie in dieser Metropole. Die Häuser im Vier- und Fünf-Sterne-Segment haben ihren Preis, und mittlerweile hat sich auch im Ausland herumgesprochen, dass Dubai kein billiges Reiseziel ist. Schnäppchen sind höchstens in den Sommermonaten zu machen, doch bei über 45 Grad im Schatten ist der Genuss eingeschränkt und auf die klimatisierten Bereiche beschränkt. Wenn man das weiß und auch bereit ist, in den Wintermonaten etwas mehr auszugeben, dann erwarten den Besucher in den Emiraten aufregende Tage mit einem Kaleidoskop magischer Eindrücke.

Oben: Zayed National Museum: So wird es bald aussehen.
Mitte: Auf Safari unterwegs im Al-Maha Resort
Unten: Dubai Souk: gewaltiges Angebot

AUTORENTIPP!

DIE FÜNF SCHÖNSTEN HOTELS DER VAE

One & Only Royal Mirage. Ein arabischer Palast unter Palmen, romantischer geht es kaum. Al-Sufouh Road, Al-Sufouh, Dubai, Tel. 04/399 99 99, www.royalmirage.oneandonly resorts.com, Metro: Nakheel

Park Hyatt. Üppige Gärten, opulenter Baustil, Blick auf den Jachthafen und modernes Interieur. Dubai Creek Golf & Yacht Club, Tel. 04/602 12 34, www.dubai.park.hyatt.com, Metro: Deira City Centre

Qasr al-Sarab. Einsam inmitten von gewaltigen Sanddünen thront der Wüstenpalast, eine wahr gewordene Fata Morgana. Hamim, Qasr al-Sarab Road, Abu Dhabi, Tel. 02/886 20 88, www.qasralsarab.anantara.com

Al Maha Desert Resort. Inmitten eines Wüstenschutzgebietes liegende Villen mit Zeltdach und großartigem Service. Al Ain Road (E66), 65 km von Dubai, Tel. 04/832 99 00, www.al-maha.com

Bayan Tree Al-Wadi. Großartiges Design, Wüstenfeeling, eines der besten Spas der Region und exzellente Falken-Vorführungen. Wadi Al-Khadiya, Ras al-Khaimah, Tel. 07/206 77 77, www.banyantree.com

Besonders in Dubai gibt es viel zu sehen und zu unternehmen. Kein Wunder, dehnt sich die Stadt der Superlative doch inzwischen von ihrem einstigen historischen Kern am Creek, einem langen Meeresarm, kilometerweit ins Inland und an der Küste nach Süden aus. Am schnellsten und einfachsten ist man heute in Dubai mit der 2009 eröffneten Metro unterwegs, sicherlich eines der saubersten Fortbewegungsmittel weltweit; hiervon sollte man sich auf einer Fahrt selbst überzeugen. Die Beförderungsregeln sind strikt in der Dubai Metro, nicht nur der Verzehr von Getränken und Essbarem ist verboten – und hierzu zählt bereits der Lolli – sondern auch die Mitnahme von Fisch (es könnte zu Geruchsbelästigung der übrigen Fahrgäste kommen) und auch das Schlafen sind untersagt.

In Dubai ist Essengehen ebenfalls Teil des urbanen Lifestyle, den man hier so liebt. So gibt es in der Metropole ein nahezu überwältigendes Angebot an Restaurants aller ethnischer Richtungen und aller Preisklassen. Die besten und teuersten Restaurants befinden sich in den Vier- und Fünfsternehotels, z.T. auch solche mit ungewöhnlichem, überwältigendem Innendesign. Im Trend liegt es mittlerweile, dass berühmte Köche in Dubai ein Restaurant lizensieren, das ihren Namen trägt. So kann man heute nicht nur bei dem britischen Starkoch Jamie Oliver speisen und bei dem aus Japan stammenden Promikoch Nobu Matsushisa in die Vielfalt asiatischer Kochkunst eingeweiht werden, sondern auch Sterneküche bei Michel Rostang oder Giorgio Locatelli genießen. Eine Klasse für sich sind auch die Brunch- und Abendbuffets der Hotels, die kulinarischen Weltreisen entsprechen, weil man den Gewohnheiten nicht nur des europäischen, sondern auch des asiatischen und arabischen Publikums entsprechen will. Der Vielfalt sind hier keine Grenzen gesetzt. In

den Emiraten kann man jedoch auch für wenig Geld hervorragend essen, vorausgesetzt, man ist eher zurückhaltend beim Besuch der internationalen Fast-Food-Restaurants, die es u.a. auch in den Food Courts der Shopping Malls gibt und die mittlerweile überall im Land anzutreffen sind. Stattdessen lohnt es sich, die einfachen indischen, pakistanischen, philippinischen oder thailändischen Restaurants aufzusuchen, die von *Expatriates* betrieben werden und sich hauptsächlich an deren Landsleute richten. Hier genießt man für wenige Dirham authentische, landestypische Küche, kann beispielsweise die Spezialitäten der südindischen Küche aus Kerala und Goa kennenlernen und in anderen Lokalen wiederum die aus dem Norden des Subkontinents stammenden Spezialitäten probieren.

Sonne, Strand und Shopping

Konsum genießt besonders in Dubai eine überragende Bedeutung, und Shopping ist erklärte Lieblings-Freizeitbeschäftigung der Bevölkerung. Die Dutzenden von Shopping Malls haben mittlerwei-

Oben: Dubai: Jumeirah Beach Skyline
Mitte: Vorspeise im Restaurant des »Al-Maha Resort«
Unten: Sharjah-Fischmarkt Al Jubail

Oben: Joggen an der Corniche in Sharjah
Mitte: Sandboarding: sieht leichter aus als es ist
Unten: »Lazy River« in einem der vielen Wasserparks

le teilweise den Rang von Sehenswürdigkeiten, werden von der Bevölkerung längst nicht mehr nur zum Einkaufen aufgesucht, sondern um hier zu essen oder ins Kino zu gehen. Die Mall of the Emirates wiederum lockt mit dem angeschlossenen Ski Dubai, einer Indoor-Skiarena. So kann man von einigen der im Erdgeschoss untergebrachten Shops und Cafés in die Winterwelt und auf die Pisten schauen, die man mit einer Seilbahn erreicht. Und das mit der Mall verbundene »Kempinski Hotel« spielt in gekonnter Weise mit dem alpinen Winterflair, bietet Zimmer im Chalet-Stil und setzt auf anheimelnde Schweizer Atmosphäre. Andere Malls sind gelungene Kopien italienischer Palazzi (wie die Mercato Mall) oder erwecken die Weltreisen des arabischen Seefahrers Ibn Battuta zum Leben.

Ein Muss in Dubai ist aber nach wie vor der Besuch im Gold Souk, einer Ansammlung von rund 250 kleinen Juwelierläden, in denen das Edelmetall nach Gewicht verkauft wird und wo nach Sonnenuntergang verschleierte Araberinnen mit Kindern, Nannys, Ehemann und Brüdern zum Shopping im großen Stil vorfahren. *Suks*, die traditionsreichen Ladengassen, die seit Jahrhunderten das Leben auf der Arabischen Halbinsel prägen, gibt es auch für Gewürze, Stoffe und andere Dinge des täglichen Bedarfs, mitunter modernisierte Basare, in denen indische Gastarbeiter günstige Unterhaltungselektronik, Teppiche und Bekleidung kaufen, mitunter auch opulente Nachbauten historischer Basare, die sich eher an Touristen richten.

Nicht nur Shopping ist in Dubai und den Emiraten ein Vergnügen, hervorragend sind auch die Möglichkeiten für aktive Freizeitgestaltung: Schwimmen, Segeln, Surfen oder Wasserski – besonders Dubai und Abu Dhabi sind ideal für einen glei-

chermaßen unbeschwerten wie luxuriösen Strandurlaub. Jumeirah Beach heißt in Dubai das Synonym für Sonne, Strand und Meer schlechthin, ein viele Kilometer langer und breiter Sandstrand, der als schönster Strand der Emirate gilt, Adresse für zahlreiche luxuriöse Hotels. Wer (möglicherweise auch aus Kostengründen) in Dubai ein Stadthotel ohne direkten Strandzugang gebucht hat, hat in der Regel Zutritt zu hoteleigenen Strandclubs oder besucht die für wenige Dirham öffentlich zugänglichen und mit bester Infrastruktur ausgestatteten Strandabschnitte. Ein Vergnügen für Kinder und deren Eltern sind auch die Wasserparks, die mit ausgefallenem Styling, wilden Wasserrutschen und so manchen weiteren Attraktionen punkten. Berühmt ist das auf Palm Jumeirah und neben dem spektakulären Themenhotel »Atlantis« gelegene Aquaventure. Highlight ist dessen 30 Meter hohe Stufenpyramide, von der aus man gleich sieben ungewöhnliche *Rides* unternehmen kann, u.a. durch einen gläsernen Tunnel direkt durch ein Haifischbecken.

Ein Paradies ist Dubai auch für Golfer: intensive Bewässerung (dank der überall im Land vorhandenen Meerwasser-Entsalzungsanlagen) sorgt für makellos gepflegte *Greens* (Grünflächen) inmitten

Oben: In der Oasenstadt Al-Ain liebt man Blumen.
Mitte: Kiloweise Gewürze im Spice Souk von Dubai
Unten: Beliebt bei Locals: Blue Souk von Sharjah

Oben: Abschlag mit Blick auf die Dubai Skyline
Mitte: Kunst-Installation in der Dubai Mall
Unten: Kitschig, aber schön: das Themenhotel »Atlantis« in Dubai

der Wüste, und Top-Golfarchitekten wie Carl Litten, Ernie Els und Robert Trent Jones jr. entwarfen nur zu gern anspruchsvolle Plätze mit Weltklasse-Niveau. Schon 1988 entstand der erste Golfplatz (Emirates Golf Club), damals noch eine kleine Sensation. Bereits ein Jahr später wurde Dubai fester Austragungsort des PGA-Turniers *Dubai Desert Classic* und Teil der *PGA European Tour*.

Einheimische und *Expatriates*

Dubai und die Emirate sind heute ein multikulturelles Land. Die Bevölkerung setzt sich zusammen aus Menschen aus aller Welt: in den VAE sind nur 15 Prozent der Einwohner im Besitz eines nationalen Passes, d.h. Emiratis, die übrigen stammen aus allen Teilen der Erde. Eine multinationale Gesellschaft, wenn auch der größte Teil der zur Arbeit an den Arabischen Golf migrierten *Expatriates* aus Indien, Pakistan und Bangladesch stammt. Tatsächlich machten den Aufbau Dubais und Abu Dhabis zu Weltmetropolen erst die vielen *Expatriates* möglich, Männer aus Indien und Pakistan, die in Sammelunterkünften in Camps außerhalb der Stadt in der Wüste leben, an sechs Tagen der Woche von Sonnenaufgang bis -untergang arbeiten und in der Regel dennoch froh sind, überhaupt die Möglichkeit zu haben, hier um die 300 Euro pro Monat verdienen zu können. Die Männer müssen auf ihre Familien meist verzichten, denn nur wer über einen bestimmten Mindestlohn verfügt, hat das Recht, Ehepartner und Kinder nachzuholen – Einwilligung des Arbeitgebers vorausgesetzt. Die anderen müssen sich mit einem jährlichen Heimaturlaub zufriedengeben. Dennoch: Es heißt, dass nahezu alle, die heute in die VAE kommen, um zu arbeiten, dort mehr Geld verdienen als in ihrem Heimatland. Das betrifft nicht nur die Kindermädchen und Haushaltshilfen von den Philippinen und von Sri Lanka, die Gärt-

Kennen Sie Dubai und die Emirate?

ner und Köche, die das Leben der Einheimischen erleichtern, sondern auch die aus Europa und den USA, Australien und Neuseeland stammenden Angestellten, die in großen Firmen oder Hotels tätig sind und die in der Regel befristete Arbeitsverträge für mehrere Jahre haben. Für Bauarbeiter wie Manager gilt jedoch: eine Einbürgerung ist in den VAE so gut wie ausgeschlossen. Und auch das muss man bedenken: Die hohe Sicherheit, die man in Dubai und den VAE genießt, und die niedrige Kriminalitätsrate sind das Ergebnis einer strengen Rechtsprechung, denn schon bei kleinsten Verstößen gegen die hiesigen Gesetze drohen Strafen und die sofortige Abschiebung ins Heimatland.

Emiratis, stolz, traditionsbewusst, religiös und Fortschritt und Luxus zugeneigt, machen sich heutzutage rar im eigenen Land. Das gilt besonders im reichen Dubai und in Abu Dhabi, wo man als Besucher kaum je in Kontakt zu Einheimischen gerät, außer vielleicht als Gäste in Luxushotels. Die *Nationals* (oder *Locals*) tragen nach wie vor ihre landestypische Kleidung, nämlich weiße *Dischdascha* (traditionelles Männergewand) und weiße Kopfbedeckung mit schwarzer Kordel für den Mann, während die Frauen außerhalb ihres Hauses einen langen schwarzen und blickdichten Umhang, *Abaya* genannt, tragen. Heutzutage verhüllen nur noch ältere Frauen ihr Gesicht und meist legen sie nur einen Schleier übers Haar. Eine gold-glänzende bzw. schwarze Maske, die auch Nase und Mund verbirgt, weist auf eine aus Saudi-Arabien bzw. Qatar stammende Trägerin hin. Die *Nationals*, Nachkommen von Beduinen unterschiedlicher Stämme, genießen heute besonders in Dubai und Abu Dhabi ein sorgenfreies Leben und einen hohen Lebensstandard. Für ihren Lebensunterhalt sorgt die Regierung, u.a., indem hoch dotierte Jobs an Einheimische vergeben werden und die *Nationals* als Sponsor für ausländische Ge-

Oben: Vom Dubai Creek Golf and Yacht Club starten die Wasserflugzeuge von Seawings.
Unten: Auf den Spuren eines Mythos: Aquarium im »Atlantis«

Oben: Corniche in Sharjah
Mitte: Vor dem Foyer des One & Only Royal Mirage
Unten: Nur mit ausdrücklicher Genehmigung: Porträtfoto möglich

schäftsinhaber am Gewinn beteiligt werden. Ihren enormen Reichtum verdanken die VAE den großen Vorkommen an Erdöl und Erdgas. Etwa ein Zehntel der weltweiten Erdölreserven liegt auf dem Gebiet der VAE, wo die Verteilung jedoch zwischen den einzelnen Emiraten beträchtlich schwankt: Während Abu Dhabi etwa 85 Prozent der Vorkommen besitzt und Dubai rund 13 Prozent, gehen die übrigen Emirate nahezu leer aus. Lediglich Sharjah verfügt noch über größere Erdgasvorkommen, die in der lokalen Leichtindustrie verwendet werden. Die VAE gehören zu den Gründungsmitgliedern der OPEC, der Organisation für Erdöl exportierende Länder, die seit 1974 besteht.

Heute setzt man in der Region nicht mehr nur auf Erdöl und Erdgas, sondern versucht, auch andere Wirtschaftsbereiche zu erschließen, um unabhängig zu werden. Diversifikation wurde zum Schlüsselwort. Besonders Dubai ist erfolgreich darin, durch Tourismus, industrielle Produktion und Handel sich neue Geldquellen zu erschließen. Dank des durch den Ölreichtum erwirtschafteten

Kennen Sie Dubai und die Emirate?

Geldes gelang es, die nur sehr geringe landwirtschaftliche Nutzfläche des Landes von weniger als 20 000 Hektar auf über 300 000 Hektar zu vergrößern, und durch neue ertragsstarke und hitzeresistente Pflanzen wurde der Anbau von Obst und Gemüse enorm gesteigert. Auch das Molkereiwesen ist heute in den VAE erfolgreich und der Bedarf an entsprechenden Produkten kann gedeckt werden.

Unterwegs in den Emiraten

Angesichts der geringen Ausdehnung der VAE und einer Gesamtfläche von nur 83 600 Quadratkilometern kann man sich vor Ort schnell von einem Ziel zum nächsten bewegen. Von Dubai aus ist man in einer halben Autostunde in Sharjah, dem drittgrößten, nur 15 Kilometer entfernten Emirat, dessen Hauptstadt von der UNESCO bereits 1998 den Titel *Cultural Capital of the Arab World* verliehen bekommen hat und das mit einer vorzüglich restaurierten Altstadt aufwarten kann, Adresse von Dutzenden von hervorragenden Museen und Kunstgalerien.

Das mit den größten Erdöl- und Gasvorkommen bedachte Abu Dhabi, auch flächenmäßig das größte Scheichtum, liegt 150 Kilometer südlich von Dubai und ist mit diesem durch eine Autobahn verbunden. Weltweit für Aufsehen sorgte das Emirat mit der Ankündigung, dass es die vor der Küste liegende »Insel der Glückseligen«, so die Übersetzung von Saadiyat Island, als Kulturinsel ausbauen lässt, auf der die berühmtesten Architekten der Welt fünf gewaltige Museen errichten werden, u.a. auch – mit Unterstützung von Frankreich – einen Louvre Abu Dhabi. Bereits fertiggestellt ist eine Formel-1-Rennbahn, die jährlich im Winter Ziel des internationalen Rennzirkus ist und die das ganze Jahr über mit ihren diversen Veran-

Oben: Ein Krummdolch gehörte einst zur Tracht.
Unten: Grüne Fracht fertig zum Verladen

staltungen eine Besucherattraktion darstellt. Mit seiner langen Küstenlinie ist das Emirat Abu Dhabi auch ein geeignetes Ziel für Badeurlaub und kann mit einer ganzen Reihe luxuriöser Strandhotels in traumhafter Lage aufwarten.

In Dubai und den Emiraten muss man natürlich auch einmal in die Wüste – und weit muss man zum Glück nie fahren, da die Metropolen und Städte von Sanddünen umgeben sind. Dringend abzuraten ist allerdings davon, auf eigene Faust Wüstentouren zu unternehmen und von den Autobahnen auf ungeteerte Pisten abzubiegen, auch wenn diese ganz harmlos aussehen. Selbst mit einem geländegängigen Fahrzeug ist die Gefahr für unerfahrene Besucher recht hoch, im Sand stecken zu bleiben, was bei den dortigen Temperaturen keinem zu wünschen ist. Wer will, kann jedoch an einer Wüstenfahrstunde teilnehmen.

Viele Reiseveranstalter bieten vor Ort sogenannte *Desert Driving Courses*, bei denen man das kleine Einmaleins des Fahrens im Sand erlernt. Man übt, mit viel Schwung Sanddünen zu erklimmen und bekommt nach Abschluss ein Zertifikat über den erfolgten Kurs. Aber auch danach empfiehlt es sich, beim Veranstalter einen Wüstentrip zu buchen, etwa *eine Desert Safari* (Wüstensafari), die spät am Nachmittag startet und zu der als Abschluss ein rustikales Beduinendinner in der Wüste gehört. Ein großartiges Erlebnis ist es, wenn man gleich ganz in der Wüste wohnt, nämlich in einem der Wüstenhotels übernachtet. Bislang bieten nur wenige, durchweg luxuriöse Herbergen dieses Vergnügen an. Die Gäste genießen dann Wohnen auf höchstem Niveau und mit der rustikalen Atmosphäre eines Wüstencamps bzw. eines Palastes und können darüber hinaus die typischen Unterhaltungsmöglichkeiten genießen, nämlich Ausritte mit Araberpferden oder ein Trekking mit Kamelen.

Oben: Saadiyat: Abu Dhabis neue Kulturinsel
Mitte: Kalligrafie als Kunst
Unten: Großartige Architektur im Museum for Arabic Calligraphy

Man kann zusehen, wie Falken dressiert werden und mit Rangern auf morgendliche *Nature Walks* gehen. Einige der Wüstenresorts befinden sich inmitten von Naturschutzgebieten, in denen die selten gewordenen Oryxantilopen leben und gezüchtet werden, und in denen man viele Tiere der Region zu Gesicht bekommt. Highlight für einige Besucher sind auch Rundfahrten mit dem Heißluftballon, wie diese gern über der zu Abu Dhabi gehörenden Oasenstadt Al-Ain unternommen werden.

Kunst und Kultur

Dubai und die Emirate laden ein zum Staunen darüber, dass neben dem grenzenlosen Luxus, mit dem sich besonders die Einheimischen umgeben und der auch dem Touristen auf Schritt und Tritt begegnet, neben der Realisierung gewagter architektonischer Bauprojekte, über die in der ganzen Welt berichtet wird, auch nach wie vor das alte, das traditionelle Arabien bestehen bleibt. Neben den hoch dotierten Pferderennen und Golfturnieren, zu denen die arabische Gesellschaft, Reiche

Oben: Ein Riesenrad im Qanat al-Quasba dem Flanierviertel in Sharjah.
Mitte: Maritime Museum in Sharjah
Unten: Auf Desert Safari
Seite 23: Jumeirah Beach Skyline in Dubai
Seite 27: Sonnenuntergang über dem Al-Jahili Fort in Al-Ain

AUTORENTIPP!

DIE SCHÖNSTEN SHOPPING MALLS IN DUBAI

Dubai Mall. Einkaufstempel der Superlative, der auch mit Kunstobjekten und dem Dubai Aquarium begeistert. So–Mi 10–22 Uhr, Do–Sa 10–24 Uhr, Financial Centre Road, ab Sheikh Zayed Road, Interchange 1, www.thedubaimall.com Metro: Burj Khalifa / Dubai Mall

Mall of the Emirates. Die angeschlossene Ski-Arena ist das Aushängeschild der zweitgrößten unter den Dubai Malls. So–Mi 10–22 Uhr, Do–Sa 10–24 Uhr, Sheikh Zayed Road, Interchange 4, www.malloftheemirates.com, Metro: Mall of the Emirates

Deira City Centre. In bester Innenstadtlage gegenüber dem Dubai Creek Golf & Yacht Club locken Luxusboutiquen und Gourmet-Cafés. Tgl. 10–1 Uhr, Deira, www.deiracitycentre.com, Metro: Deira City Centre

Ibn Battuta Mall. Dem arabischen Forschungsreisenden gewidmet, mit fantasievollen Nachbauten der von ihm besuchten exotischen Länder. So–Mi 10–22 Uhr, Do–Sa 10–24 Uhr, Sheikh Zayed Road zwischen Interchange 5 und 6, Jebel Ali Village, www.ibnbattutamall.com, Metro: Jebel Ali

BurJuman Centre. Eine der exklusivsten Malls, mit einem Ableger des New Yorker Kaufhauses Saks Fifth Avenue. Sa–Mi 10–22 Uhr, Do, Fr 10–24 Uhr, Sheikh Zayed Road, www.burjuman.com, Metro

und Prominente aus allen Teilen der Erde anreisen, trifft man sich nach wie vor auf staubigen Kamelrennbahnen und frönt der alten Leidenschaft, der Liebe zu den Kamelen. Noch vor einigen Jahren waren es Kinderjockeys aus Indien und Bangladesch, die die Kamele antreiben mussten. Dank internationaler Proteste ist heute für Kinder und Jugendliche die Teilnahme an Kamelrennen untersagt, und es werden nur noch ferngesteuerte Roboter als Jockey-Ersatz eingesetzt. Rennsaison ist zwischen November und März, und zu den bedeutendsten dieser Rennveranstaltungen treffen selbstverständlich auch die Herrscher der jeweiligen Emirate ein und nehmen in ihren Logen Platz. Übrigens: Das Wichtigste aller Kamelrennen findet statt am 2. Dezember, dem Gründungstag der Vereinigten Arabischen Emirate, dem sogenannten *National Day*, der überall im Land in großartiger Weise gefeiert wird.

Unverändert geblieben für die Einheimischen ist auch die Bedeutung ihrer Religion. Nach wie vor ist der Islam (die Übersetzung lautet »Hingabe zu Gott«) maßgeblich für das Leben am Golf, ertönt fünf Mal täglich der Ruf des Muezzin vom Minarett der vielen Moscheen, strömen die Männer zu den Moscheen und zum Gebet. Mit der Jumeirah Mosque in Dubai und der Großen Moschee von Abu Dhabi, dem Vermächtnis des Staatsgründers Sheikh Zayed, können sogar zwei der landesweit schönsten und bedeutendsten Moscheen besichtigt werden. Auch in den sogenannten Heritage Villages, den fast in jedem Emirat anzutreffenden Freilichtmuseen, die das Leben am Golf in früheren Jahrzehnten zum Leben erwecken, kann man als Besucher teilhaben an der reichen Kultur der Region.

Marhaba – willkommen in den Vereinigten Arabischen Emiraten!

Geschichte im Überblick

4. Jt. v. Chr. Beginn der Besiedlung der Südostküste der Arabischen Halbinsel durch Mesopotamier; sie nennen die Region, mit der sie Handel treiben, Magan. Runde Steingräber und Steinwerkzeuge wurden in dem Bereich des heutigen Ras al-Khaimah gefunden.

2. Jt. v. Chr. Neben Landwirtschaft entwickeln sich Handel (mit Mesopotamien) und Seefahrt.

2500–1000 v. Chr. In Shimal (Ras al-Khaimah), Qusais und Jumeirah (Dubai) und am Jebel Hafit (Al Ain, Abu Dhabi) wurden Gemeinschaftsgräber angelegt.

1500 v. Chr. Beginn der Domestizierung des Kamels (Dromedar) auf der Arabischen Halbinsel.

1000 v. Chr. Der Weihrauchhandel von Oman Richtung Mittelmeer führt zu Ansiedlungen im Landesinneren.

100 v. Chr. In Ad Door (Umm al-Quwain) entsteht ein Tempel.

2. Jh. Nach dem Bruch des Staudammes von Marib (Jemen) lassen sich Siedler im Inneren des Südostens der Arabischen Halbinsel nieder.

6. Jh. Beginn der Einwanderungen aus Persien und der persischen Herrschaft an der Küste des Arabischen Golfs.

570–632 Mohammed; mit seiner Flucht von Mekka nach Medina (622) beginnt die islamische Zeitrechnung.

7. Jh. Ausbreitung des Islam auf der Arabischen Halbinsel; mit der Schlacht von Dibba (635) im heutigen Emirat von Fujairah, dessen Bewohner sich gegen die neue Religion wandten, ist die Islamisierung abgeschlossen. Spaltung der Muslime in Sunniten und Schiiten (661). Beginn von Aufständen und Kämpfen mit den persischen Besatzern an der Küste des Arabischen Golfs.

8. Jh. Die Hafenstadt Julfar (heute Umm al-Quwain) entwickelt sich zu einem bedeutenden Handelsplatz.

9. Jh. Beginn der Entwicklung der islamischen Kultur in der Architektur, Kunst und Musik; besonders die Kalligrafie (Schönschrift) erlebt eine Blüte.

11.–15. Jh. Weitere Invasionen aus Persien an die Küsten der südöstlichen Arabischen Halbinsel.

1507 Portugiesen erobern die Küste der Emirate und errichten Forts zum Schutz ihrer Handelswege nach Indien; von Khorfakkan (heute Sharjah) aus kontrollieren sie die Ostküste der heutigen VAE. Sie werden im Jahr 1622 mit britischer Hilfe vertrieben.

18. Jh. Beduinen der Bani Yas siedeln an der Küste des Arabischen Golfs und gründen unter Schachbut bin Dhiyab die Scheichtümer Abu Dhabi (1761), Ras al-Khaimah, Umm al-Quwain, Sharjah und Ajman. Die Qawasim (Ras al-Khaimah) greifen britische Schiffe an, die Region wird »Piratenküste« genannt.

1805 Die Qawasim von Ras al-Khaimah verfügen über viele Hundert Boote und 20 000 Mann Besatzung, eine Bedrohung für europäische Handelsschiffe. Beginn der britischen Angriffe auf die Piraterie und den blühenden Sklavenhandel.

1833 Beduinen des Stammes Bani Yas lassen sich unter der Führung der Familie Al-Maktoum am Creek von Dubai nieder.

1820, 1835, 1841, 1892 Großbritannien schließt mit den Scheichtümern am Arabischen Golf Schutzverträge; aus der »Piratenküste« wird die *Trucial Coast*, später als *Trucial States* bezeichnet.

19. Jh. Die Perlenfischerei erreicht an der Küste zwischen Abu Dhabi und Ras al-Khaimah ihren Höhepunkt; in Dubai und Sharjah entstehen großzügige Kaufmannshäuser.

1932 In Sharjah bauen die Briten einen Flughafen.

1958 Beginn der Erdölförderung in Abu Dhabi, anschließend in Dubai; damit setzt eine starke wirtschaftliche Entwicklung ein und damit einhergehend die Anwerbung von Gastarbeitern (*Expatriates*) zur Schaffung einer umfassenden Infrastruktur.

1970 Großbritannien zieht sich aus den Gebieten östlich von Suez zurück und verlässt den Arabischen Golf.

1971 Gründung der Vereinigten Arabischen Emirate (VAE) am 2. Dezember durch Abu Dhabi, Ajman, Dubai, Fujairah, Sharjah, Ras al-Khaimah (seit 1972) und Umm al-Quwain; Präsident wird der Emir von Abu Dhabi, Sheikh Zayed Bin Sultan al-Nahyan.

1981 Gründung des Gulf Cooperation Council (GCC) durch die Staaten Bahrain, Kuwait, Oman, Qatar, Saudi-Arabien, Vereinigte Arabische Emirate.

2004 Sheikh Zayed Bin Sultan al-Nahyan (geb. 1918), Präsident der VAE, stirbt; Nachfolger in allen Ämtern wird sein ältester Sohn Khalifa.

2006 Sheikh Maktoum Bin Rashid al-Maktoum, Emir von Dubai, Vizepräsident und Ministerpräsident der VAE, stirbt. Die Nachfolge tritt sein Bruder Mohammed Bin Rashid al-Maktoum an.

2009 Die weltweite Wirtschafts- und Finanzkrise verlangsamt die wirtschaftliche Entwicklung von Dubai. Abu Dhabi unterstützt das Nachbaremirat Dubai finanziell, daraufhin wird das höchste Gebäude der Welt von Burj Dubai in Burj Khalifa (Name des Herrschers von Abu Dhabi) umbenannt.

2010 Das höchste Bauwerk der Welt, der Burj Khalifa, wird eingeweiht; Angela Merkel besucht mit einer Wirtschaftsdelegation Abu Dhabi.

2013 Mit 5,5 Mio. Besuchern in der ersten Hälfte des Jahres, 11 Prozent Anstieg gegenüber dem Vorjahr, stieg der Tourismus in Dubai auf eine neue Rekordhöhe.

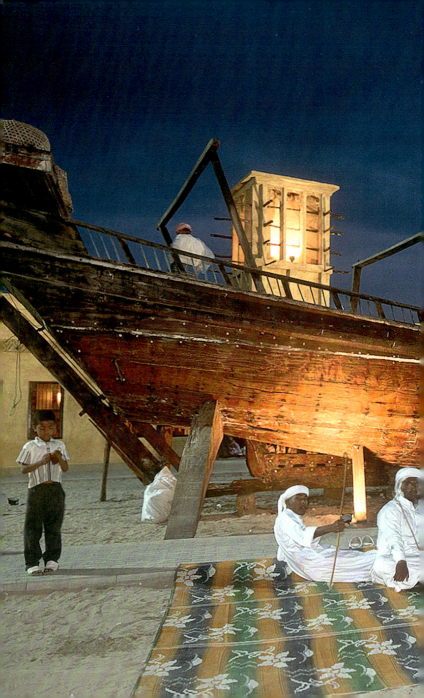

BUR DUBAI

1 Bastakiya
Wo alles entstand — 30

2 Al-Fahidi Fort & Dubai Museum
Dubais Geschichte – hautnah — 38

3 Heritage & Diving Village
Zeitreise in die Vergangenheit — 44

4 Dubai Creek
Daus und Abras unterwegs — 50

BUR DUBAI

1 Bastakiya
Wo alles entstand

Zweistöckige Windturmhäuser in den Farben der Wüste, Fassaden mit wuchtigen Holztüren und kunstvollen Fenstergittern, Märkte (hier *Suks* genannt), in denen es nach Weihrauch und Duftöl riecht: Auf der Südwestseite des Creek, einem natürlichen Meeresarm des Arabischen Golfs, der den Stadtteil Deira im Norden von Bur im Süden trennt, liegt die Altstadt Bastakiya. Und am schönsten nähert man sich ihr in einem traditionellen hölzernen Wassertaxi namens *Abra*.

Von der Anlegestelle, an der stets ein großes Kommen und Gehen herrscht, führt ein Spaziergang durch Geschäftsstraßen, bis man in die angenehme Kühle der Gassen von Bastakiya eintaucht. Vor wenigen Jahren erst vollendete man hier ein chrgeiziges Sanierungs- und Restaurierungsprojekt, das Bausubstanz und Schönheit der historischen Häuser bewahrte – letzte Zeugnisse, die an die

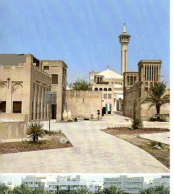

Vorangehende Doppelseite: Auf Mini-Kreuzfahrt unterwegs auf dem Dubai Creek
Oben: Herausragend restauriert: das historische Bastakiya-Viertel in Dubai
Unten: Sobald genug Passagiere geladen sind, fährt die Abra los.

> **MAL EHRLICH**
>
> **SCHNÄPPCHEN**
>
> Dubai ist insgesamt ein teures Pflaster und die auch immer wieder (von lokalen Reiseleitern) verheißenen günstigen Preise für Kunst und Kunsthandwerk im Bastakiya-Viertel sind mit etwas Skepsis zu betrachten. Am besten, man genießt die herrliche historische Umgebung – zweifellos am schönsten während der Dämmerung und der frühen Abendstunden – bummelt durch die Galerien des Viertels, schaut hier und da und lässt sich beraten, greift jedoch bei den (zumeist viel zu teuer) angebotenen Bildern und Kunstobjekten nicht voreilig zu.

Bastakiya

Metropole vor dem Bauboom erinnern und ein nostalgisches Arabien zeigen. Leider dauerte es in Dubai geraume Zeit, bis man sich darauf besann, nicht nur alles Neue und Moderne gut zu finden und zu fördern, sondern sich auch an die eigene Tradition zu erinnern und diese zu bewahren. Tatsächlich stammt die Bezeichnung Bastakiya von sunnitischen Händlern aus der südiranischen Provinz Bastak. Diese ließen sich um 1900 in Dubai nieder, um hier ihren Geschäften nachzugehen, auch weil sie infolge religiöser Differenzen das überwiegend schiitische Persien verlassen mussten. Schnell zu Wohlstand gelangt, ließen sie sich repräsentative Häuser aus Korallenstein und Muschelkalk erbauen, während ein Großteil der alteingesessenen Dubaier Bevölkerung noch in einfachen Barasti-Hütten aus Palmwedeln wohnte.

Windtürme und Häuser aus Korallenkalk

Bei den hohen, über die Gebäude hinweg ragenden meist quadratischen Aufbauten handelt es sich um sogenannte Windtürme. Ein traditionsreiches Verfahren, mit denen man in früheren Zeiten, in denen es noch keine Klimaanlagen gab, kühlende Brisen ins Haus holen konnte. Die an vier Seiten offenen Aufbauten sind so konstruiert, dass sie durch zwei diagonal verlaufende innere Wände auch noch den kleinsten Lufthauch in die darunterliegenden Räume lenken können.

Das gleichermaßen simple wie ausgeklügelte Kühlungssystem sorgte außerdem dafür, dass warme, verbrauchte Luft durch die zwei anderen Schächte schnell wieder nach oben entweichen konnte. Aufgesetzte Windtürme gelten heute in Dubai architektonisch als letzter Schrei, und ihre äußere Form wird vielfach, etwa beim Bau von Villen und Hotels im traditionellen Stil, kopiert. Nach mehr

AUTORENTIPP!

BEDUINEN-SCHMUCK

Schmuck aus Silber, verziert mit Korallen, Türkisen und Bernstein, stammt in der Regel aus Oman und Jemen und ist meist mehrere Jahrzehnte alt. Bastakiya und die umliegenden Straßen sind der richtige Ort, um danach zu suchen, denn die dortigen kleinen Läden bieten die schweren Ketten, Gürtel, Armreifen und Ringe deutlich günstiger an als die Antiquitätengeschäfte der großen Shopping Malls und die Einkaufsarkaden der Luxushotels. Das verwendete Silber stammt traditionell aus eingeschmolzenen Maria-Theresia-Talern, einst Zahlungsmittel im Jemen. Diese Münzen sind zum Teil ebenfalls in die Ketten eingearbeitet. Wahre Kunstwerke filigraner Arbeit sind auch die für die Aufbewahrung des Korans vorgesehenen silbernen Taschen und die einst von den Frauen für Khol-Kajal vorgesehenen kleinen Behälter.

BUR DUBAI

als einem halben Jahrhundert, nämlich in den Siebzigerjahren, verwaiste das Viertel zusehends, da immer mehr Händler ihre alten Häuser verließen, um in neue und größere Anwesen in dem sich langsam entwickelnden und sich vergrößernden Dubai zu ziehen. Die alten Windturmhäuser verfielen und die Stadtverwaltung plante – in einer Zeit, als man in der Region einseitig auf alles Neue und Moderne setzte und alles Alte als rückständig begriff –, viele der alten Häuser abzureißen. Engagierten Organisationen und einzelnen Bewohnern Dubais, darunter auch zahlreiche aus Europa stammende *Expatriates*, die sich in die alten Häuser verliebt hatten, war es zu verdanken, dass langsam ein Umdenken stattfand. So besann man sich auf die historischen Wurzeln, nicht zuletzt auch, weil man das touristische Potenzial des Viertels erkannte, und startete eine groß angelegte Restaurierungskampagne. Auch Teile der ursprünglichen Stadtmauer wurden freigelegt, die Infrastruktur auf neuesten Stand gebracht und die engen Gassen, *sikka* genannt, im alten Stil gepflastert.

Auf Erkundungstour in Bastakiya

Besucher können heute mehrere Stunden in dem flächenmäßig eher kleinen Bastakiya und mit der Besichtigung der rund 50 historischen Häuser verbringen. Besonders reizvoll ist es, wenn der Besichtigung und dem Stöbern in den Galerien anschließend die Einkehr in einem der zahlreichen, im altarabischen Stil gehaltenen Cafés oder Restaurants folgt. Nach Sonnenuntergang werden die historischen Gebäude in ein sanftes, altertümlich wirkendes Licht getaucht.

Eine hervorragende Anlaufstelle für Besucher, die an der arabischen Kultur interessiert sind, ist das

Oben: Das Sheikh Mohammed Centre for Cultural Understanding bietet informative Veranstaltungen.
Mitte: Mona Hauser, Inhaberin der bekannten XVA Gallery in Dubai
Unten: Die XVA Gallery: auch als traditionsreiches Hotel ein Genuss

Bastakiya

Ein Spaziergang durch Bastakiya

🅐 **Philately House** – Ein klassisch-schönes Bauwerk in altarabischer Tradition und mit aufgesetzten Windtürmen und geschnitzten Fenstergittern, umgeben von schattigen Gassen. Sa–Mi 9–13, 16–20 Uhr, Do 9–13 Uhr, Haus Nr. 87, Bastakiya Heritage Area, www.epa.ae, Metro: Al-Fahdi

🅑 **Restaurant Bastakiyah Nights** – Vor dem Gebäude stehen große Amphoren aus Ton, die Windlichter und Fackeln werden nach Sonnenuntergang angezündet. Tgl. 12–1 Uhr, neben dem Ruler's Court, Bur Dubai, Tel. 04/353 77 72, Metro: Al-Fahidi

Stilvolles Ambiente ist angesagt.

🅒 **Sheikh Mohammed Centre for Cultural Understanding** – Mittwochs und freitags bietet das Kulturzentrum ein traditionelles arabisches Frühstück (50 Dh) mit Fladenbrot, Hummus (Kichererbsenpüree), Käse, Oliven und Bohnen. Sonntags und dienstags um 13 Uhr findet ein arabisches Mittagessen (60 Dh) statt. Reservierung ist erforderlich. Angebote für begleitete Spaziergänge durch Bastakiya und andere Aktivitäten siehe Infos und Adressen, S. 37.

🅓 **Souk Al Bastakiya** – Von Oktober bis März verkaufen Künstler und Kunsthandwerker aus der Region hier ihre Produkte. (Näheres im Autorentipp)

🅔 **XVA Hotel & Gallery** – Sein Café-Restaurant ist untergebracht in den beiden schattigen und mit vielen Pflanzen und Kunstobjekten gestalteten Patios. Al-Fahidi Street, Al-Fahidi R/A, Tel. 04/353 53 83, www.xvahotel.com, Metro: Al-Fahidi

🅕 **Majlis Gallery** – Eine der erfolgreichsten Galerien Dubais, bereits 1989 eröffnet, untergebracht in einem weiträumigen traditionellen Windturmhaus mit zahlreichen begrünten Innenhöfen. Eine Gelegenheit, sich mit den Werken arabischer Künstler der Gegenwart auseinanderzusetzen. Fast jedes Objekt des Hauses, von den Möbeln über Artefakte bis hin zu den Kunstsammlungen, kann man erwerben Sa–Do 10–18 Uhr, Al Musalla Roundabout (Kreisverkehr), Al Fahidi, Haus Nr. 19, Tel. 04/353 62 33, www.themajlisgallery.com, Metro: Al-Fahidi

🅖 **Haus von Sayed Mohammed Sharif Al-Ulama** – trägt den Namen seines früheren Besitzers und beherbergt heute die »Historic Buildings«-Behörde. So–Do 8–14 Uhr, Historical Buildings Section, gleich neben dem Briefmarkenmuseum, Bastakiya Heritage Area, Tel. 04/353 90 90, Metro: Al-Fahidi

AUTORENTIPP!

SOUK AL BASTAKIYA

Eine schöne Initiative der Dubaier Stadtverwaltung: Touristen treffen auf lokale Künstler und Händler, kommen ins Gespräch, kaufen eine Kleinigkeit, Produkte, um deren Herstellung sie wissen und deren Produzenten sie kennen.

Während der Wintermonate, nämlich von Oktober bis März, hat man die Gelegenheit, in der angenehmen Atmosphäre des historischen Bastakiya-Viertels direkt von einheimischen bzw. von aus Nachbarländern stammenden Künstlern und Kunsthandwerkern deren Werke und Erzeugnisse zu begutachten und zu kaufen. An etwa vier Dutzend kleinen Ständen bzw. im Erdgeschoss oder Innenhof von Häusern werden hochwertige Produkte und Kunst ausgestellt: aus Ton gefertigte Skulpturen, Körbe aus Palmblättern geflochten, aus Naturwolle und mit Naturfarben hergestellte Webereien, Schmuck, Textilien und kleinformatige Aquarelle, die z.B. Landschaften der VAE und Arabien zeigen. Immer wieder zu sehen sind Kamele: aus allen erdenklichen Materialien gefertigt, mitunter recht originelle Arbeiten, mit künstlerischem Anspruch, die sich wohltuend unterscheiden von Massenproduktionen »Made in China«. Last but not least: Beim Souk Al Bastakiya kommt man mit (einheimischen) Menschen ins Gespräch, die entspannt und freundlich sind, ihre Arbeit an den Ständen und in den Gassen von Bastakiya offensichtlich genießen.

Souk Al Bastakiya. Okt.–März Sa 10–18 Uhr, Tel. 04/353 90 90

BUR DUBAI

Sheikh Mohammed Centre for Cultural Understanding, ein seit 2004 bestehendes Kulturzentrum mit reichhaltigem Programm. Angeboten werden u.a. geführte Spaziergänge durch das historische Bastakiya zu den besonderen Highlights des alten Stadtviertels am Dubai Creek, nämlich den Teilen der ursprünglichen Stadtmauer, dem »XVA Art Hotel & Gallery« sowie den heute als Informationszentren und Museen unterhaltenen Häusern. Architekturinteressierte finden hier zum Teil wertvolle fachspezifische Informationen zur Geschichte und Entwicklung der Konservierung arabischer Baudenkmäler und freundliche, jeder Frage aufgeschlossene Angestellte.

Ein kleines Refugium der besonderen Art ist das »Orient Guest House«, nämlich ein liebevoll geführtes und in einer historischen Villa untergebrachtes Hotel. Die unterschiedlich gestalteten Zimmer gruppieren sich um einen arabesk verzierten Patio (Innenhof). Hier erlebt man Gastfreundschaft, die zu Recht als »authentisch arabisch« bezeichnet werden kann.

Schöner wohnen auf arabisch

Um ein kleines Juwel handelt es sich auch beim »XVA Hotel«. Eine Adresse, die von kunstsinnigen Besitzern für ebensolche Gäste geschaffen wurde. Jeder Raum wurde von in Dubai lebenden Künstlern und Designern höchst individuell eingerichtet und dekoriert. Der Erfolg gibt den Besitzern recht: So wurde das »XVA« bereits in internationalen Lifestyle- und Reisemagazinen enthusiastisch beschrieben. Das historische Händlerhaus besitzt nicht nur traditionelle Windtürme und Räume mit hohen Balkendecken, sondern auch gleich drei verschwiegene, von Arkaden gerahmte Innenhöfe. Diese stehen auch Besuchern offen, die lediglich das dortige Café besuchen möchten. Es lohnt sich,

Bastakiya

auch im kleinen *Gift Shop* (Geschenkeladen) des Hauses vorbeizuschauen, der eine anspruchsvolle Auswahl an Schmuck, Wohnaccessoires und kleineren Kunstobjekten bereithält. Übrigens: die Bezeichnung »XVA« leitete sich ab von der einst römischen Hausnummer des Gebäudes – Nr. 15a!

Mit allen fünf Sinnen unterwegs

Einen Besuch lohnt auch die kleine Ave Gallery, die sich in den wenigen Jahren ihres Bestehens bereits einen Namen gemacht hat für zeitgenössische Kunst aus dem arabischen Raum. Gegen Abend öffnen sich wieder die Türen einiger um die Mittagszeit verschlossener Souvenir- und Antiquitätenläden, untergebracht in den stilvollen alten Händlerhäusern. Das traditionsreiche Warenangebot und die Art und Weise der liebevollen Präsentation – Weihrauchverbrenner und Duftöle auf wuchtigen hölzernen Regalen – werden beim Schauen und Einkaufen zum sinnlichen Erlebnis.

Plaketten an einigen Häusern in Bastakiya zeigen an, dass diese besichtigt werden können. Beispielsweise das Philately House, das ein kleines Briefmarkenmuseum beherbergt. Im Syed Mohammed Sharif al-Ulama House wiederum kann man sich ausführlich über die Entwicklung Bastakiyas informieren.

Nach Sonnenuntergang lockt das »Restaurant Bastakiyah Nights« zu einem ganz besonderen Erlebnis. Brennende Fackeln weisen den Weg zu dem romantisch illuminierten und an einen arabischen Palast erinnernden Gebäude. Die Preise für die Gerichte aus der arabisch-libanesischen Küche sind etwas höher als in anderen umliegenden und einfacheren Restaurants, angesichts der stilvollen Umgebung jedoch gerechtfertigt. Wer Dubai bei Nacht genießen will, ist hier genau richtig.

AUTORENTIPP!

ARABIAN TEA HOUSE

Leger und eher wenig gestylt, doch immer wieder schön und erholsam ist ein Besuch in diesem, den Stammgästen noch als »Basta Arts Café« bekannten Café-Restaurant. In einem weiten Innenhof, mit Bougainvillea und vielen tropischen Pflanzen begrünt und beschattet, nimmt man Platz auf Rattanstühlen oder rustikalen arabischen Holzbänken. Der Service ist überaus freundlich, egal, ob man nur eine Tasse Tee auf die Schnelle, ein spätes Frühstück oder ein reichhaltiges Mittagessen bestellt. Mitunter dauert es etwas länger, bis die Küche alles zubereitet hat, der ungewohnte Cappuccino fertig und der köstliche exotische Natursaft aus Mango oder Papaya frisch gepresst ist, doch das trägt nur zum sympathischen Stil des Hauses bei. Moderate Preise.

Arabian Tea House. Tgl. 8–22 Uhr, Al-Fahidi Street, Bur Dubai, Metro: Al-Fahidi, Tel. 04/353 50 71, www.arabianteahouse.co

Infos und Adressen

ESSEN UND TRINKEN

Karana. Hervorragende und authentische indische (vegetarische) Küche, große Auswahl an stets frisch zubereiteten Gemüse-Currys aus dem Norden des Subkontinents, einfache Umgebung, indisches Stammpublikum. Zu empfehlen: als Aperitif einen Mango-*Lassi*, ein typisch indisches Milchmixgetränk. Tgl. 12–23 Uhr, Al-Bahama Street 312 (parallel zur Al Fahidi Street), Bur Dubai, Tel. 04/353 06 70, Metro: Al-Fahidi

Zu Recht oft ausgebucht: »Orient Guest House«

Local House. In einem traditionsreichen älteren Bauwerk befindet sich das arabische, folkloristisch ausgerichtete Restaurant, wo Gäste (darunter auch häufig Reisegruppen) auf Sitzkissen Platz nehmen und das rustikale orientalische Ambiente genießen. Probieren sollte man die *Camel Milk Fried Ice Cream*, aus Kamelmilch zubereitete Eiskugeln, die in Cornflakes getaucht und einige Sekunden frittiert werden. Al Mankhool Road, Tel. 04/354 07 05, www.localhousedubai.com

Lucky Bandra Restaurant. Zum Mutton Kadeh (Lammfleisch-Curry in würziger Sauce) bestellt man Butter *Naan* (frisches Fladenbrot) und *Raita* (Gurken-Joghurt), als Vorspeise *Mutton Cutlets* (frittierte Gemüsetaschen): Auch wenn man nicht immer gleich weiß, was man bestellt hat, wird man in der Regel angenehm überrascht sein. Der Ableger der in Mumbai erfolgreichen Restaurantkette bietet günstige Klassiker der indischen Küche. Sa–Do 11.30–16 Uhr, 19–23.30 Uhr, Fr 13–16 Uhr, 19–23.30 Uhr, Al Fahidi Street, Bur Dubai, Tel. 04/353 45 64

ÜBERNACHTEN

Howard Johnson Bur Dubai. Außerhalb von Bastakiya gelegenes, moderneres Mittelklassehotel, bei dem ein gutes Preis-Leistungs-Verhältnis sowie die für Dubai zentrale Lage nahe des historischen Windturmviertels für viele zufriedene Gäste sorgt. Khalid Bin Waleed Road, Tel. 04/393 99 11, www.hojoburdubai.com, Metro: Burjuman

Orient Guest House. Historisches Wohnhaus, Musterbeispiel gekonnter Restaurierung, authentisch und luxuriös, ein Boutique-Hotel für Individualisten mit zehn Zimmern; Gäste können zwischen zwei Kategorien wählen, nämlich den sogenannten *Heritage Rooms* bzw. den etwas größeren *Mumtaz Rooms*. Arabisches Frühstück im Innenhof. Bastakiya Heritage Area, Al-Fahidi Street, Al-Fahidi R/A, Tel. 047/351 91 11, Metro: Al-Fahidi www.orientguesthouse.com

EINKAUFEN

Ave Gallery. Die von einem iranischen Künstler betriebene Kunstgalerie, unweit der bekannteren Majlis Gallery (Haus Nr. 19) gelegen, zeigt immer wieder wechselnde Ausstellungen, u.a. auch aus Indonesien stammender Künstler, ist noch im Aufbau begriffen, bietet eine freundlich interessierte

Bastakiya

Arabisch dekoriert: »Bastakiyah Nights«

Atmosphäre und moderate Preise. Bastakiya Heritage Area, Tel. 04/353 53 83, Metro: Al-Fahidi

Souk al-Bastakiya. An Samstagen während der Wintermonate (in unregelmäßigen Abständen) werden vor einigen Häusern des historischen Viertels sowie in Innenhöfen und in den Galerien Stände für Kunsthandwerk aufgebaut. Der von der Dubai Event Management Corporation veranstaltete Markt bietet außerdem Workshops für Kinder und Erwachsene, bei denen u.a. traditionelle Musikinstrumente hergestellt, aus Ton Kannen und Krüge geformt sowie Handarbeiten gefertigt werden.
Sa 10–17 Uhr, Bastakiya Heritage Area,
Metro: Al-Fahidi

INFORMATION

Sheikh Mohammed Centre for Cultural Understanding (SMCCU)/Touristeninformation.
So–Do 9–18 Uhr, Sa 9–13 Uhr, Al-Seef Road,
Tel. 04/353 66 66, www.cultures.ae,
Metro: Al-Fahidi

Dubai Museum. Sa–Do 8.30–20.30 Uhr,
Fr 14.30–20.30 Uhr, während der Ramadan-Zeit
Sa–Do 9–17 Uhr, Fr 14–17 Uhr, Eintritt 3 Dh,
Al-Fahidi Fort, Al-Fahidi Street, Bur Dubai,
Tel. 04/353 18 62, Metro: Al-Fahidi

Jedes Zimmer ist anders im »Orient Guest House«

BUR DUBAI

2 Al-Fahidi Fort & Dubai Museum
Dubais Geschichte – hautnah

Das Al-Fahidi Fort, die älteste Befestigungsanlage des Emirats, aus Lehmziegeln und Korallenblöcken zu meterdicken Schutzmauern zusammengefügt und von zwei Türmen gekrönt, wurde hervorragend restauriert und beherbergt heute das Nationalmuseum von Dubai. Das international renommierte Museum bietet eine abwechslungsreiche Zeitreise durch das Leben in Dubai vor dem Ölboom.

Einheimische Familien mit ihren Kindern streben dem Fort zu. Freitags, wenn im Emirat die Arbeit ruht, ist es erklärte Lieblingsbeschäftigung vieler *Locals*, den Nachwuchs ins Museum zu führen. Besonders an Sommertagen, an denen das Thermometer schon nach dem Frühstück um die 40 Grad Celsius anzeigt, ist der Besuch im neu konzipierten Untergeschoss des (1787 errichteten) mächtigen Forts eine besondere Wohltat. Angenehm kühl und halbdunkel ist es, und es dauert ein paar Sekunden, bis sich die Augen an die veränderten Lichtverhältnisse gewöhnt haben. Im

Oben: Al-Fahidi Fort und Dubai Museum: auch von außen ein Hingucker
Unten: Im Untergeschoss des Dubai Museum

> ### MAL EHRLICH
> **ALKOHOLISIERT UNTERWEGS**
> Die Gegend um das Fort ist an Wochenenden das Ausgeh- und Flanierviertel vieler indischer *Expatriates*. Man geht essen, kauft Goldschmuck bei den vielen Juwelieren. Alkohol ist dabei tabu. Wie überall in Dubai steht der öffentliche Konsum alkoholhaltiger Getränke unter Strafe, und Touristen tun gut daran, unter keinen Umständen in der Öffentlichkeit einen alkoholisierten Eindruck zu erwecken.

Al-Fahidi Fort & Dubai Museum

Erdgeschoss und angrenzend an den Innenhof gibt es kleinere Räume mit Exponaten, u.a. auch eine Ausstellung von Musikinstrumenten, während der eigentliche Schwerpunkt des Museums im Untergeschoss liegt.

Museum mit lebendiger Atmosphäre

Im Mittelpunkt steht zunächst die Dokumentation der Entwicklung Dubais von einer kleinen unbedeutenden Siedlung am Dubai Creek, dem natürlichen Wasserlauf quer durch die Stadt, hin zur hypermodernen Metropole. Dabei bekommt man viele, ansonsten selten gezeigte historische Fotos zu sehen. Im nächsten Raum dringen dann auch schon ungewohnte Klänge ans Ohr: Wir tauchen ein in das Gewimmel einer altertümlich wirkenden Ladengasse in einem nachgestellten Suk. Noch um 1960 soll es so in Dubai ausgesehen haben: Wir lauschen auf Arabisch vorgetragene Gespräche zwischen Händlern und Kunden, auf den ersten Blick täuschend echt durch überlebensgroße Puppen dargestellt. Ein Feuer lodert in einem anderen Laden im Ofen, und ein Schmied macht sich an die Arbeit. Man begegnet Perlentauchern, die noch vor wenigen Jahrzehnten ihrer nicht ungefährlichen Tätigkeit nachgingen und ohne Tauchausrüstung nur mit einer Nasenklammer lange unter Wasser blieben. In einer anderen Abteilung sind die Waagen aufgebaut, mit denen die Händler die aus dem Meer gebrachten Perlen wiegen konnten und so ihren Wert ermittelten. Auf separaten Monitoren werden in einzelnen Filmen die jeweiligen Bereiche des Lebens am Golf vorgestellt und erklärt. In einer Koranschule findet gerade Unterricht statt: Der Lehrer liest aus dem Heiligen Buch vor, und die Schüler wiederholen die Verse im Chor. Romantisch wird es, wenn man die Sterne über aufgebauten Beduinenzelten leuchten

AUTORENTIPP!

OM NAMO SHIVAYA

Ganz in der Nähe der Großen Moschee entdeckt man kleine indische Lebensmittelläden, in denen auch Räucherstäbchen, Ketten aus Jasminblüten, Duftwasser und Blüten tropischer Blumen angeboten werden. Daneben gibt es kleine Figuren von Ganesha und Lakshmi, Bilder von Sai Baba und der Göttin Durga, Kokosmilch und andere Opfergaben. Tatsächlich befindet sich, versteckt im Gassengewirr und nur durch aufmerksames Schauen bzw. Nachfragen zu entdecken, ein Hindutempel. Der Shiva und Krishna Mandir genannte Komplex wurde bereits 1958 eingeweiht. Inspirierend ist die Vorstellung, dass ganz in der Nähe zu einem als heilig angesehenen Ort der Moslems sich auch ein Heiligtum der Hindus befindet und man sich hier, in Dubai, das sich äußerlich dem Konsum verschrieben hat, an einem ganz besonderen Ort befindet.

Om Namo Shivaya. Ali Bin Abi Teleb Street, Al-Fahidi, unweit der Großen Moschee, Metro: Al-Fahidi

Im Innenhof des Dubai Museum

AUTORENTIPP!

INDISCH ESSEN

Wenn man durch die Straßen bummelt, die an das Dubai Museum und die Große Moschee angrenzen, kommt man an zahlreichen kleinen indischen Restaurants vorbei. Die meisten bieten authentische, hygienisch einwandfreie Küche des Subkontinents zum kleinen Preis an. Je nachdem, woher Koch und Betreiber des Restaurants stammen, ob aus Karnataka oder Kerala, Rajasthan oder Goa, stehen die jeweiligen Spezialitäten der regionalen Küche auf der Speisekarte. Meist sind die Lokale vegetarisch und die Auswahl der Gerichte ist riesengroß. Zugreifen muss man, wenn das südindische *Thali* auf der Speisekarte steht. In kleinen Metallschälchen werden ein halbes Dutzend unterschiedlicher Gerichte serviert, dazu gibt es Reis und Chutneys. Mitunter dient als Teller ein großes Bananenblatt – darauf leuchten die Gemüsehäppchen wie eine Farbpalette.

Eintritt nur für Moslems: die Grand Mosque in Bur Dubai

BUR DUBAI

sieht und den Lagerfeuergeschichten der auf dem Boden sitzenden Männer lauscht. Ziegen und Schafe sind zu sehen. Frauen in typischer Kleidung der Beduinen balancieren Wasserkrüge auf dem Kopf.

Ein besonderes Highlight des Museums sind die ausgestellten 3500 Jahre alten Funde aus den Gräbern von Hatta (115 km östlich von Dubai gelegene Oasenstadt) und Al-Qusais (am östlichen Stadtrand von Dubai zu besuchen – nur in Verbindung mit einer geführten Tour örtlicher Reiseveranstalter).

Ein *National Monument* als Museum

Al-Fahidi Fort, das Bauwerk, in dem das Museum untergebracht ist, genießt eine besondere Bedeutung im Leben der *Nationals*. Noch am Tag der Staatsgründung der Vereinigten Arabischen Emirate im Jahr 1971 beschloss der damalige Herrscher Sheikh Rashid Bin Saeed al-Maktoum, die dem Verfall preisgegebene Festungsanlage zu restaurieren. Mehr als zwei Jahrzehnte sollten die aufwendigen Arbeiten, die teilweise die Neukonstruktion des Forts bedeuteten, in Anspruch nehmen. Heute betritt man die gewaltige Anlage, die einst Schutz vor feindlichen Angriffen bot, durch ein hölzernes Tor. Gleich darauf befindet man sich im großen, mit aufgeschüttetem Sand bedeckten Innenhof. Altertümlich aussehende Bootstypen sind dort ausgestellt.

Nachdem man das Museum wieder verlassen hat, befindet man sich in unmittelbarer Nähe zur Dubai Grand Mosque. Der mächtige Kuppelbau, der während der Jahre 1996 bis 1998 errichtet wurde, befindet sich an jener Stelle, an der bereits um 1900 eine Große Moschee gestanden hatte. Diese

Al-Fahidi Fort & Dubai Museum

wurde um 1960 durch eine größere Moschee ersetzt, die dann ihrerseits wieder einem Neubau weichen musste, der der Bedeutung der Moschee in der sich schnell vergrößernden Stadt gerecht wurde. Weithin sichtbares Erkennungszeichen der Großen Moschee ist das 70 Meter hohe Minarett, übrigens das höchste Dubais. Dazu kommen neun große und über 40 kleine Kuppeln. Nur Moslems dürfen das Bauwerk betreten, wie im Islam üblich. In den gesamten VAE können deshalb nur vier Moscheen besichtigt werden, neben der Jumeirah-Moschee im gleichnamigen Stadtteil Jumeirah sind dies die kleine Moschee von Bidyah, die älteste der Emirate, die Al-Noor Moschee in Sharjah, sowie die Zayed Grand Mosque in Abu Dhabi von wahrhaft spektakulären Ausmaßen.

Gelebter Glauben

Tatsächlich gibt es in Dubai unzählige Moscheen, Zentren des moslemischen Lebens. Nicht nur für die Einheimischen, sondern auch für die Mehrzahl der aus islamischen Ländern stammenden Gastarbeiter ist der Koran Richtschnur für das kulturelle, gesellschaftliche und private Leben. So heißt es im Koran, dass jeder Gläubige nach fünf Richtlinien zu leben habe, die es gilt, in das Leben zu integrieren. Die fünf Säulen des Islams, *arkan* genannt, sind das Bekenntnis zum Glauben an den einen Gott, das fünfmalige tägliche Gebet, das Fasten im Pilgermonat Ramadan, das Almosengeben sowie einmal im Leben eine Pilgerfahrt nach Mekka. Wer das macht, kommt Allah ganz nah.

Muezzinen kommt die ehrenvolle Aufgabe zu, vom Minarett aus die Gläubigen zum Gebet zu rufen. In früheren Zeiten war es der Imam, der Vorsteher einer Moschee selbst, der seine Stimme erklingen ließ, heute ertönen immer häufiger Rufe vom Band. Bereits morgens in aller Frühe – die

Oben: Ein Sonnenschutz ist bei der Besichtigung von Bastakiya zu empfehlen.
Unten: Nachgestellte Szene im Dubai Museum

BUR DUBAI

genaue Zeit richtet sich nach dem jewelgen Stand der Sonne – ertönt es aus allen Richtungen *Allah u Akhbar*, etwa »Allah ist groß«. Beim Betreten der Moschee ziehen die Männer die Schuhe aus; vorgeschrieben ist auch ein Waschritual. Vor einer Moschee oder in ihrem Innenhof befindet sich daher meist eine Waschanlage.

Orientalischer Suk

Anschließend an den Museumsbesuch und einem Blick auf die Fassade der Großen Moschee bietet sich ein Besuch im nahen Bastakiya-Viertel an. Ebenso schön ist auch ein Bummel entlang des Creek-Ufers oder durch den Bur Dubai Old Souk. Dieser, auch Al Souk al-Kabir genannt, nämlich der Große Souk, gilt als ältester der Stadt und besteht aus einigen schmalen Gassen. Zentrum ist eine breitere Hauptgeschäftstraße, ebenfalls neu rekonstruiert, nachdem die ursprüngliche Anlage um 1900 einem Feuer zum Opfer fiel.

Schatten spendet eine rustikale Überdachung im Stil einer hölzernen Pergola, die Erneuerung der ursprünglichen Abdeckung mit Palmzweigen wurde als zu pflegeintensiv verworfen. Nostalgisch wirken die aufwendig aus Teakholz gearbeiteten Ladennischen, teilweise integriert in die neu errichteten zweistöckigen Windturmhäuser, die heute die Ladengasse flankieren. Dort findet man ein großes Angebot an Stoffen, die vom Ballen und meterweise verkauft werden. Wahrzeichen der hiesigen Hotellerie ist das gegenüber dem Museum gelegene »Arabian Courtyard Hotel«, ein gepflegtes Mittelklassehaus, das auch externe Besucher für ein kühles Getränk aufsuchen können. In der näheren Umgebung laden das Bastakiya-Viertel, das Al-Fahidi Fort, das Dubai Museum, die Bank of Baroda und der Hindutempel zu einer ausgiebigen Erkundungstour ein.

Oben: Gut zu riechen und schön anzusehen: Waren im Gewürze-Souk
Unten: Nach Sonnenuntergang ist der Besuch im Gold Souk doppelt so schön

Al-Fahidi Fort & Dubai Museum

Infos und Adressen

SEHENSWÜRDIGKEITEN
Bur Dubai Old Souk. Sa–Do 8–22 Uhr, Fr 14–22 Uhr, zwischen den *Abra*-Stationen am Dubai Creek, Metro: Al-Ghubaiba

Dubai Grand Mosque. Ali Bin Abi Teleb Street, Al-Fahidi, Metro: Al-Fahidi

Dubai Museum. Im Museum gibt es auch eine Touristeninformation. Sa–Do 8.30–20.30 Uhr, Fr 14–20.30 Uhr, Al-Fahidi Fort, Al-Fahidi Street, Tel. 04/353 18 62, Metro: Al-Fahidi

ESSEN UND TRINKEN
Lucky Bandra. Indische *Biryani*-Küche mit unterschiedlichen Reisgerichten, vorwiegend preiswerte vegetarische Spezialitäten. So–Do 12–16, 19–23 Uhr, Fr 13–16, 19–23 Uhr, Al-Fahidi Street, Tel. 04/353 45 64, Metro: Al-Fahidi

Das »Mumtaz Mahal-Restaurant« des »Arabian Courtyard Hotel« ist stets gut besucht.

ÜBERNACHTEN
Arabian Courtyard Hotel. Mittelklasse-Luxus in bester Lage, ansprechendes Hotel mit 170 Zimmern im arabischen Dekor, auf acht Etagen, Auswahl unter mehreren Restaurants, gepflegter Spa-Bereich und *Hamam* (Badehaus). Al-Fahidi Street, Tel. 04/351 91 11, www.arabiancourtyard.com, Metro: Al-Fahidi

Sun City Hotel. Das sympathische Hotel befindet sich unter indischer Leitung und bietet auch preiswerte Mehrbettzimmer. 300 m westlich des Dubai-Museums, im (indischen) Mena Bazaar. Al-Fahidi Street, Tel. 04/353 68 88, www.suncityhoteldubai.com, Metro: Al-Fahidi

EINKAUFEN
Mena Bazaar. Tgl. 8–23 Uhr; westlich des Dubai Museum erstreckt sich dieser Stadtteil mit überwiegend indischen Geschäften, Restaurants, Cafés und Werkstätten. Metro: Al-Ghubaiba

INFORMATION
Sheikh Mohammed Centre for Cultural Understanding (SMCCU). So–Do 9–18 Uhr, Sa 9–13 Uhr, Al-Seef Road, Tel. 04/353 66 66, www.cultures.ae, Metro: Al-Fahidi

Das »Arabian Courtyard Hotel«: ein gut geführtes Vier-Sterne-Hotel

BUR DUBAI

3 Heritage & Diving Village
Zeitreise in die Vergangenheit

In bester Lage, nämlich auf der Landzunge Al-Shindaga unmittelbar am Eingang zum Creek, der Lebensader Dubais, liegen zwei kleine Museumsdörfer, aufwendig und mit viel Liebe zum Detail konstruierte Nachbauten historischer Siedlungen, die ganz bewusst die Illusion erwecken (sollen), dass die guten alten Zeiten wieder angebrochen sind. Hier arbeiten Einheimische als Töpfer und Weber, zeigen, wie ihre Väter und Großväter einst nach wertvollen Perlen tauchten – hier dringt man bis an die Ursprünge Dubais vor.

Seitdem Dubais Herrscher Sheikh Mohammed die Bedeutung der historischen Wurzeln seines Landes erkannt und eingestanden hat, dass in der Vergangenheit mit dem allzu schnellen Abriss alter Bausubstanz unwiderrufliche Fehler gemacht wurden, zelebriert man die Jahre vor dem Ölboom in nostalgischer, oft großartiger Weise.

Oben: Im Bereich des Heritage and Diving Village locken stimmungsvolle Restaurants.
Unten: Angestellter des Freilichtmuseums Heritage and Diving Village

> ## MAL EHRLICH
> **NOSTALGIE OHNE PATINA**
> In Dubai wie der gesamten Region boomen Sanierung und Neukonstruktion historischer Bauwerke. So sind manche europäische Besucher ein wenig enttäuscht über die fehlende Authentizität einiger Baudenkmäler. Gewöhnt an in Würde gealterte Städte, ist man gelegentlich darüber verwundert, dass die perfekt restaurierten Paläste und Häuser unbewohnt sind und nur noch Museen beherbergen, und dass es sich teilweise nicht um Originale, sondern um komplette Rekonstruktionen handelt.

Heritage & Diving Village

Zu Gast in einem Beduinendorf

Heritage Village bzw. *Al Turath*, wie es auf Arabisch heißt, ist die größere der beiden nebeneinanderliegenden Anlagen und entführt in ein traditionelles Beduinendorf früherer Jahrhunderte. Tatsächlich ist dieses Freilichtmuseum, das in den Anfangsjahren seines Bestehens gelegentlich steril und aufgrund weniger Besucher mitunter wie ausgestorben wirkte, durch die weitere Etablierung historischer Museen zu einem Besuchermagneten geworden. Besonders die *Locals* – wie die Einheimischen am Golf genannt werden – lieben es, in der Zeit der Dämmerung an den Ständen vorbeizuflanieren und den Kindern kurzweiligen Nachhilfeunterricht in jüngerer Geschichte zu erteilen. Für die Schüler des Emirats ist ein mehrmaliger Besuch gar Bestandteil des Unterrichts.

Gleich hinter dem Eingang gelangt man zu einem Raum, in dem sich alles um arabisches Parfüm dreht und man erfährt, welche Bedeutung die Parfümierung von Haus und Bekleidung in der arabischen Welt seit jeher innehatte. Weihrauch kommt dabei eine ganz besondere Rolle zu, wachsen doch im nahen Oman jene kostbaren Bäume, aus dessen Harz das aromatisch duftende Kristall gewonnen wird. In Europa wurde Weihrauch eher auf den sakralen Bereich beschränkt, in Arabien seit jeher auch im Alltag eingesetzt.

An zahlreichen kleinen Ständen werden Kunsthandwerksartikel hergestellt oder auch verkauft, es gibt mitunter auch landestypische Süßigkeiten und Naschereien kostenlos zu probieren bzw. zu kaufen. Zu Feiertagen oder anderen Anlässen führt man Volkstänze auf, und es erklingt orientalische Musik. Während des Shopping-Festivals Anfang des Jahres ist das beliebte Heritage Village täglich Bühne für diverse Veranstaltungen.

AUTORENTIPP!

AMOUAGE – DAS ARABISCHE »CHANEL NO 5«

Unterwegs in den Kaufhäusern und Parfümerien der Region stellt man fest, dass es hier alle weltweit bekannten Marken zu kaufen gibt. Eine luxuriöse Besonderheit, die es im Ausland nur bei Harrods in London oder dem KaDeWe in Berlin zu kaufen gibt, ist das Amouage genannte Parfüm. Das aus Oman stammende Amouage ist auch in den Emiraten *das* Parfüm, zum einen, weil es aus der Region stammt und den hiesigen Geschmack trifft, zum anderen, weil es so überaus kostbar daherkommt. Amouage verkörpert perfekt das orientalische Dufterleben, vereint Rosenwasser, Weihrauch und Myrrhe und wurde einst vom französischen Meister-Parfumeur Guy Roberts kreiert, daher der wohlklingende Name.

Amouage. 14 Lowndes Street, London SW1X 9EX, Tel. +44(0)20/30 31 98 74, www.amouage.com

AUTORENTIPP!

DUBAI SHOPPING FESTIVAL
Einen ganzen Monat lang zelebriert Dubai sein Shopping Festival (DSF), dann gibt es große Rabatte in allen Geschäften und Shopping Malls, darüber hinaus findet ein umfassendes kulturelles Begleitprogramm statt. Auch im Heritage & Diving Village wird alles zu einer gewaltigen Bühne, vervielfacht sich das Angebot an Ständen, werden Tänze und Musikdarbietungen aufgeführt, finden aufwendige Feuerwerke über dem Dubai Creek statt – für viele die schönste Zeit für einen Besuch des Freilichtdorfs. Einziger Wermutstropfen: Die schöneren Hotels sind während des Festivals oft ausgebucht, und es muss Monate im Voraus reserviert werden.

Dubai Shopping Festival. Jan./Feb., nähere Informationen im DSF-Guide und auf www.mydsf.ae

Viele Perlen braucht es für eine Kette.

BUR DUBAI

Erinnerung an die Perlenfischerei

Nur wenige Schritte weiter betritt man durch ein gewaltiges Holztor das Diving Village, eine Anlage, in der sich alles um Schifffahrt und Perlenfischerei dreht, jene Elemente arabischen Lebens in Dubai, die für wirtschaftlichen Wohlstand vor dem Ölboom sorgten. Besucher können sich über die Vielfalt der diversen arabischen Schiffstypen informieren und die ausgestellten Modelle betrachten bzw. die jeweiligen Schautafeln mit Informationen über Art und Herkunft der *Daus* studieren. Dau, so heißen die in fast allen Anliegerländern des Indischen Ozeans vorzufindenden traditionellen Schiffstypen mit ein bis drei Masten und trapezförmigen Segeln.

Al Ghouss, wie das Freilichtmuseum auf Arabisch genannt wird, zeigt auch die Rekonstruktion eines ganz der Perlenfischerei gewidmeten Dorfes des 19. Jahrhunderts, eine besonders für Familien mit Schulkindern interessante und anschauliche Darstellung. Nach Verlassen des Diving Village mischt man sich unter die Flanierenden an der breiten, am Dubai Creek entlangführenden Promenade.

Im alten Herrscherpalast

Ein Juwel der besonderen Art ist die ehemalige Residenz von Sheikh Saeed al-Maktoum, dem Großvater des jetzigen Herrschers und Regent von Dubai in den Jahren 1912 bis 1958, jenes von den Einheimischen sehr verehrten Herrschers, der den Grundstein dafür legte, dass Dubai sich in rasanter Weise zu einer hypermodernen Metropole entwickeln konnte. Der alte Lehmpalast macht vertraut mit einem gänzlich anderen Luxus, als es heute in Dubai üblich ist. Selbst die aufwendigen Holzschnitzereien, die zahlreichen Windtürme, Balkone und herrlichen Innenhöfe, um die herum

Heritage & Diving Village

sich etwa 30 Räume gruppieren, zeugen von einem durchaus bodenständigen Luxus. Untergebracht in den einzelnen Räumen sind heute diverse Ausstellungen und Sammlungen. So gibt es einen eigenen Briefmarken- und Münzflügel, der eine Übersicht gibt über die Entwicklung auf der gesamten Arabischen Halbinsel. Im sogenannten Al-Maktoum-Flügel wiederum gibt es eine nostalgische Fotodokumentation, die Mitglieder der weitverzweigten Al-Maktoum-Herrscherdynastie in privatem Rahmen, bei Staatsbesuchen und Reisen ins Ausland zeigt – sicherlich der interessanteste Bereich des Palastes.

Dieser gilt heute als *National Monument*, als nationales Denkmal, und erfreut sich hoher Wertschätzung. Kaum verständlich ist andererseits, dass man den um 1896 von Familienmitgliedern der Al-Maktoum erbauten Palast, der von Sheikh Saeed über 40 Jahre als Wohn- und Regierungssitz genutzt wurde, lange Zeit leer stehen und verfallen ließ und erst 100 Jahre nach seiner Errichtung aufwendig restaurieren und teilweise rekonstruieren ließ. Im ersten Stock des Bauwerks befindet sich heute eine Dokumentation historischer Landkarten sowie ein alten Briefen und Verträgen vorbehaltener Bereich.

Im sogenannten *Social Life Wing* wiederum erfährt man mittels didaktisch hervorragend aufbereiteter Materialien interessante Details, wie in früheren Jahrzehnten das soziale Leben am Golf strukturiert war, wie ein traditioneller *Suk* (Ladengassen) funktionierte und wie das Leben der Menschen in den Barasti-Hütten organisiert war. *Last but not least* lohnt der Besuch des einzigen Versammlungsraumes des Herrschers; dieser nur Männern zugängliche Raum diente der Entspannung, hier wurden Neuigkeiten ausgetauscht, und schließlich genoss man auch den herrlichen, sich

Oben: Im Freilichtmuseum Heritage and Diving Village
Mitte: So sahen einst die typischen Behausungen in Dubai aus
Unten: Typische Windtürme im Heritage and Diving Village

BUR DUBAI

Oben: Durch den Dubai Creek Park auf Kamelen
Mitte: Für Kinder ein Vergnügen: Besuch im Dubai Creek Park
Unten: Ein schöner Spaziergang am Creekufer führt ins Heritage and Diving Village.

von hier bietenden Blick auf den nahen Dubai Creek. Hiervon können sich die Besucher noch heute mit eigenen Augen überzeugen.

Grüne Oase am Creek

Nicht weit vom Sheikh Saeed al-Maktoum House liegt der Palast, den dessen Bruder Sheikh Juma sich 1928 erbauen ließ. Das unter dem Namen Sheikh Juma al-Maktoum House vollständig rekonstruierte Anwesen, das stark verfallen war, beherbergt heute ein – ebenfalls frei zugängliches – Museum für traditionelle Architektur.

Im Süden der Bur Dubai-Seite des Creek gelangt man zum 96 Hektar großen Creekside Park, eine grüne Oase am Wasser, die sich durch zahlreiche Spielanlagen für Kinder, die sogenannte Children City, auszeichnet und auch bekannt ist wegen ihrer Seilbahn, die in 25 Metern Höhe in gemächlichem Tempo über den Park schwebt und dabei den Blick freigibt auf den Golf & Yacht Club. Seine riesigen weißen Segel sehen aus wie eine ganze Armada arabischer *Daus*, die vor der Skyline der Wolkenkratzer nicht mehr wegzudenken sind. Hier im zweitgrößten Park Dubais können Besucher mit Fahrrädern fernab vom städtischen Trubel die Uferwege erkunden, können joggen oder Rollschuh fahren und Minigolf spielen. An Wochenenden sind die Rasenflächen Treffpunkt für Hunderte von Familien. Viele europäische *Expatriates* schätzen den Park, um hier die Geburtstagspartys ihrer Kinder auszurichten. Es lohnt sich, den Park aufmerksam zu durchstreifen, etwa um die diversen Skulpturen zu entdecken, die verborgen liegenden Pagoden und Wüstengärten, Palmenhaine, die vielen exotischen, aus Asien stammenden Bäume und Pflanzen. Im großen Amphitheater gibt es das ganze Jahr hindurch Konzerte und Theatervorstellungen.

Heritage & Diving Village

Infos und Adressen

SEHENSWÜRDIGKEITEN
Creekside Park. Tgl. 8–22 Uhr, Eintritt 5 Dh, Seilbahn 25 Dh, südliches Creek-Ufer zwischen Garhoud Bridge und Maktoum Bridge, Umm Hurair, Al Riyadh Street, Tel. 04/336 76 33, Metro: Healthcare City

»Al Bandar« im Heritage and Diving Village

Heritage & Diving Village. Sa–Do 8.30–22.30 Uhr, Fr 8–22.30 Uhr, Shindagha Road, Richtung Mündung des Creek, Tel. 04/393 71 51, www.dubaitourism.ae, Metro: Al-Ghubaiba

Sheik Juma al-Maktoum House. Mo–Sa 8–20 Uhr, So 8–14.30 Uhr, Eintritt frei, zwischen Corniche und Al Khaleej Road, Shindagha, Tel. 04/393 71 39, www.dubaitourism.ae, Metro: Al-Ghubaiba

ESSEN & TRINKEN
Entlang des Creek-Ufers – vor dem Heritage & Diving Village und dem Sheikh Saeed al-Maktoum House – liegen zahlreiche Restaurants mit Tischen im Freien und direkt am Wasser. In den meisten der Restaurants gibt es Schischa-Service, d.h. Wasserpfeifen können bestellt werden.

Al Bandar. Das in einem nachgebauten Windturmhaus untergebrachte Café-Restaurant gilt seit Jahren als eines der beliebtesten Restaurants für Fisch- und Meeresfrüchte. Es liegt direkt am Wasser und lockt mit Vorspeisen wie *Moutabel* (Auberginencreme) und *Hummus* (Kichererbsenpüree) oder *Tiger Prawns* (Hummerkrabben), gegrilltem Fisch oder auch indischen Hähnchen-Currys und Steaks zu moderaten Preisen. Tgl. 12–1 Uhr, Shindagha, Tel. 04/393 90 01, www.alkoufa.com, Metro: Al-Ghubaiba

ÜBERNACHTEN
Barjeel Heritage Guest House. Prächtig hergerichtetes Bauwerk im altarabischen Stil. Die Zimmer und Suiten sind mit Himmelbetten, Antiquitäten und handgeknüpften Teppichen ausgestattet. Al-Ghubaiba Road, Al-Ghubaiba, Tel. 04/354 44 24, www.barjeelguesthouse.com, Metro: Al-Ghubaiba.

Zimmer im »Barjeel Heritage Guest House«

BUR DUBAI

4 Dubai Creek
Daus und Abras unterwegs

Wem Dubai zu futuristisch, zu himmelstürmend und zu modern erscheint, fährt an den Creek. Wie seit Jahrhunderten liegen dort die schwer beladenen *Daus* vor Anker, altertümlich aussehende Lastschiffe aus Holz. Unablässig wechseln *Abras*, laut tuckernde offene Fährboote, die Seiten von Bur Dubai und Deira: für nur einen Dirham die schnellste und günstigste Schifffahrt im ganzen Emirat.

Al-Khor, oder wie es heute meist heißt »The Creek«, ist die Lebensader Dubais. Diesem Meeresarm, der sich von der Küste des Arabischen Golfs aus etwa 14 Kilometer ins Inland erstreckt, verdankt die Metropole ihre Entstehung, denn an der Mündung des Creek ließen sich vor mehr als 150 Jahren die Vorfahren des heutigen Herrschers nieder. Hier errichteten die Fischer und Perlentaucher Hütten aus getrockneten Palmwedeln, Vorläufer der festen Behausungen, die bald darauf mit dem Zuzug von Händlern entstanden. Der wachsenden Bedeutung Dubais zu verdanken war auch der Ausbau des Dubai Creek um 1970, um den Meeresarm auch für größere Schiffe nutzen zu können.

Minikreuzfahrt auf arabisch

Auch heute, wo zahlreiche gigantische Bauprojekte sich der Erweiterung des Dubai Creek widmen, ist seine Mündung nach wie vor der Ort, der in besonderer Weise das Flair Dubais ausmacht. Und auch wenn über den Wasserlauf heute mehrere Brücken führen – vielspurige Autoschnellstraßen – und man durch zwei Tunnel fahren sowie einen

Im Wassertaxi (Abra) die Creekseite wechseln.

Großartige Dubai Creek Skyline

Fußgängertunnel in Al-Ras benutzen kann: Viel schöner ist es nach wie vor, an einem der beiden Ufer in der Nähe der Mündung, im alten, ehemaligen Zentrum Dubais, in eine der *Abras* zu steigen, die unablässig die Passagiere ans andere Ufer bringen. Man passiert das Drehkreuz und nimmt Platz auf einem der offenen alten Holzboote, die Platz für 20 Passagiere haben. Je zehn Passagiere sitzen auf beiden Seiten und blicken bei der diagonalen Überfahrt entweder auf die Bur Dubai-Seite oder nach Deira, je nachdem, auf welcher Seite sie sitzen. Wenn man die Stationen Bur Dubai *Abra*-Station und Deira Old Souk Station wählt, ist man nach sieben Minuten auf der anderen Seite angekommen; etwas länger dauert es zur Al-Sabka *Abra*-Station. Während der Fahrt sammelt der Bootsführer von jedem Passagier einen Dirham ein; daher empfiehlt sich, entsprechende Münzen bei sich zu tragen. Wem die *Abra* zu rustikal, schmutzig oder gefährlich ist, der nimmt den moderneren Waterbus, eine klimatisierte Fähre für 36 Passagiere. Man wird feststellen, dass in Bur Dubai und Deira die beiden Creek-Ufer sehr unterschiedlich aussehen. So wird die Deira-Seite geprägt von zahlreichen *Daus*, deren Fracht noch auf der Uferpromenade liegt.

AUTORENTIPP!

AUF EINEN MANGOSAFT

Auf der Deira-Seite nahe der Abra-Station steht ein einfacher Imbisskiosk, der Getränke und Snacks verkauft. Die besonders bei Gastarbeitern aus Arabien und Asien beliebte Adresse bietet auch frisch gepresste Obstsäfte für wenige Dirham. Da man in Dubai und den VAE kaum gesundheitliche Bedenken haben muss, was die Hygiene angeht, und Darmprobleme aufgrund von bakteriellen Erkrankungen, die von unsauberen Lebensmitteln und Getränken ausgehen, sehr selten sind, kann man hier (fast) unbesorgt genießen. An vielen Stellen in Dubai und den Emiraten kann man solche Vitaminbomben erstehen. Neben den zuckersüßen Mangosäften gibt es auch wohlschmeckende Mischungen aus Gemüse- und Obstsäften – eine gute und günstige Art, sich für die nächste Etappe auf der Besichtigungstour zu stärken.

Terrasse über dem Creek

Oben: Blick vom Dubai Creek auf die Hochhäuser der Sheikh Zayed Road
Unten: Die Gebäude beherbergen Büros, Restaurants und Shops.

Die Bur Dubai-Seite ist im Bereich der Anlegestellen recht eng und ein wenig unübersichtlich. Nachdem man die Orientierung erlangt hat, kann man sich nach rechts wenden, um durch den überdachten *Suk* (Ladengassen) zu dem in unmittelbarer Nähe des Ufers liegenden Bayt al-Wakeel zu schlendern. Dieses alte Handelsgebäude, »Haus des Agenten« (nach dem dort residierenden Agenten für Lastschifffahrt) genannt, 1934 errichtet und mehrfach restauriert worden, kann auf eine ruhmreiche Vergangenheit blicken, denn der Bau von Dubais erstem Verwaltungsgebäude wurde einst in Auftrag gegeben von Rashid Bin Saeed al-Maktoum, Herrscher des Emirats bis zu seinem Tod im Jahr 1990 und damals noch Kronprinz. Das stattliche Gebäude, das am besten vom Wasser aus in Augenschein zu nehmen ist, wurde vor einigen Jahren um eine große hölzerne und überdachte, über den Creek ragende Terrasse ergänzt und beherbergt heute das beliebte »Café-Restaurant Bayt al-Wakeel« – für viele Besucher ein herrlicher Ort, um Dubai einmal von seiner wenig glamourösen Seite zu erleben, den regen Schiffsverkehr auf dem Creek zu beobachten und auf die aufregende Deira-Skyline hinüber zu blicken.

Dubai Creek

Infos und Adressen

SEHENSWÜRDIGKEITEN
Dubai Municipality Museum. Das Gebäude stammt aus den Fünfzigerjahren, beherbergte zehn Jahre lang Dubais Stadtverwaltung und dient seit 2006 als Museum zur Geschichte der Stadtverwaltung. Vom offenen Umgang im Obergeschoss ergibt sich ein Blick auf den Creek und den Gewürzbasar. Sa–Do 8.30–20.30 Uhr, Baniyas Road, Tel. 04/225 33 12, Metro: Baniyas Square

ESSEN UND TRINKEN
Bayt al-Wakeel. Das schmucke Handelshaus mit seinen doppelstöckigen Arkaden im traditionellen Stil ist vor allem bekannt für seine köstlichen Fischgerichte. Bei angenehmen Temperaturen wird auf einer großen hölzernen Terrasse über dem Creek serviert. Gute Auswahl an Snacks und authentisch arabischen Gerichten. Tgl. 12–23.30 Uhr, Bur Dubai Old Souk, Tel. 04/353 05 03, Metro: Al-Ghubaiba

ÜBERNACHTEN
Hilton Dubai Creek. Hervorragender Blick auf Creek und Skyline der Stadt. Baniyas Road, Tel. 04/227 11 11, www.hilton.de/dubaicreek, Metro: Baniyas Square

»Riviera Hotel« am Dubai Creek

Riviera Hotel. Beliebtes Mittelklassehaus mit lebhafter Atmosphäre und bester Creek-Lage. Baniyas Road, Tel. 04/222 21 31, www.riviera hotel-dubai.com, Metro: Baniyas Square

TRANSPORT
Waterbus. Wem die Abras zu langsam sind, kann auch mit dem motorisierten Waterbus ein Ziel am anderen Ufer erreichen. Die Fähre verkehrt auf dem Creek zwischen fünf Stationen der Stadtteile Bur Dubai und Deira. Einfache Fahrt ca. 15 Min., 2 Dh, hin und zurück 4 Dh, Tel. 800 90 90, www.rta.ae

Klimatisiert unterwegs auf dem Creek ist man im komfortablen Waterbus.

SHEIKH ZAYED ROAD

5 Emirates Towers
Kilometerlange Prachtstraße — 56

6 Downtown Dubai
Neues Flanierviertel — 64

7 Burj Khalifa
828 Meter über dem Meer — 66

8 Dubai Mall
Shoppen und schlemmen — 70

9 Mall of the Emirates
Mit eisiger Abfahrt — 74

SHEIKH ZAYED ROAD

5 Emirates Towers
Kilometerlange Prachtstraße

Rechts und links der zehnspurigen Stadtautobahn liegen die bekanntesten Bauwerke der Stadt, hier reihen sich endlos Wolkenkratzer an Wolkenkratzer, findet man außergewöhnliche Luxushotels wie das »Shangri-La« und das »Fairmont«, beeindruckende Shopping Malls wie die Wafi Mall und edle Einkaufsadressen wie Gold & Diamond Park. Wahrzeichen sind nach wie vor die beiden spektakulären Türme der Jumeirah Emirates Towers.

Eine Ikone der Dubaier Architektur sind die im Jahre 2000 eingeweihten Jumeirah Emirates Towers, entworfen unter der Leitung der chinesisch-kanadischen Architektin Hazel Wong. Die beiden gigantischen 56 bzw. 54 Stockwerke zählenden Türme mit dreieckigem Grundriss sind wegen ihrer charakteristischen Form weithin zu erkennen und gehören nach wie vor zu den

Vorangehende Doppelseite: Immer wieder herausragend ist der Blick auf Burj Khalifa.
Oben: Jumeirah Beach Skyline: typisch Dubai

MAL EHRLICH
VERKEHR AUF DER SHEIKH ZAYED
Tatsächlich ist die zehnspurige Sheikh Zayed Road, Dubais bekannteste und wichtigste Straße, oft eine Herausforderung für Autofahrer, die neu sind in der Stadt, nicht nur wegen der riskanten Fahrweise der *Locals*, die unablässig und rücksichtslos die Fahrspuren wechseln, sondern auch, weil Konzentration notwendig ist, um zu erkennen, an welchem Interchange man die Sheikh Zayed Road verlassen kann, um zum jeweiligen Ziel abzubiegen. Fußgänger überqueren die Straße auf Brücken (bei den Metrostationen). Alles andere gleicht einem Selbstmordversuch.

Als Pyramide grüßt das Luxushotel »The Raffles«

architektonischen Highlights der Stadt. Einer der Türme dient als (nicht der Öffentlichkeit zugängliches) Bürogebäude mit einem Büro des Herrschers Sheikh Mohammed, der andere beherbergt das »Jumeirah Emirates Towers Hotel«.

Aufgrund von Aluminium-Paneelen an zwei Seiten sowie wie Kupfer und Silber schimmerndem Glas, das größtenteils die gesamte dritte Seite einnimmt, entfaltet das Bauwerk ein fantastisches Farbenspiel – je nach Tageszeit und Lichtverhältnissen. Und auf subtile Weise, so die Architekten, seien neben Erde auch Sonne und Mond, jene Planeten, die im Islam besondere Bedeutung genießen, im Grundriss des Dreiecks symbolisiert. Besucher erfreuen sich an den gewaltigen Glasatrien, die sich über nahezu die gesamte Fassadenhöhe bis hin zum 50. Stockwerk erstrecken.

Shopping exklusiv

Im Erdgeschoss sind die beiden Türme miteinander verbunden durch den sogenannten Emirates Towers Boulevard, eine exklusive zweistöckige Shopping-Galerie mit Restaurants und Cafés so-

AUTORENTIPP!

MOVIES UNDER THE STARS

Dubai ist recht teuer, umso schöner ist es, wenn einmal etwas kein Geld kostet und dann auch noch ein schönes Erlebnis bietet. Die wöchentlich unter freiem Himmel, nämlich auf der Dachterrasse der Wafi Mall stattfindenden Kinonächte, sind so eine Ausnahme. Man nimmt Platz auf großen Sitzkissen und erfreut sich daran, mit Menschen aus unterschiedlichsten Kulturkreisen einen Film zu sehen. Es gibt großes Hollywood-Kino, Komödie wie Drama. Und wenn man mag, holt man sich an der Bar noch ein Getränk und etwas zum Essen dazu.

Wafi Mall. Okt.–Mai So 20–24 Uhr, Rooftop Garden (Dachgarten), Out Metha Road, www.wafi.com, Metro: Healthcare City

SHEIKH ZAYED ROAD

wie Läden europäischer und US-amerikanischer Designer. Ein großartiges Erlebnis ist ein Besuch im »Vu`s«, der im 51. Stock untergebrachten Bar. In einer Höhe von 290 Metern genießt man Lounge-Musik, den Blick über die Stadt und gehobene Getränke(-preise).

Ganz in der Nähe liegt das Dubai World Trade Centre, Dubais erster »richtiger« Wolkenkratzer und deshalb lange das bekannteste Gebäude der Stadt. Der Bau mit seiner an Bienenwaben erinnernden Fassade und 37 Stockwerken war bei der Eröffnung im Jahr 1979 das höchste der Stadt, ein gesellschaftliches Ereignis, dem auch dadurch gebührend Rechnung getragen wurde, dass Königin Elizabeth II. bei der Einweihung anwesend war. Das DWTC, eine Abkürzung, die jedem Dubaier vertraut ist, war für viele Jahre *die* Adresse für Firmen wie Privatpersonen. Und obwohl es mittlerweile so viele Gebäude gibt, die höher sind, ist das einstige Renommee erhalten geblieben, und der DWTC Tower ist nach wie vor Topadresse für Konsulate, internationale Firmen und Handelsunternehmen. Wer hier ansässig ist, hat Zugang zum exklusiven »Dubai World Trade Centre Club«, kann Gäste auf die Aussichtsplattform bitten und entsprechend bewirten.

Dubais Wallstreet

Nahe an der Emirates Road und doch eine Welt für sich ist das Dubai International Financial Centre (DIFC), die einzige Freihandelszone innerhalb des Stadtzentrums von Dubai und nahe des im Entstehen begriffenen Stadtteils Business Bay. Innerhalb weniger Jahre etablierten sich hier die bedeutendsten Banken und Beratungsfirmen für finanzielle Dienstleistungen bzw. Registrierungen für Anlagefonds. Innerhalb des Dubai International Financial Centre befindet sich auch die Börse

Oben: Wahrzeichen des Finanzdistrikts: The Gate
Mitte: Epische Architektur in der nach dem Forschungsreisenden Ibn Battuta benannten Mall
Unten: Bei Familien mit Schulkindern beliebte Themenmall: Ibn Battuta

Emirates Towers

Unterwegs mit der Metro

Eine Fahrt mit der meist oberirdisch und auf einem vier bis sechs Meter hohen Viadukt verlaufenden Metro ist die schönste und (angesichts häufiger Staus) die schnellste Möglichkeit, diverse Ziele entlang der Sheikh Zayed Road anzusteuern. Bislang existieren zwei Metro-Strecken, von denen die Red Line von Jebel Ali nordwärts bis zum Flughafen verläuft. Die Green Line läuft in einem Bogen durch das alte Dubai und kreuzt die Red Line bei den Stationen Union sowie Burjuman (mit Umsteigemöglichkeit).

Wenn man bei der Metrostation **World Trade Centre** ❶ einsteigt und nach Süden fährt – am besten mit einem preiswerten *day pass*, mit dem man den ganzen Tag lang die Metro und die Zubringerbusse benutzen kann – passiert man anschließend die Stationen **Emirates Towers** ❷ und **Financial District** ❸. Von hier aus gelangt man zu Fuß zum autofreien DIFC, dem Dubai International Financial District und dem Hotel »Ritz Carlton DIFC« (s. Kap. 5, Infos und Adressen, S. 60). Hier gibt es zahlreiche Cafés und Restaurants, man kann Kunstgalerien besichtigen und sich entspannen vom Lärm der Metropole. Eine Station weiter heißt es **Burj Khalifa/Dubai Mall** ❹, das Ziel zahlreicher Metro-Benutzer, die Shopping in Dubais größter Mall mit Sightseeing verbinden wollen (siehe Kap. 7 und 8, S. 66 ff., 70 ff.). Von der Station **First Gulf Bank** ❺ erreicht man den Gold & Diamond Park und die »Chillout Lounge« im Times Square Center (s. Kap. 5, Autorentipp, S. 61). Die Station **Mall of the Emirates** ❻ führt zur Mall, dem »Kempinski«-Hotel und Ski Dubai (siehe Kap. 9, S. 75). Von der Station **Nakheel** ❼ gelangt man am besten per Taxi zur Monorail-Station Gateway Towers und nach Palm Jumeirah.

Weitere Stationen entlang der Red Line sind **Dubai Marina** ❽, von wo aus man u.a. die »Buddha Bar« im »Grosvenor House«-Hotel besuchen kann, während die Station **Jumeirah Lake Towers** ❾ Ausgangspunkt ist eines gemächlichen Spaziergangs entlang der Dubai Marina Promenade.

SHEIKH ZAYED ROAD

von Dubai. Hier etabliert sich gegenwärtig ein neuer international bedeutender Finanzplatz. Angestrebt wird, dass Dubai in wenigen Jahren die gleiche Bedeutung in der Finanzwelt genießt wie Hongkong, New York oder London. Zugleich ist ein neuer urbaner Treffpunkt entstanden. Das DIFC ist ein angesagtes Ausgehviertel.

Der Besucher erlebt hier wiederum ein neues Mosaiksteinchen dessen, wie Dubai sich heute präsentiert. Vor der Kulisse ungewöhnlich gestalteter Hochhäuser sind in Anzüge und Kostüme gekleidete Manager die Akteure, die sich in den schicken Cafés am Feierabend treffen, der Griff zum Mobiltelefon bei den meisten unverzichtbar. Wahrzeichen des DIFC ist das *The Gate* genannte Hochhaus in Form eines gewaltigen Eingangstores. Darum herum sind bereits architektonisch auffällige weitere Hochhäuser entstanden, Adressen für Banken und Firmen, die hier vollständige Steuerfreiheit erwarten. Die Quadratmeter- und Mietpreise gehören bereits zu den höchsten Dubais, und Bauwerke wie das auffällige Limestone Apartment House sind Topadressen für erfolgreiche Manager. Das mit Kalkstein verkleidete Hochhaus, vom international tätigen Londoner Architektenbüro Gensler entworfen, vereint das Aussehen eines kolonialen Palastes mit arabischen Baumerkmalen, die durch funkelnde Fassadenelemente zum Ausdruck kommen.

Glamouröser Hotelpalast

Gesellschaftliches Zentrum der Besucher ist das »Ritz-Carlton DIFC«, ein Hotelpalast, der Klassik und puristische Ästhetik auf unverwechselbare Weise miteinander verbindet und von Lothar Quarz, ehemals GM des Ritz Carlton in der Autostadt Wolfsburg, in äußerst engagierter Weise geführt wird. Die zahlreichen Restaurants und Cafés

---

AUTORENTIPP!

CLEOPATRA'S SPA & WELLNESS

Massagen, Masken und mehr: Wellness ist auch in Dubai ein großes Thema. Gute Spas gibt es in den meisten Hotels im Vier- und Fünfsternebereich; daneben etablieren sich auch immer mehr Day Spas, unabhängige Adressen, die man für einzelne Behandlungen oder einen ganzen Tag aufsucht. Für viele aus Europa stammenden *Expatriates* ist das Cleopatra's Spa & Wellness Dubais bestes Day Spa, hier gibt es hervorragende balinesische Ölbehandlungen, sanftes Reiki und energetisierende Massagen. Neben dem Spa für Frauen gibt es einen getrennten Bereich für Männer, und nach den Behandlungen locken der schöne Außenpool und der Lazy River.

Cleopatra's Spa & Wellness. Tgl. 9–21 Uhr, Pyramids at Wafi City, Out Metha Road, Metro: Healthcare City, Tel. 04/324 77 00, www.cleopatras spaandwellness.com

Emirates Towers

des Fünfsternehotels entsprechen dem hohen Standard des Hauses, sind nicht nur Treffpunkte für Hotelgäste, sondern ziehen auch Einheimische und *Expatriates* an. In den Wintermonaten trifft *man* sich bei einer Schischa (Wasserpfeife) oder einem After-Dinner-Drink im Sunken Garden, einem Park mit Palmen und Wasserfontäne. Das »Ritz Carlton DIFC« hat einen Ausgang im ersten Stock, das sogenannte Podium Level; hier gelangt man zu den ebenfalls erhöht gelegenen Cafés, Restaurants und Galerien des DIFC.

Schöner shoppen

Eine Pyramide aus Glas, Stahl und Chrom ragt nördlich der Sheikh Zayed Road in den Himmel. Es handelt sich um die sogenannte Wafi Mall, Zentrum einer größeren Anlage (Wafi City), zu der auch das »Luxushotel Raffles« gehört. Im Inneren der Pyramide setzt sich die ägyptisch inspirierte Architektur fort. Wer Geld auszugeben hat, findet in der Mall 300 Boutiquen im oberen Preissegment. Neben den international bekannten Marken wie Gianfranco Ferre, Chanel und Cerruti, den Juwelierläden von Tiffany & Co und Swarovski gibt es in der ersten Etage auch einen Marks & Spencer. Restaurants und Cafés der Wafi Mall heben sich recht angenehm von der Masse ab. Treffpunkt europäischer *Expatriates* ist das »Wafi Gourmet«, ein Deli-Restaurant nach New Yorker Vorbild und betrieben von einem Mitglied der weitläufigen Herrscherfamilie. Der kulinarische Schwerpunkt liegt auf arabischer Küche, es gibt wechselnde Tagesgerichte (auch zum Mitnehmen) und die Auswahl der frisch gepressten Obst- und Gemüsesäfte ist fantastisch. Daneben kann man köstliche Oliven und Rosenwasser, arabischen Kaffee und andere Spezialitäten kaufen. Traditionell arabisch ist der im Untergeschoss liegende Souk Khan Murjan.

AUTORENTIPP!

COCKTAILS IM EIS

Keine Übertreibung ist es, wenn sich die »Chillout Lounge« als »The coolest lounge in the Middle East« anpreist, denn hier ist tatsächlich alles ultrakühl, nämlich aus Eis. Nach dem Vorbild der skandinavischen Eishotels ist hier alles aus Eis gefertigt, vom Tresen zu den Tischen und Bänken, Bildern und auffälligen Skulpturen. Für etwas Wärme sorgen Schaffelle, auf denen die Gäste sitzen, während sie bei minus sechs Grad eine heiße Schokolade oder ein Süppchen schlürfen. Damit man nicht friert, bekommt man in einem Vorraum Parka und Moonboots ausgeliehen – anschließend geht es in eine Schleuse zur Gewöhnung an die Kälte und dann in das über 200 Quadratmeter große Restaurant. Dort sorgen gedämpfte Beleuchtung und wechselnde Farbeffekte für eine besondere Atmosphäre.

Chillout Lounge. Sa–Mi 14–22.30 Uhr, Do, Fr 14–24 Uhr, Eintritt inkl. Begrüßungsgetränk 60 Dh, Sheikh Zayed Road, Times Square Center, zwischen Interchange 3 und 4, Tel. 04/341 81 21

Infos und Adressen

SEHENSWÜRDIGKEITEN
Dubai World Trade Centre. Sheikh Zayed Road, Metro: World Trade Centre, Tel. 04/332 10 00, www.dwtc.com

Wafi City. Sa–Mi 10–22 Uhr, Do, Fr 10–24 Uhr, Sheikh Rashid Road, Tel. 04/324 45 55, www.wafi.com, Metro: Healthcare City

In der Battuta Mall liebt man das Extreme.

ESSEN UND TRINKEN
Café Bateel. Starker Espresso und diverse Kaffee-Spezialitäten, daneben zaubern die Chocolatiers von Bateel köstliche Desserts, äußerst verführerisch hergerichtet und auch zum Mitnehmen. Tgl. 8.30–23 Uhr, Podium Level, Bldg. 2 (Südseite), DIFC, Sheikh Zayed Road, Tel. 04/370 04 04, www.bateel.com, Metro: Financial Centre

La Petite Maison. Von *Time Out Dubai* 2011 zum besten Restaurant der Stadt gewählt: Hier zelebriert man Küche nach der Tradition der südfranzösischen Stadt Nizza und der italienischen Provinz Ligurien. Man sitzt sehr schön auf Bistrostühlen auf der Außenterrasse und unter Olivenbäumen oder im klassisch gestalteten Innenraum mit offener Show-Küche. Tgl. 12–15.30, 19–23.30 Uhr, Gate Village 08, DIFC, Sheikh Zayed Road, Tel. 04/439 05 05, www.lpmdubai.ae, Metro: Financial Centre

The Noodle House. Einer der beliebtesten Treffpunkte, man sitzt an langen Tischen mit anderen Gästen, kreuzt selbst seine Bestellungen auf einem Papier an und genießt die delikat gewürzten asiatischen Nudelgerichte. Tgl. 12–23 Uhr, Emirates Towers Shopping Blvd., Erdgeschoss, Sheikh Zayed Road, Tel. 04/319 80 88, www.boulevard-dubai.com, Metro: Emirates Towers

Wafi Gourmet. Köstliche arabische *Mezze* (Vorspeisen) und zuckersüße Desserts, dazu Fleisch und Fisch vom Grill. Tgl. 10–24 Uhr, Wafi Center, Tel. 04/324 44 33, www.wafigourmet.com

ÜBERNACHTEN
Fairmont. Das bei Geschäftsreisenden beliebte Hotel (400 Zimmer) der kanadischen Luxus-Hotelkette bietet neben großzügig und edel gestalteten Zimmern auch zwei auf unterschiedlichen Ebenen untergebrachte Außenpools sowie einen hervorragenden Spa-Bereich. Sheikh Zayed Road, Tel. 04/332 55 55, www.fairmont.de/dubai, Metro: World Trade Centre

Jumeirah Emirates Towers Hotel. Die oberen der insgesamt 400 Zimmer bieten auf der sogenannten Business-Etage Zugang zur eigenen Lounge, in der neben dem morgendlichen Frühstücksbuffet und rund um die Uhr Kaffee, Tee und Getränke sowie nachmittags Cocktails und Fingerfood serviert werden. Sheikh Zayed Road, Tel. 04/330 00 00, www.jumeirah.com, Metro: Emirates Towers

Ritz-Carlton DIFC. Das erstklassige Businesshotel, in dem Einheimische wie auch Touristen gern logieren, liegt im pulsierenden Finanzzentrum von Dubai nahe der Dubai Mall, Burj Khalifa und dem World Trade Centre. Grenzenlose Entspannung bietet das »Ritz Carlton Spa« mit 13 verschiedenen Treatments. 4th Street, Gate Village, DIFC, Sheikh Zayed Road, Tel. 04/372 22 22, Ritz-Carlton Spa, tgl. 10–22 Uhr, Tel. 04/372 27 77, www.ritzcarlton.com, Metro: Financial Centre

Emirates Towers

EINKAUFEN

Emirates Towers Shopping Boulevard. Zwei Etagen bieten Mode und mehr sowie Bars, Cafés, Restaurants. Sa–Do 10–22 Uhr, Fr 16–22 Uhr, Emirates Towers, Sheikh Zayed Road, Tel. 04/319 89 99, www.boulevarddubai.com, Metro: Emirates Towers

Gold & Diamond Park. 90 Werkstätten und Schmuckgeschäfte mit einem Angebot, das sich auch am westlichen Geschmack orientiert. Feste Preise ohne viel Spielraum zum Feilschen. Gaumenfreuden sind in mehreren Cafés und Restaurants geboten. Sa–Do 10–22 Uhr, Fr 16–22 Uhr, Sheikh Zayed Road, 4th Interchange, Tel. 04/347 77 88, www.goldanddiamondpark.com, Metro: First Gulf Bank

Ibn Battuta Mall. Die fantastische Themen- und Entertainment-Mall ist ein Konsumtempel der Superlative mit 275 Geschäften, 50 Gastronomiebetrieben und 21 Kinos sowie dem einzigen IMAX-Filmetheater der VAE. So–Mi 10–22 Uhr, Do–Sa 10–24 Uhr, Sheikh Zayed Road zwischen Interchange 5 und 6, Jebel Ali Village, Tel. 04/362 19 01, www.ibnbattutamall.com, Metro: Jebel Ali

Nicht shoppen, nur staunen: In der Ibn Battuta Mall ist das möglich.

Times Square Center. Familienorientierte Shopping Mall für alle Bedürfnisse eines modernen Haushalts, inklusive Dubais größtem Elektronikfachgeschäft Sharaf DG und YellowHat Japan mit allem, was das Auto schicker macht. So–Do 10–22 Uhr, Fr, Sa 10–23 Uhr. Skeikh Zayed Road, zwischen Interchange 3 und 4, Tel. 04/341 80 20, www.timessquarecenter.ae, Metro: First Gulf Bank

XVA Gallery. Die alteingesessene, im Bastakiya-Viertel gegründete Kunstgalerie gehört zu den Topadressen des neuen Kunstviertels mit wechselnden Ausstellungen und Verkauf. So–Do 10–18 Uhr, Bldg. 7, Gate Village, DIFC, Sheikh Zayed Road, Tel. 04/358 51 17, www.xvagallery.com, Metro: Financial Centre

AUSGEHEN

Caramel Lounge. Lifestyle-Restaurant und Bar mit edlem Design, besonders nett sitzt man im Freien und zwischen Menschen aus aller Welt bei kühlen Drinks und unter riesigen Sonnenschirmen. So–Do 11–2 Uhr, Fr, Sa 19–2 Uhr, Precinct Bldg. 3, Balcony Level 2, DIFC, Sheikh Zayed Road, Tel. 04/425 66 77, Metro: Financial Centre

Ikandy Ultralounge. Die hoteleigene Cocktail Lounge gehört zu den angesagtesten der Stadt. In erhöhter Lage auf der Pool-Terrasse und unter Palmen genießt man hier die Atmosphäre einer tropischen Nacht inmitten der City. Tgl. 19–2 Uhr, im Hotel Shangri-La, 4. Etage, Sheikh Zayed Road, Tel. 04/405 27 03, www.shangri-la.com, Metro: Financial Centre

Vu's Bar. Auf der 51. Etage fragt man bei der frühzeitigen Reservierung (es werden nicht mehr als 90 Gäste zugelassen) am besten nach einem Fensterplatz. Denn wie der Name schon sagt, ist der Ausblick von hier oben fantastisch! Hotelgäste genießen bevorzugte Behandlung. Tgl. 18–3 Uhr, Hotel Emirates Towers, Sheikh Zayed Road, Tel. 04/319 80 88, www.jumeirah.com, Metro: Emirates Towers

SHEIKH ZAYED ROAD

6 Downtown Dubai
Neues Flanierviertel

Die Bezeichnung *Downtown* ist streng genommen eigentlich irreführend, denn hier handelt es sich nicht um einen alten gewachsenen Stadtteil, sondern um ein erst in jüngster Vergangenheit entstandenes urbanes Zentrum. Zu Füßen des majestätischen Burj Khalifa haben Stadtplaner und Architekten ein ganzes Wohn- und Ausgehviertel entwickelt.

Oben: Romantische Atmosphäre in Downtown Dubai nach Sonnenuntergang
Unten: Eine Einheit von Musik und Bewegung: die tanzenden Dubai Fountains

Nach Einbruch der Dunkelheit versammeln sich Hunderte von Menschen rund um den Burj Khalifa Lake (Burj Lake, Dubai Fountain Lake), einem zwölf Hektar großen künstlichen See, der zwischen dem Wolkenkratzer Burj Khalifa und der Dubai Mall geschaffen wurde. Auf den Terrassen der umliegenden Cafés und Restaurants oder am Ufer stehend warten sie darauf, dass ein ungewöhnliches Schauspiel beginnt. Gewaltige Wasserfontänen schießen aus dem See hervor, ein perfektes, choreografisch gestaltetes Ballett, bei dem Wasserfontänen die Rolle der Künstler einnehmen. Eine meisterhafte Inszenierung vor der Kulisse des höchsten Bauwerks der Welt. In tiefes Blau getaucht reichen die Wasserstrahlen über einen Bogen von 275 Metern und bis zu 150 Meter in den Himmel, um dann im schnellen Farbwechsel über die unterschiedlichsten Grünschattierungen immer kleiner zu werden, an anderer Stelle des Sees als goldene Lichtpunkte aus dem Wasser zu erwachsen und im Reigen zu tanzen. Starke Farbprojektoren und Tausende von Lampen sind für den starken visuellen Eindruck des tanzenden Wasserspiels verantwortlich, die noch in kilometerweiter Entfernung zu sehen sind. Spektakulär ist auch das Klangerlebnis.

Downtown Dubai

Tanzende Wasser

Die Baukosten für die Dubai Fountain, die weltweit größten choreografisch ausgerichteten Wasserfontänen, sollten sich auf etwa 200 Millionen Euro belaufen. Die Anlage wurde von dem kalifornischen Unternehmen WET Design, einer auf diesem Gebiet führenden Firma, geschaffen. Das grandiose Schauspiel des Dubai Fountain beruht u.a. auf einem gewaltigen Ausstoß von Wasser, so werden mithilfe von Hochdruckpumpen um die 80 000 Liter in die Luft geschossen. Das musikalische Begleitprogramm des Dubai Fountain wechselt von Show zu Show.

Eine Hommage an Dubais Emir Sheikh Mohammed stellt der Song *Sama Dubai* dar, während *Time to say goodbye* von Andrea Botticelli und Sarah Brightman sowie *All Night Long* von Lionel Ritchie für westliche Zuhörer einen hohen Wiedererkennungswert genießen. Nach dem Tode der US-amerikanischen Sängerin Whitney Houston tanzten die Wasserfontänen gar zum größten Hit der Popdiva – *I will always love you*.

Bootsfahrt auf dem See

Die Dubai Fountains werden immer wieder um neue Attraktionen bereichert, so werden zu besonderen Anlässen Darbietungen mit Feuer in die Show integriert, und es gibt heute auch die Möglichkeit, eine Bootsfahrt auf dem See entlang der Wasserfontänen zu unternehmen. Nachdem man Dubai Fountain ausgiebig genossen hat und um den See spaziert ist, lohnt sich ein Besuch des Souk al-Bahar, eine luxuriöse Replik arabischer Einkaufsgassen mit stimmungsvollen Cafés und Restaurants, teilweise mit Terrasse zum See und direkt an der Promenade. Gleich nebenan befindet sich das Luxushotel »The Palace«.

Infos und Adressen

SEHENSWÜRDIGKEITEN
Dubai Fountain. Die erste musikalisch untermalte Wasser-Show beginnt um 18 Uhr, danach folgen weitere alle 20 Min., So–Do 18–22 Uhr, Fr–Sa 18–23 Uhr (insgesamt 14 Shows). Burj Lake, Sheikh Zayed Road, www.dubaifountain.info, Metro: Burj Khalifa/Dubai Mall

ÜBERNACHTEN
The Palace Downtown Dubai. Wie der Name schon sagt: ein echter Palast aus 1001 Nacht. Mohammed Bin Rashid Blvd., Tel. 04/428 78 88, www.theaddress.com, Metro: Burj Khalifa/Dubai Mall

AKTIVITÄTEN
Dubai Fountain Lake Ride. Unvergesslich ist eine 15-minütige Bootsfahrt an den Wasserfontänen vorbei, im Lichterglanz des nächtlichen Dubai. Tgl. 17.45–23.30 Uhr, letzte Fahrt 30 Min. vor Schluss, 65 Dh pro Person, Kiosk an der Fountain Promenade und im Burj Khalifa, At the Top, www.burjkhalifa.ae, Metro: Dubai Mall

ESSEN UND TRINKEN
Thiptara. Der Name des thailändischen Spitzenrestaurants bedeutet Magie des Wassers, diese spürt man am ehesten, wenn man auf der Veranda mit Blick auf Dubai Fountain sitzt. Hotel »The Palace« Downtown Dubai, Tel. 04/888 34 44, tgl. 19–23 Uhr, E-Mail: info@thepalace-dubai.com, www.theaddress.com

EINKAUFEN
Souk al-Bahar. Sa–Do 10–22 Uhr, Fr 14–22 Uhr, Financial Centre Road (Doha Road), Tel. 04/362 70 11, www.soukalbahar.ae, Metro: Burj Khalifa/Dubai Mall

SHEIKH ZAYED ROAD

7 Burj Khalifa
828 Meter über dem Meer

Er beherrscht das Stadtbild der Mega-City wie kein anderes Gebäude, der gigantische Burj Khalifa, der bis zu seiner Einweihung 2010 noch einen anderen Namen tragen sollte. Entworfen von einem US-amerikanischen Architektenteam und als neue Ikone heute das berühmteste Bauwerk des Emirats. Einmal will jeder Besucher hier hinauffahren.

Auf der grandiosen Aussichtsplattform in der 124. Etage, genannt *At the Top* – die höchste weltweit – weht meist ein leichter Wind. Wenn man die Augen schließt, spürt man zudem ein leichtes Schwanken. Schwindelfreie werden dafür mit einem einzigartigen Panoramablick beschenkt. In der Ferne sieht man »Burj Al Arab«, zu erkennen an seinen Segeln aus Beton und den direkt danebenliegenden Umrissen von The Palm Jumeirah, Dubais erster fertiggestellter künstlicher Insel.

Die Architektur-Ikone Burj Khalifa stellt alles in den Schatten.

MAL EHRLICH

MISSION IMPOSSIBLE

Der vierte Teil von »Mission Impossible« mit Tom Cruise in der Hauptrolle, der am 7. Dezember 2011 in Dubai Weltpremiere hatte und der u.a. Burj Khalifa als Schauplatz eines Agententreffens zeigt, gefällt Cruise-Fans und Freunden von Action-Thrillern. Sich den Film aber anzusehen, nur weil er in Dubai spielt und man dorthin fährt, ist eine andere Sache. Morde, Bombenanschläge, Atomwaffen und wieder Morde, und dann seilt sich Tom Cruise an der Außenfassade des Burj Khalifa ab – nur etwas für starke Nerven, die auch 90 Minuten Hollywood-Thrill ertragen können.

Burj Khalifa

Noch 200 Meter höher, nämlich bis in die 160. Etage reichen die Aufzüge des Mega-Wolkenkratzers, doch für die meisten Besucher ist hier endgültig Schluss.

Dubais berühmtestes und mit Abstand auch teuerstes Bauwerk (geschätzte Baukosten 1,5 Milliarden Euro), prestigeträchtigste Adresse für Wohn- wie Büroimmobilien am Arabischen Golf, wurde mit einem gewaltigen Feuerwerk und unter internationaler Berichterstattung sowie mit einem hohen Aufgebot an Prominenz aus Arabien wie Hollywood eingeweiht. Der einschließlich einer Antenne stolze 828 Meter messende Wolkenkratzer, der am 4. Januar 2010 offiziell fertiggestellt war, beeindruckt bereits mit den reinen Zahlen, die mit seiner Erbauung verbunden sind: Die Grundfläche des sich spiralförmig nach oben verjüngenden Bauwerks, das alle anderen Hochhäuser klein aussehen lässt und das den Grundriss einer Wüstenblume zeigt, misst bereits 7000 Quadratmeter. Die Nutzfläche aller Etagen beträgt über vier Millionen Quadratmeter. 160 Stockwerke und 57 Aufzüge verteilen sich auf den Giganten, für den über 30 000 Tonnen Stahl, 330 000 Kubikmeter Beton und nahezu 30 000 Fassadenplatten verwendet wurden. Bis zu 12 000 Arbeiter – hauptsächlich aus Asien – waren in Spitzenzeiten vor Ort, zusammengerechnet kamen diese auf 22 Millionen Arbeitsstunden. Um die benötigte Stabilität zu sichern, musste der Burj Khalifa 50 Meter tief in der Erde fundiert und mit 192 Pfählen im sandigen Boden verankert werden.

Guinnessbuch der Rekorde

Der Turmbau des im Januar 2004 begonnenen Bauwerks lohnte sich aus Sicht der von Superlativen besessenen Regierung, denn schließlich wurde der Burj Khalifa noch um 320 Meter höher als Tai-

AUTORENTIPP!

STILVOLL SCHLEMMEN MIT AUSBLICK
Im 122. Stockwerk, nämlich zwei Etagen unterhalb der Aussichtsplattform, befindet sich mit »At.mosphere« Dubais höchst gelegenes Restaurant. Wer hier essen möchte, muss einen Dresscode beachten und lange (teilweise Monate) im Voraus reservieren. Neben Lunch und Dinner besteht auch die Möglichkeit, zum *High Tea* (Nachmittagstee) zu reservieren. Wem die Preise zu hoch sind, und wer lieber den Burj Khalifa im Blick hat, geht ins »NEOS« im 63. Stock des gegenüberliegenden Hotels »The Address Downtown Dubai«, einer ultra-coolen Art-déco-Bar im Schwarz-Lila-Design.

At.mosphere. Tgl. 12.30–15 Uhr, 18.30–23.30 Uhr, Burj Khalifa, Emaar Boulevard, Tel. 04/888 34 44, www.atmosphereburjkhalifa.com, Metro: Burj Khalifa/Dubai Mall

NEOS. Tgl. 18–2.30 Uhr, Hotel The Address Downtown Dubai, Mohammed Bin Rashid Boulevard, Tel. 04/436 88 88, www.theaddress.com, Metro: Burj Khalifa/Dubai Mall

SHEIKH ZAYED ROAD

Oben: Blick von der Aussichtsterrasse »At the Top«
Mitte: Ausblick nur für Schwindelfreie von der Aussichtsplattform des Burj Khalifa
Unten: Dubai Jumeirah Beach und Dubai Skyline

pei 101, der bislang in Taiwans Hauptstadt mit 508 Metern den Weltrekord hielt. Nur zum Vergleich: der Kölner Dom misst kaum ein Sechstel der Höhe des Dubaier Giganten. Besucher, die auf die Aussichtsplattform (*observation deck*) fahren wollen, müssen zunächst ein Ticket lösen; dieses kann im Ticketoffice *At the Top* im Erdgeschoss (*ground floor*) der Dubai Mall wie auch online und bis zu 30 Tage im Voraus erstanden werden. Wer sich spontan entschließen möchte, muss tiefer in die Tasche greifen, kann dann aber auch ohne Wartezeit sofort in die Höhe streben. Nach Passieren einer Sicherheitsschleuse geht es über ein Rollband vorbei an einer Fotodokumentation, die auf großformatigen Bildern Szenen von der Entstehung des Wolkenkratzers zeigt. Dann geht es im Fahrstuhl direkt hinauf in die 124. Etage und zum *Observation Deck*.

Besuch bei Giorgio

Der Turm beherbergt im Übrigen das erste Luxushotel, das den Namen des italienischen Modemachers Giorgio Armani trägt und von ihm mit typischem Understatement, jedoch teuersten Materialien gestaltet wurde. Über die unteren 39 Stockwerke können sich 144 edel ausgestattete Suiten in den Farbtönen Braun, Beige und Cremefarben voll entfalten und sorgen für eine angenehme Atmosphäre. Unverkennbar gestylt vom Mailänder Maestro sind sie dennoch dezent im Look. Übrigens: geplant war, den Turm auf den Namen Burj Dubai zu taufen. Doch nachdem das Emirat 2008 in größere wirtschaftliche Schwierigkeiten geraten war und erst mit einem großzügigen Scheck vom superreichen Nachbarn Abu Dhabi, nämlich von dessen Herrscher Scheich Khalifa Bin Zayed al-Nahyan, aus der Krise kam, wollte man seinen Dank zeigen und taufte den Megaturm kurzerhand auf den Namen Burj Khalifa.

Burj Khalifa

Infos und Adressen

SEHENSWÜRDIGKEITEN
Burj Khalifa. So–Mi 9–24 Uhr, Do 8.30–24 Uhr, Fr 16.30–24 Uhr, Eintritt 125 Dh (ab 13 Jahre), 95 Dh (bis 12 Jahre), sofortiger Eintritt 400 Dh, 1 Mohammed Bin Rashid Boulevard, Downtown Dubai, Tel. 04/888 88 88, E-Mail: contactcentre@burjkhalifa.de, www.burjkhalifa.ae, Metro: Burj Khalifa/Dubai Mall

ESSEN UND TRINKEN
Armani/Deli. Zum *Friday Brunch* in den Burj Khalifa – möglich wird es in diesem vom Designer selbst gestalteten Gourmet-Paradies. Tgl. 11–23 Uhr, Brunch Fr 12–21 Uhr, Tel. 04/888 38 88, www.dubai.armanihotels.com

Armani/Mediterraneo. Frühstück, Lunch und Dinner: egal, zu welcher Tageszeit, genießt man hier feinste Kreationen aus der italienischen Gourmetküche inmitten der lokalen Prominenz sowie VIPs auf der Durchreise – nur möglich gegen Online-Reservierung. Tgl. 6.30–11, 12.45–15.30, 18.30–22.30 Uhr, www.dubai.armanihotels.com

ÜBERNACHTEN
Armani Hotel Dubai. Nach wie vor Stadtgespräch und eines der berühmtesten Hotels weltweit. Aber: nur etwas für Gäste, die auf hundertprozentiges Styling stehen und die die etwas sterile Atmosphäre cool finden. Burj Khalifa, Emaar Boulevard, Downtown Dubai, Tel. 04/888 38 88, www.dubai.armanihotels.com, Metro: Burj Khalifa/Dubai Mall

The Address Downtown Dubai. Luxus und minimalistischer Stil, dazu außergewöhnliche Objekte zeitgenössischer Kunst, Wohlfühlatmosphäre und bester Ausblick auf Burj Khalifa, Mohammed Bin Rashid Boulevard, Downtown Dubai, Tel. 04/436 88 88, www.theaddress.com, Metro: Burj Khalifa/Dubai Mall

INFORMATION
Auskünfte erteilt der Ticketschalter *At the Top* des Burj Khalifa im Erdgeschoss der Dubai Mall, Tel. 04/888 81 24, info@atthetop.ae www.burjkhalifa.ae

Unterwegs im höchsten Gebäude der Welt: dem Burj Khalifa

SHEIKH ZAYED ROAD

8 Dubai Mall
Shoppen und schlemmen

Den Namen der Mega-City interpretieren begeisterte Shopper gern als *do buy* (Kaufen ohne Grenzen). Und nirgendwo ist die Versuchung, die Lust zum Kaufen größer als hier: Dubais größte und prächtigste unter den vier Dutzend Shopping Malls, die die Stadt zu bieten hat. Neben 1200 Geschäften und über 160 Cafés und Restaurants bietet die Dubai Mall noch zahlreiche spektakuläre Attraktionen zur Freizeitgestaltung.

Als im Jahr 2008 in einem feierlichen Akt die zweitgrößte Mall der Welt eröffnet wurde, war das der glanzvolle Beginn einer einzigartigen Erfolgsstory. Seitdem sind die Glaskuppel und die polierten Granitböden die Lieblingsbühne ungezählter Dubaier und Touristen, die hierher zum Bummeln, Schauen und Kaufen kommen. Luxuriöse Ledersofas animieren zum Ausruhen und dem Beobachten der Menschen aus aller Welt, und aufregend gestaltete Cafés locken auf einen schnellen Latte Macchiato.

Shopping auf hohem Niveau: Dubai Mall

MAL EHRLICH

TAUCHEN IM AQUARIUM

33 000 Fische, Rochen, Zackenbarsche und Muränen, daneben 500 Haie sehen die Besucher des Dubai Aquarium – zweifellos eine gewaltige Show. Des einen Freud, des anderen Leid. Denn einige Tierschützer und Meeresbiologen behaupten, das Dubai Aquarium sei übervoll und die dort lebenden Tiere würden unter einem gewaltigen Stress stehen. Und jetzt werden auch noch Tauchgänge für Besucher angeboten: ein zweifelhafter Genuss!

Dubai Mall

Legendäre Einkaufsadressen

Mit dem französischen Edelkaufhaus Galeries Lafayette, dem US-amerikanischen Bloomingdale's und dem Londoner Spielzeugparadies Hamley's Toy Store besitzt die gigantische Mall Ableger von drei legendären, international bekannten Einkaufsadressen. An Designermode interessierte Besucher streben der im Erdgeschoss liegenden Fashion Avenue zu mit über 70 Designerboutiquen. Keine der Welt- und Nobelmarken fehlt in der Dubai Mall, darüber hinaus bietet das Einkaufszentrum vielen Marken, die in Europa eher in kleinen Boutiquen vertreten sind, hier einen großen Auftritt. An das Publikum von der Arabischen Halbinsel ebenso wie an Superreiche aus Russland und China richten sich die sündhaft teuren Kindermodeboutiquen, in denen es Chanel, Gucci und Armani für die Kleinen zum Kaufen gibt. Daneben finden sich aber auch Geschäfte im mittleren und unteren Preissegment wie H & M und Zara, Banana Republic und Gap.

Orientierung leicht gemacht

Die Dubai Mall ist mit einer Verkaufsfläche von etwa 320 000 Quadratmetern besonders beim ersten Besuch noch recht überwältigend. Dabei ist die Mall klar aufgeteilt über vier Etagen und in verschiedene Bereiche. Läden sind ringförmig um einen Mittelgang angeordnet, an zahlreichen Stellen befinden sich Schautafeln zur leichteren Orientierung bzw. sind Mitarbeiter mit Auskünften behilflich. Neben der Fashion Avenue bietet ein *The Grove* genannter Bereich zahlreiche Läden für Sportausrüstung und -bekleidung (von Adidas und Billabong bis zu Quicksilver). Die 4. Etage wiederum bietet nahezu ausschließlich Elektronikgeschäfte. Und eher eine Enttäuschung – was die Atmosphäre betrifft – ist der in der Mall behei-

AUTORENTIPP!

MIT BLICK AUF BURJ KHALIFA
Im Untergeschoss der Dubai Mall liegen zahlreiche Restaurants, darunter auch Gastronomie mit Selbstbedienung. Insider wissen, dass es sich lohnt, Tim Hortons anzusteuern. Die kanadische Self-Service-Kette mit Kultcharakter, von ihren Fans nur *Timmies* genannt, bietet Kaffee und Cappuccino, Tee und Erfrischungen, dazu *Bagels* und andere Snacks zum günstigen Preis. Am besten ist jedoch, dass Tim Hortons eine Außenterrasse besitzt und man unter Sonnenschirmen sitzend die Szenerie vor der Mall genießen kann, einen fantastischen Blick auf den Burj Khalifa inbegriffen. Wer mehr Geld ausgeben möchte, steuert eines der gleich nebenan liegenden Café-Restaurants mit Bedienung an – dort kostet der Kaffee dann das Doppelte.

Tim Hortons. So–Mi 10–22 Uhr, Do–Sa 10–24 Uhr, Lower Ground Floor, Dubai Mall, Tel 04/325 30 70

Nur an den Wochenenden herrscht Gedränge in der Dubai Mall.

SHEIKH ZAYED ROAD

matete »größte Gold-Suk der Welt«. Tatsächlich erinnert hier nichts an einen *Suk* (Markt), in denen unzählige Geschäfte ihre Waren verkaufen. Stattdessen sind hier über 220 Edeljuweliere versammelt. Im Unterschied zum *echten* Gold-Suk von Dubai entspricht hier das Angebot allerdings westlichem Geschmack.

Mehr als ein Aquarium

Haie und Rochen tummeln sich zwischen Schwärmen von winzigen, in allen Farben leuchtenden Tropenfischchen, während Taucher die Futterstellen kontrollieren: Das Erdgeschoss der Mall beherbergt das über drei Etagen hohe Dubai Aquarium. Jeder Besucher kann im Vorbeigehen einen Blick durch das gewaltige 33 mal acht Meter große Glaspaneel werfen. Noch aufregender ist es, nach Entrichtung der Eintrittsgebühr unter dem 270-Grad-Glastunnel durchzulaufen und zu erleben, wie Haie und andere Fische über die Besucher hinwegschwimmen. Nur in Begleitung von Kindern haben Erwachsene Zugang zum interaktiven Spieleparadies »Kidzania«. Dort genießt es der Nachwuchs sichtlich, in die Berufsrollen der Eltern zu schlüpfen, Krankenschwester oder Flugzeugpilot zu sein, in die Fahrschule zu gehen oder Verkäufer zu spielen.

Die Dubai Mall befindet sich im Besitz des halbstaatlichen Immobilienkonzern Emaar, dem auch die design-orientierten Address-Hotels gehören. Gleich eines davon, das »The Address Dubai Mall«, bietet seinen Gästen das ultimative Wohn- und Shopping-Erlebnis, da es mit der Mall direkt verbunden ist. Einen besonderen Service bietet die Konsultation eines *Fashion Advisor* (Modeberater), dessen Dienste man stundenweise in Anspruch nehmen kann, und der Gäste vor und beim Shoppen individuell berät und begleitet.

Oben: Aufwärts geht es in der Dubai Mall.
Unten: Mit Attraktionen für die Besucher wird nicht gegeizt: hier ein überdimensioniertes Aquarium.

Dubai Mall

Infos und Adressen

SEHENSWÜRDIGKEITEN

Dubai Aquarium & Underwater Zoo. So–Mi 10–22 Uhr, Do–Sa 10–24 Uhr, Eintritt kostenlos, Tunnel und Zoo: 70 Dh, 55 Dh (bis 12 Jahre), Dubai Mall, Tel. 04/448 52 00, www.thedubai aquarium.com

ESSEN UND TRINKEN

Dean & Deluca Café. Ableger des legendären New Yorker Trend- und Gourmetcafés. Tgl. 10–24 Uhr, Dubai Mall, Ebene 1, Tel. 04/330 89 69

Fauchon Café. Pariser Chic unter der Glaskuppel, wunderschön präsentiertes Feingebäck auch zum Mitnehmen. Tgl. 10–24 Uhr, Dubai Mall, *Ground Floor* (Erdgeschoss), Fashion Dome, Tel. 04/339 80 24

Rainforest Café. Wasserfälle rauschen, Urwaldgeräusche ertönen, und das Abenteuer ruft in diesem besonders bei Familien mit Schulkindern angesagtem Café mit Eventcharakter. Im *Retail Village* nebenan gibt es Spielsachen mit Urwald-Thema. Sa–Mi 11–24 Uhr, Do, Fr 11–1 Uhr, Dubai Mall, *Ground Level* (Erdgeschoss), Tel. 04/330 85 15

ÜBERNACHTEN

The Adress Dubai Mall. Einkaufen in einer der bekanntesten Malls und luxuriös schlafen unter einem Dach – eine gelungene Symbiose. Financial Centre Road (Doha Street), ab Sheikh Zayed Road, Interchange 1, Tel. 04/438 88 88, www.thead dress.com

AKTIVITÄTEN

Dubai Ice Rink. Tgl. 11.15–13.15, 13.30–15.30, 17–19, 19.30–21.30 Uhr, 2 Std. 50 Dh (inkl. Schlittschuhe), Tel. 04/448 51 11, E-Mail: info@dubairink.com, www.dubaiicerink.com

Kidzania. Interaktives und pädagogisch ausgerichtetes Spieleparadies für Kleinkinder und Teenager mit großem Wissensdurst und Spaß am Spiel. So–Mi 9–21 Uhr, Do 9–23 Uhr, Fr, Sa und Feiertags 10–23 Uhr, Eintritt 140 Dh (4–16 Jahre), 95 Dh (2–3 Jahre), 95 Dh ab 17 Jahren, www.kidzania.ae

INFORMATION

Dubai Mall. So–Mi 10–22 Uhr, Do–Sa 10–24 Uhr, Financial Centre Road (Doha Street), ab Sheikh Zayed Road, Interchange 1, www.thedubaimall.com, Metro: Burj Khalifa/Dubai Mall

Die City Centre Mall ist eine der älteren Malls in Dubai.

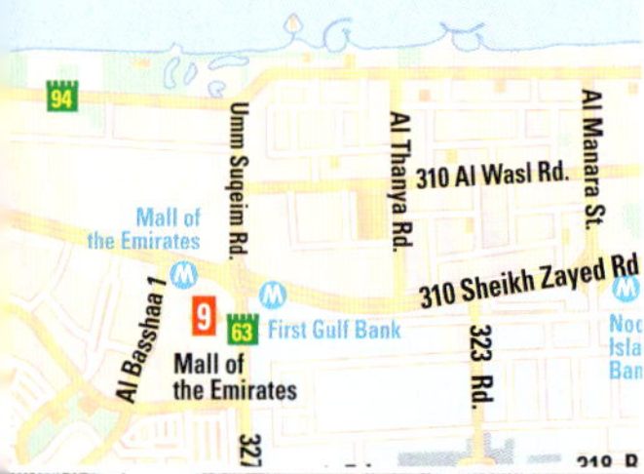

SHEIKH ZAYED ROAD

9 Mall of the Emirates
Mit eisiger Abfahrt

Flächenmäßig ist die Mall of the Emirates kleiner als die Dubai Mall, doch gebührt ihr keinesfalls der zweite Platz. Mit Ski Dubai, einer gewaltigen in die Mall integrierten Skihalle, in die man von mehreren Cafés im Erdgeschoss schauen kann, besitzt das Einkaufsparadies eine Attraktion, die auch international von sich reden machte – ein Publikumsmagnet, vor allem während der heißen Sommermonate am Arabischen Golf.

Draußen sind es über 40 Grad Celsius im Schatten, doch bei »Ski Dubai« wärmen sich die Besucher mit einer Tasse heißer Schokolade von den kalten Temperaturen auf. Es sind viele Inder und Araber dabei, die wohl zum ersten Mal in ihrem Leben Schnee sehen und die Freuden des Skifahrens kennenlernen wollen. Am Eingang zur Winterwunderwelt des – schon wieder ein Superlativ – größten Indoor-Snowpark der Welt hält man für

Shopping auf die Spitze getrieben: Dubai Mall of the Emirates

MAL EHRLICH

NIEDRIGE PREISE?

Wer die Preise zu Hause kennt, wird schnell merken, dass man in Dubai heute internationale Markenartikel kaum günstiger bekommt. So kosten Louis Vuitton-Taschen, Parfüms oder Designermode rund zehn Prozent mehr als in Frankreich oder Italien. Ist Dubai dennoch ein Shopping-Paradies? Ja, denn nirgendwo auf der Welt ist die Auswahl so groß. Und Schnäppchen machen kann man auch immer wieder, wenn man bewusst danach Ausschau hält – und das nicht nur während des Shopping-Festivals im Winter und in der Sommer-Nebensaison.

Mall of the Emirates

Besucher die komplette Ausrüstung einschließlich zünftiger Skianzüge bereit, die auf insgesamt fünf Abfahrten mit unterschiedlicher Höhe und verschiedenen Schwierigkeitsgraden getestet werden wollen. Gleich hinter der Drehtür schlägt dem Besuch die kalte Luft entgegen – Wellness, wie es sich Hitzegeplagte nur wünschen können. Kleine Kinder ziehen immer wieder ihre Plastikschlitten einen kleinen Hang hinauf, um dann mit Begeisterung den Schneeberg hinabzurutschen. Bei minus 2 Grad Celsius streben auch die Erwachsenen mit jugendlichem Ehrgeiz dem Vierer-Sessellift zu oder üben im Schlepplift oder auf einem Personenförderband ihren Gleichgewichtssinn.

Schneesicheres Dubai

Bei »Ski Dubai« schneit es nur nachts, dann sorgen gleichmäßige Flocken aus zahlreichen Schneekanonen dafür, dass die über 22 500 Quadratmeter Fläche gleichmäßig eingeschneit sind und für die mit 400 Metern Länge und 80 Metern Breite größte Piste optimale Laufbedingungen herrschen. Dann gibt es noch eine 90 Meter lange Halfpipe für Snowboarder und auf einer Fläche von 3000 Quadratmetern Schlitten- und Bob-Bahnen. Und auf der Mittelstation steht gar eine Almhütte; allerdings müssen die Besucher auf den hochprozentigen *Jagatee* (Schwarztee mit Rum, eine typisch österreichische Spezialität) verzichten, denn Alkohol dürfen die Kellner, die hier *Après Ski Instructor* heißen, nicht ausschenken.

Wer sich ganz dem Wintererlebnis hingeben will, wohnt in dem an die Mall angeschlossenen »Hotel Kempinski Mall of the Emirates«. Beispielsweise in den Chalets genannten zweistöckigen Suiten, von denen man durch Fenster auf die Skifahrer im Ski Dome blicken kann, oder aber auf den Burj Khalifa. »Kempinski«, die älteste europäische Luxusho-

AUTORENTIPP!

NÄCHSTER HALT: MALL OF THE EMIRATES

Zwischen den Stationen Sharaf DG und First Gulf Bank liegt eine Metro-Haltestelle, die direkt an die erste Etage der Mall of the Emirates anschließt. Und tatsächlich ist diese Station der am 9. September 2009 eingeweihten Dubai Metro die am häufigsten frequentierte des Streckennetzes. So bequem wie mit der sogenannten *Red Line* lässt sich im Emirat keine andere der vielen Shopping Malls erreichen, denn selbst von der Dubai Mall, die zusammen mit Burj Khalifa den Namen einer entsprechenden Station trägt, gelangt man über ein 800 Meter langes Laufband bzw. eine Busfahrt zum Shoppingparadies. Wenn möglich, sollte man allerdings freitags den Besuch der Mall bzw. die Fahrt mit der Metro unterlassen, da es dann aufgrund des arabischen Wochenendes, d.h., wenn die meisten Menschen ihren freien Tag haben, sehr voll wird.

Makellos: Metro-Stationen in Dubai

SHEIKH ZAYED ROAD

telkette, ist in der Region überaus beliebt, sogar während der Sommermonate ist das Hotel meist ausgebucht.

Konsum auf die Spitze getrieben

Tatsächlich ist die glamouröse Mall of the Emirates, die bereits 2005 eröffnet wurde und allein in den ersten sechs Monaten über zehn Millionen Besucher zählte, nach wie vor eine der beliebtesten Einkaufsadressen am Arabischen Golf. Highlights sind u.a. eine Dependance des britischen Luxuskaufhauses »Harvey Nichols« sowie des US-amerikanischen »Debenhams«. Daneben locken »Marks & Spencer« sowie ein riesiger »Carrefour«-Supermarkt. Weitere 400 Geschäfte und Boutiquen stellen jeden Konsumwunsch zufrieden. Ein gelungener Aufbau – günstigere Boutiquen für junge Leute und Schnäppchenjäger und hochpreisige Markenwaren sind räumlich getrennt und in eine entsprechend designte Umgebung integriert.

Der Tatsache, dass der Besuch der Mall of the Emirates von vielen Kunden als Tagesausflug gestaltet wird, trägt auch das übrige Angebot Rechnung: Im Einkaufsparadies hat man die Wahl unter mehr als 70 Cafés, Restaurants und Selbstbedienungsläden, dazu kommt ein hypermoderner Kinokomplex mit 14 unterschiedlichen Kinos sowie das Magic Planet genannte Indoor Family Entertainment Center, ein über zwei Stockwerke gehender Spiele- und Vergnügungsbereich mit Karussells und Animationsspielen. Eher auf den europäischen Geschmack zugeschnitten ist das Ductac genannte »Dubai Community Theatre & Arts Centre«: eine gemeinnützige Einrichtung, eröffnet von der HRH Princess Haya Bint al-Hussein, der Gemahlin von Sheikh Mohammed Bin Rashid al-Maktoum. Im Ductac trifft man deshalb oft auch auf anspruchsvolle *Expatriates*.

Oben: Schlitten fahren bei Außentemperaturen über 30 Grad: die Skihalle macht es möglich.
Unten: Winterwelt in der Mall of the Emirates

Mall of the Emirates

Infos und Adressen

ESSEN UND TRINKEN
Aspen by Kempinski. Das luxuriöse Grand Café hat seine Stammgäste, die von Dienstag bis Samstag auch musikalisch verwöhnt werden. Tgl. 24 Std., Lobby des Hotels »Kempinski«, Mall of the Emirates, Interchange 4, Al Barsha, Tel. 04/409 59 99, www.kempinski.com

Sezzam. Hier werden Gemüse, Fleisch- und Meeresspezialitäten vor den Augen der Gäste zubereitet. Und durch offene Glasfronten fällt der Blick in den Ski Dome. Tgl. 11.30–23.30 Uhr, Mall of the Emirates, Tel. 04/341 36 00

ÜBERNACHTEN
Kempinski Mall of the Emirates. Eine Wohnoase der Extraklasse mitten im Einkaufsparadies und direkt an der Skipiste. Al Barsha, Tel. 04/341 00 00, www.kempinski.com, Metro: Mall of the Emirates

Sheraton Mall of the Emirates. Ebenfalls direkt mit der Mall verbunden ist das Fünfsternehotel mit Meerblick bzw. auf die Skyline von Dubai. Al Barsha 1, Tel. 04/377 20 00, www.sheratondubaimallof theemirates.com, Metro: Mall of the Emirates

AUSGEHEN
Bar 1897. Hier kann man nach dem Shoppen bei Kerzenlicht und leiser Musik einen Drink genießen. Tgl. 11–2 Uhr, Hotel Kempinski, Tel. 04/409 59 99, www.kempinski.com

EINKAUFEN
Mall of the Emirates. Sheikh Zayed Road, Interchange 4, So–Mi 10–14 Uhr, Do–Sa 10–24 Uhr, Tel. 04/409 90 00, www.malloftheemirates.com, Metro: Mall of the Emirates

AKTIVITÄTEN
DUCTAT. Ein beliebter Treffpunkt für *Expatriates* ist das Dubai Community Theatre & Arts Centre. Mall of the Emirates, Ebene 2, Tel. 04/341 47 77, www.ductat.org

Ski Dubai. Tgl. 10–24 Uhr, Mall of the Emirates, Eintritt inkl. Ski und Skikleidung 200 Dh, Kinder 170 Dh (2 Std.), Tel. 04/409 40 00, www.theplay mania.com/skidubai

INFORMATION
Mall of the Emirates. Sheikh Zayed Road, Interchange 4, Tel. 04/409 90 00, www.mallofthe emirates.com

Die Mall of the Emirates setzt auf Luxus und Opulenz.

DEIRA

10 Al-Khor Corniche
Handel und futuristische Hochhäuser   **80**

11 Deira Old Souk
Orientalisches Markttreiben   **84**

12 Historisches Deira
Alte Lehmhäuser und eine Koranschule   **88**

13 Gold Souk
Alles Gold, was glänzt   **94**

14 Dubai Creek Golf & Yacht Club
Abschlagen mit Blick auf die
Skyline von Dubai   **96**

DEIRA

10 Al-Khor Corniche
Handel und futuristische Hochhäuser

Entlang des Dubai Creek auf der Deira-Seite kann man Zeuge werden von Kontrasten, die das Leben in der Metropole für Besucher besonders interessant machen. Vor einer Skyline aus spiegelnden Hochhausfronten, Adressen für Hotels wie Verwaltungsgebäude liegen kleine Geschäfte und Cafés, in denen Händler ihrer Arbeit nachgehen. Fracht wird verladen in altertümlich aussehende Lastschiffe, arabische *Daus*, die nach einer jahrhundertealten Tradition hergestellt und getakelt werden.

Die Al-Khor Corniche auf der Deira-Seite Dubais ist eine aufregende Gegend, denn hier vermischen sich Tradition und Moderne, Internationalität und arabische Geschichte, kommen Menschen aus aller Welt zusammen. Seeleute aus Sansibar und Pakistan beladen Fracht auf hölzerne Lastschiffe, Emiratis in schneeweißen *Dischdaschas* (traditionelles

Vorangehende Doppelseite: Clubhaus des Dubai Creek Golf und Yacht Club
Oben: Deira-Seite am Creekufer

> ## MAL EHRLICH
> **FRAU ALLEIN UNTERWEGS**
> Kein Thema: selbstverständlich können Touristinnen unbedenklich überall in Dubai und den Emiraten unterwegs sein. Voraussetzung ist, dass man sich als Frau zurückhaltend verhält und weite Bekleidung wählt. Am Creek, wo viele männliche Gastarbeiter unterwegs sind, Seeleute aus allen Ländern, müssen Frauen, die allein unterwegs sind, die fremde Mentalität ernst nehmen: bloß keine Männer anlächeln, das wird u.U. falsch, nämlich als Aufforderung zu näherem Kontakt gedeutet.

Al-Khor Corniche

Männergewand) sitzen zusammen in den Lobbys der Luxushotels. Eine Gruppe russischer Touristen ist auf Schnäppchenjagd, wie an ihren vielen Einkaufstüten zu erkennen ist, Japaner halten nach Luxuslabeln Ausschau, und ein paar junge Besucher aus Europa sitzen – einen Stadtplan studierend – in einem Café an der Straße und laben sich an einem frisch gepressten Obstsaft.

Cruisen bei Sonnenuntergang

An der Al-Khor Corniche in Deira, gegenüber der Bastakiya-Seite, gibt es nicht nur viel zu sehen, sondern auch zu genießen. Hier liegen viele Restaurantschiffe angetäut, die nach Einbruch der Dunkelheit ablegen, um den Creek erst in die eine, dann in die andere Seite zu befahren und den Gästen spektakuläre Aussichten auf die Hochhäuser und Wolkenkratzer im Lichterglanz zu ermöglichen. Man hat die Wahl, ob man sich für eines der vielen Schiffe entscheidet, bei dem man sich vom Buffet bedient, oder lieber ein mehrgängiges Menü serviert bekommen möchte – unvergesslich und typisch Dubai ist eine solche Abendfahrt auf jeden Fall. Tatsächlich stellt das »Bateaux Dubai« genannte und großflächig verglaste Restaurantschiff die edelste Möglichkeit dar, auf dem Creek zu kreuzen und hervorragend zu speisen.

Der ungewöhnliche Name rührt daher, dass »Bateaux Dubai« von einem französischen Hersteller im Stil der auf der Pariser Seine fahrenden Speiselokale gebaut wurde. Und während auf den romantisch beleuchteten *Daus*, die einem entgegenkommen, das Essen eher zur Nebensache wird, kommen bei »Bateaux Dubai« bis zu 200 Gäste auf der rund drei Stunden dauernden Fahrt in den Genuss eines exquisiten Dinners, untermalt von klassischer Gitarren- oder Klaviermusik. Und dank der Rundumverglasung kann jeder Teilnehmer der

AUTORENTIPP!

FRIDAY BRUNCH
Seit mehr als 20 Jahren ist das »Sheraton Dubai Creek Hotel & Towers« ein gesellschaftlicher Fixpunkt der Stadt; dies rührt aus einer Epoche, als es im Emirat noch kaum Hotels gab und sich hier am Creek die Dubaier und ersten Besucher im Emirat trafen. Im »Vivaldi Restaurant« geben sich jede Woche am späten Freitagvormittag die Gäste dem Genuss hin und schlemmen wie Gott in Frankreich. Über mehrere Stunden sitzt man zusammen, bedient sich vom Buffet, das jeden Wunsch erfüllt, von Sushis und chinesischen *Wok Fried Noodles* über Bircher Müsli oder britisches Roastbeef. Und weil Freitag ist, gönnt man sich ein Glas *Bubbly* – also Sekt.

Restaurant Vivaldi. Sa–Do 6.30–10.30, 12–15 Uhr, Fr 12.30–15.30, 19–23.30 Uhr, Sheraton Dubai Creek Hotel & Towers, Baniyas Street, Deira, Metro: Baniyas Square, Tel. 04/228 11 11, www.sheratondubaicreek.com

Auf einen Kaffee entlang der Flaniermeile The Walk JBR

DEIRA

Dinner Cruise (Kreuzfahrt mit Abendessen) auch einen umfassenden Panoramablick auf den Creek und die Szenerie genießen. Tatsächlich prägen Boote seit Jahrtausenden das Leben in den Emiraten. Schon früh segelten handelstreibende Seefahrer der Arabischen Halbinsel bis nach Indien und Pakistan, gründeten Handelsposten sogar an der ostafrikanischen Küste. Und es ist faszinierend zu sehen, wie die über Jahrhunderte entwickelten Baupläne der arabischen *Daus* bis in die heutige Zeit unverändert erhalten geblieben sind.

Bewährte Adressen

Klassiker der hiesigen Hotellerie ist das »Radisson Blu«, ein zuvor von InterContinental betriebenes Luxushotel, heute ein schickes Viersternehaus im minimalistischen Look. Von der »Infinity Bar & Terrace« genießt man im Freien und erhöht gelegen einen hervorragenden Blick bis hin zum Burj Khalifa. Aufregend ist auch der Besuch im »Al-Dawaar«, Dubais bislang einzigem Drehrestaurant, gelegen im obersten Stockwerk des »Hyatt Regency-Hotel«. Seit mehr als zwei Jahrzehnten dreht man sich im 25. Stock alle 45 Minuten um 360 Grad, währenddessen sich die Gäste ihre Speisen vom Buffet holen. Der Blick auf die Innenstadt ist spannend. Bei dem Gebäude, das eine riesige Golfkugel auf dem Dach trägt, handelt es sich beispielsweise um den Etisalat Tower, Adresse der lokalen Telefongesellschaft – weshalb die Bevölkerung längst weiß, dass die Kugel auf dem Dach eine Antenne und das Bauwerk ein gigantisches Handy symbolisieren soll. Das achtstöckige quadratische Bauwerk im postmodernen Stil wiederum, vor dem ein Dromedar auf einem Schachbrett steht, ist das Rathaus von Dubai, Municipality Building genannt, und das Dromedar verweist auf eine seinerzeit im Emirat ausgetragene Schachweltmeisterschaft.

Oben: Und die Skyline zieht vorbei bei der Dubai Dinner Cruise
Mitte: Speisen auf dem Dubai Bateaux
Unten: Fantastische Aussicht beim Dinner

Al-Khor Corniche

Infos und Adressen

ESSEN UND TRINKEN

Al-Dawaar. Drehrestaurant im Hotel Hyatt Regency, tgl. 12.30–15.30, 18.30–24 Uhr, Al-Khaleej Road (Deira Corniche), Deira, Tel. 04/317 22 22, www.dubai.regency.hyatt.com. Metro: Al-Ras

Bateaux Dubai. Restaurantschiff für Dinner Cruise. Tgl. 20.30–23 Uhr, 350 Dh, Al-Seef Road, Bur Dubai (gegenüber der Britischen Botschaft), Metro: Al-Fahidi, Tel. 04/814 55 53, www.jaresortshotels.com

ÜBERNACHTUNG

Hyatt Regency. KLassiker der Dubaier Hotellerie, nur einige Minuten vom Flughafen entfernt. Al-Khaleej Road (Deira Corniche), Tel. 04/209 12 34, www.dubai.regency.hyatt.com, Metro: Al-Ras

Radisson Blu. Fünfsternezimmer und -suiten mit fabelhafter Aussicht auf Dubais legendären Creek- Baniyas Road, Tel. 04/222 71 71, www.radissonblu.com, Metro: Baniyas Square

EINKAUFEN

Galleria Shopping Mall. Mit Eislaufbahn. Tgl. 10–22 Uhr, Hotel Hyatt Regency, Al-Khaleej Road (Deira Corniche), Tel. 04/209 60 00, www.dubai.regency.hyatt.com, Metro: Al-Ras

Twin Towers Shopping Mall. Zwei Türme, 1998 erbaut und 100 m hoch, mit diversen Restaurants und großer Terrasse (Blick auf den Creek) in der 3. Etage. Sa–Do 10–22 Uhr, Fr 16–22 Uhr. Twin Towers (Rolex Tower), Baniyas Road, Deira, Metro: Baniyas Square

AUSGEHEN

Infinity Bar & Terrace. So–Mi 12–1 Uhr, Do, Fr 12–2 Uhr, Hotel Radisson Blu, Baniyas Road, Deira, Tel. 04/450 20 00, www.radissonblu.com, Metro: Union Square

Up on the 10th. Die Jazzbar im 10. Stock des Nobelhotels bietet einen herrlichen Blick auf den Creek. Tgl. 18.30–3 Uhr, Baniyas Road, Deira, Tel. 04/222 71 71, www.radissonblu.com, Metro: Union Square

INFORMATION

Touristeninformation. Sa–Do 8–18 Uhr, Fr 14–18 Uhr, Baniyas Square, Tel. 04/228 50 00, www.dubaitourism.ae

Das Hotel Grand Hyatt in Dubai

DEIRA

11 Deira Old Souk
Orientalisches Markttreiben

In offenen Jutesäcken werden Kardamom und Zimt, Pfeffer und Muskatnüsse angeboten, es riecht nach Safran und exotischen Duftölen. Dutzende von Räucherstäbchen-Packungen sind in den Regalen aufgebaut, in Plastik verpackt daneben einige Gewürze, Weihrauchkristalle in unterschiedlicher Qualität und vieles mehr: Die kleinen Läden der Händler im Deira Old Souk sind von der Neuzeit noch unverändert.

Der Kontrast zur Atmosphäre in den großen Shopping Malls könnte nicht größer sein: statt hochpreisiger internationaler Designer-Ware gibt es im *Spice Souk* (Gewürzmarkt) nur Produkte, die wenige Dirham kosten, und statt Temperaturen unter 20 Grad mischt sich hier die feucht-schwüle Luft vom Creek mit den Aromen von Kardamom und Ingwer. Statt gelangweilt blickender Verkäuferinnen auf hohen Plateauabsätzen trifft man auf

Oben: Unterwegs im Suk
Unten: Feilschen nicht vergessen!

MAL EHRLICH

COPY WATCHES

»Nachgemachte Taschen? Nachgemachte Uhren?« – auf copy bags oder copy watches wird man im Suk immer wieder angesprochen. Bei Interesse bekommt man dann eine ganze Palette gefälschter Designerwaren zu sehen: Taschen von Gucci und Mulberry, Jimmy Choo, Uhren von Cartier, Breitling und Patek Philippe, die Verkaufspreise liegen um die 500 bis 1000 Dh, nachdem man sich handelseinig geworden ist. Allerdings muss man wissen: Die Einfuhr gefälschter Produkte nach Deutschland ist strafbar.

Deira Old Souk

Händler, die mit ihrer Tätigkeit sichtlich zufrieden und erfreut darüber sind, mit den Kunden ein kleines Verkaufsgespräch zu führen. Tatsächlich kann man den Eingang zum Gewürzmarkt kaum verfehlen, da dieser gegenüber der Anlegestelle der *Abras*, der sogenannten Deira Old Souk Abra Station, liegt.

Orientalische Atmosphäre

Auch wenn die ersten Verkaufsläden, denen man begegnet, augenscheinlich für die steigende Zahl westlicher Besucher besonders attraktiv gestaltet wurden, so befindet man sich hier doch in einem nach wie vor funktionierenden, echten arabischen Suk, der nichts gemeinsam hat mit den ebenfalls in Dubai anzutreffenden, neu gestalteten Ladengassen im orientalischen Stil, in denen ausschließlich Souvenirs feilgeboten werden.

Es lohnt sich, von der Hauptgasse auch einmal abzubiegen und in die noch engeren Gassen zu schauen, die ebenfalls voller Läden sind. Die zumeist aus arabischen Nachbarländern stammenden Händler sind nicht nur freundlich, sondern auch sehr geschäftstüchtig. Spontan reichen sie Proben der diversen zum Verkauf stehenden Nusssorten, tupfen der weiblichen Kundschaft wohlriechende Duftproben auf den Arm und beginnen ein erstes Sondierungsgespräch, um die Wünsche des potenziellen Käufers einzuschätzen. Interessant sind auch verschiedene Gewürze, die in Europa weniger bekannt sind, jedoch zu einem arabischen Essen gehören.

Köstliches Angebot an Datteln

Zu den Spezialitäten der im Gewürz-*Suk* angebotenen Produkte gehören u.a. *dried lime* (getrocknete Limetten), *tumeric* (getrocknetes und fein

AUTORENTIPP!

FEILSCHEN

Der erste Preis, den der Händler nennt, ist eine Einschätzung nach sozialem Status und Kaufkraft, übersteigt deshalb den Wert des Produktes meist um ein Mehrfaches. Gefeilscht wird nur, wenn man eine Ware auch wirklich kaufen will. Dabei gilt es, sein Interesse nicht zu sehr zum Ausdruck zu bringen, neben dem gewünschten Objekt noch den Preis von ein oder zwei weiteren Dingen zu erfragen. Und so beginnen eher beiläufig die Preisverhandlungen. Schließlich nennt man einen Preis, der etwa ein Viertel des zunächst genannten Preises beträgt. Der Händler reduziert seinen Preis etwas und auch Sie sagen, sie seien bereit, etwas mehr zu zahlen. Der Händler verweist darauf, dass dies sein erstes Geschäft des Tages sei und er deshalb keinen Kunden wegschicken wolle – das bringe Unglück – und reduziert noch mal. Jetzt greifen Sie in Ihr Portemonnaie und reichen die Geldscheine.

DEIRA

Oben: Gewürze für die orientalische Küche
Mitte: Unterwegs in einem Gewürze-Suk
Unten: Outfits für jeden Geschmack

geriebenes Kurkumapulver) sowie *dried ginger* (getrockneter Ingwer). Araber lieben *oud areej* (Sandelholz), das u.a. in exotischen und (nicht eben günstigen) Räuchermischungen neben Weihrauch und Myrrhe verwendet wird. Traditionell benutzte man diese Mischungen, um Kleider zu parfümieren. Zum Räuchern eignet sich u.a. der goldfarbene Weihrauchharz; man kann ihn z.B. zu Hause in der Heimat auch auf den Grill oder in das glühende Feuer des offenen Kamins geben, um die Luft zu reinigen.

Auch Süßigkeiten gibt es im Nachbarladen in großer Auswahl. Neben handgefertigten Naschereien aus Nüssen und Zucker gibt es in buntes Staniolpapier verpackte Bonbons und natürlich Datteln in allen möglichen Varianten. Die zuckersüß schmeckenden Datteln sind das Mitbringsel schlechthin und aus dem Leben der Emiratis nicht wegzudenken. Wer seinen Gaumen schulen will, sollte sich nicht scheuen, die dargereichten Proben zu degustieren. In früheren Zeiten reichte man Besuchern als Zeichen der Gastfreundschaft ein paar Tässchen schwarzen Tees sowie eine Handvoll Datteln. Im *Suk* sind die zum Verkauf stehenden Früchte eher einfacher Qualität, in darauf spezialisierten Geschäften – u.a. in Shopping Malls anzutreffen – gibt es auch bessere Sorten. Die Verpackung steht der von Pralinen nicht nach, und auch die Präsentation der Datteln, die gefüllt sind mit Marzipan oder Pistazien, kandierten Früchten oder Schokolade und in weiße Manschetten gelegt werden, ist großartig. Der Kenner weiß die diversen Sorten beim Namen zu nennen: etwa *kalas* (die Essenz), eine sehr süße, nahezu karamellisierte Frucht, die sehr großen und eher von zarter Konsistenz beschaffenen *Medjoul*-Datteln oder die eher saftig schmeckenden *Sajee*-Früchte. Trotz aller Unterschiede: alle Datteln sind gesund, enthalten Spurenelemente und Vitamine.

Deira Old Souk

Infos und Adressen

ESSEN UND TRINKEN

Danial. Persische und internationale Küche in bester Lage und mit Blick von der Außenterrasse vom dritten Stock auf den Dubai Creek, besonders schön bei und nach Sonnenuntergang; mit Schischa-Service (Wasserpfeifen). Sa–Do 11–22 Uhr, Fr ab 13 Uhr, Twin Towers, Baniyas Road, Tel. 04/227 76 69, www.danialrestaurant.com, Metro: Baniyas Square

Golden Fork. Philippinisches Restaurant mit großem Angebot an Fischspezialitäten, auch chinesischen und indischen Gerichten – gut und günstig. Tgl. 9.30–3 Uhr, Baniyas Square, Tel. 04/224 12 27, www.goldenforkgroup.com, Metro: Baniyas Square

ÜBERNACHTEN

Carlton Tower Hotel. Das recht gepflegte Mittelklassehotel in guter Lage ist auch bei Osteuropäern recht beliebt, nicht zuletzt wegen des lebhaften Nachtclubs. Baniyas Street, Tel. 04/222 71 11, www.carltontower.net, Metro: Baniyas Square

Sandras Inn. Gepflegte Budgetunterkunft in zentraler Lage, kleine, saubere Zimmer, Pool auf der

Authentisch: das »Ahmedia Heritage Guest House«

Dachterrasse, mit zwei Nachtclubs. Baniyas Square, Tel. 04/222 43 33, www.sandrasinndubai.com, Metro: Baniyas Square

Ahmedia Heritage Guest House. Schlafen unter schweren Balkendecken im orientalisch dekorierten Himmelbett, in diesem Gästehaus erhält man einen nahezu authentischen Eindruck vom alten Dubai, ein Adresse mit Flair und ohne Fitnesscenter. Al Ras, Deira, Tel. 04/225 00 85, www.ahmediaheritageguesthousedubai.com, Metro: Al Ras

EINKAUFEN

Spice Souk. Tgl. 8–22 Uhr, Fr ab 14 Uhr. Der Gewürzmarkt liegt zwischen der Baniyas Road (Al-Khor Corniche) und der Al-Ras Road, Metro: Baniyas Square und Al-Ras

AUSGEHEN

Eurasia – The Club. Nachtclub mit Karaoke und wechselnden Live-Auftritten, VIP-Rooms. Beliebter und für Dubaier Verhältnisse günstiger Cocktail ist Wodka-Red Bull. Tgl. 18–3 Uhr, Carlton Tower Hotel, Baniyas Street, Tel. 04/222 71 11, www.carltontower.net, Metro: Baniyas Square

INFORMATION

Touristeninformation. Sa–Do 8–18 Uhr, Fr 14–18 Uhr, Baniyas Square, Tel. 04/228 50 00, www.dubaitourism.ae

Dubai Creek: »Carlton Tower Hotel«

DEIRA

12 Historisches Deira
Alte Lehmhäuser und eine Koranschule

Hier ging der heutige Herrscher Dubais, der weltgewandte Sheikh Mohammed Bin Rashid al-Maktoum zur Schule, lernte Lesen und Schreiben und die Koranverse: in der ersten Schule des Emirats, der Al-Ahmadiya School, die 1912 zum Regierungsantritt von Sheikh Saeed Bin Maktoum eröffnet wurde. Neben der alten Schule, die heute ein *Museum of Education* (Bildungsmuseum) beherbergt, locken im alten Deira noch weitere aufwendig restaurierte historische Bauwerke.

Eine Gegend am Dubai Creek, die auf dem Besichtigungsplan vieler Reiseveranstalter steht, von Besuchern allerdings auch allein und bequem zu erreichen ist. Von den Metrohaltestellen Al-Ras und Baniyas Square aus geht man zu Fuß zu den alten Lehmhäusern, Stadtpalästen und Forts der Gegend, die in aufwendiger Weise restauriert wurden. Wie nahezu alle historischen Gebäude hatten

Historisches Deira: die Al Ahmadiya School

MAL EHRLICH

NACH DEM WEG FRAGEN

Nicht, dass die Menschen, die man fragt, nicht überaus höflich und zuvorkommend wären. Aber vielleicht liegt darin gerade das Problem. Kaum jemand, den man anspricht und nach dem Weg fragt, würde zugeben, dass er die Frage nicht verstanden hat oder das Ziel nicht kennt; also wird in eine beliebige Richtung gedeutet. Besser man hat einen Stadtplan dabei. Und natürlich: Einheimische, gar verschleierte Frauen (ohnehin selten allein und zu Fuß unterwegs) darf man gar nicht erst ansprechen.

Historisches Deira

sie das Glück, der doch beträchtlichen Zerstörungswelle Anfang der Siebzigerjahre des vorigen Jahrhunderts zu entgehen. Heute stehen die alten Gebäude als Anachronismen inmitten der sich immer höher erstreckenden Bauwerke, passen sich durch ihre hellen wüstenfarbenen Fassaden unauffällig der Umgebung an. Ihre archaisch anmutende Schönheit erkennt man mitunter erst abends, wenn die Bauwerke angestrahlt werden und ihren märchenhaften Reiz entfalten.

Erste Schule des Emirats

Sheikh Saeed (1878–1958), der von Regierungsantritt bis zu seinem Tode, nämlich fast ein halbes Jahrhundert, regieren sollte und der den traditionsreichen arabischen Sport der Falkenjagd über alles schätzte, soll als Ort für die erste Schule im Emirat einen Platz gewählt haben, den er von seinem Palast am Dubai Creek aus jederzeit sehen konnte – ein Hinweis auf die besondere Bedeutung, die die Al-Ahmadiya-Schule für die Region damals genoss.

Die erste Bildungsinstitution in Dubai besuchten anfangs nur erwachsene Männer, nämlich jene, die zu den bedeutendsten Familien gehörten. Doch bereits innerhalb von wenigen Jahren wuchs die Zahl der Schüler auf knapp 300, und eine Vergrößerung des anfangs nur eingeschossigen, sich um einen Innenhof erstreckenden Lehrgebäudes wurde notwendig. Die Schüler – für Mädchen und Frauen bestand auch in späteren Jahren kein Zutritt – saßen anfangs auf geflochtenen Matten auf der Erde und hörten, was die (zumeist aus dem Iran stammenden) Lehrer über den Koran erzählten. Neben islamischem Recht, der Auslegung des Korans sowie der Biografie des Propheten Mohammed kamen später Mathematik und Naturwissenschaften dazu.

AUTORENTIPP!

EIN ABEND IM KINO

Wenn man mit *Expatriates* aus Australien und Asien, Europa und den USA an der Kasse steht und Tickets für den abendlichen Blockbuster holt, fühlt man sich garantiert nicht als Tourist. Im Grand Cinecity Al Ghurair muss man für dieses Erlebnis nicht in eine außerhalb gelegene Shopping Mall fahren, sondern bleibt in bester Citylage. Man genießt englischsprachige Filme, wobei die neuesten und erfolgreichsten Produktionen aus Hollywood zur Aufführung kommen. Manche Besucher mögen es gar, die mit üppigen Tanzeinlagen und Liedern gespickten Hindi-Filme anzuschauen, mit Stars wie Shah Rukh Khan und Deepika Padukone, und umgeben von einer indischen Fangemeinde. Und nach dem Film bummelt man durch die noch bis in die Nacht hinein geöffneten Suks.

Grand Cinecity. Al-Ghurair Centre, Al-Riqqa Road, Tel. 04/228 98 98, Metro: Union Square

Früheres Schulwesen in Dubai

AUTORENTIPP!

METROSTATION UNION SQUARE

Es lohnt sich, nach einer Besichtigung des historischen Deira zur nächstgelegenen Metrostation Union Square zu laufen, mit einer Fläche von 25 000 Quadratmetern (nach eigenen Angaben) größter unterirdischer U-Bahnhof der Welt. Hier erlebt man, wie vorbildlich die Dubai Metro arbeitet. Union Square, Kreuzungspunkt zweier Metrolinien – *Red Line* und *Green Line* – ist angelegt auf drei Ebenen, ein Ort, an dem täglich Zigtausende von Menschen aus allen Kulturen und Ländern der Erde für ein paar Minuten zusammentreffen, um dann wieder ihrer Wege zu gehen. Wie alle Dubaier Metrostationen ein makellos sauberer und sicherer Ort, beispiellos in seiner schlichten Organisation. Zum Gesamteindruck tragen auch die durchaus amüsanten Hinweisschilder bei, die davon abhalten, intensiv riechenden Fisch zu transportieren. Auch Schlafen ist in der Dubai Metro ein Tabu.

DEIRA

Die nächste Phase war erreicht, als die Schüler an Dreierpulten aus Holz sitzen konnten und es, parallel zu ihren Fortschritten und ihrer Auffassungsgabe, unterschiedliche Klassen und Stufen gab. Als der heutige Herrscher, Sheikh Mohammed, auf die Schule kam, nämlich 1955, hatten die Briten bereits Englisch als Fremdsprache eingeführt. Ein paar Jahre später wiederum betrug die Schülerzahl über 800, und es standen 21 Klassen zur Wahl. Neue Schulgebäude mussten her, eine sprunghafte Entwicklung, die auch dazu führte, dass die Al-Ahmadiya-Schule überflüssig wurde, nachdem in den neu gegründeten Wohnbezirken ebenfalls Bildungseinrichtungen entstanden waren. Die alte Koranschule verwaiste, doch man vergaß zu keiner Zeit ihre überragende Bedeutung für die Entwicklung des modernen Schulwesens in den Emiraten. So wurde die erste öffentliche Schule für Mädchen im Emirat 1958 gegründet.

Museen mit Vergangenheit

Der aufwendigen Restaurierung der Al-Ahmadiya folgte im Jahr 1997 die Wiedereröffnung als Museum. Besucher sind heute sehr angetan von der ruhigen und schmucklosen Atmosphäre, die von den Räumen ausgeht. Petroleumlampen hängen von den Balkendecken, einige Koranverse zieren die Wände, und die hölzernen Pulte tragen zwar Abnutzungsmerkmale, sind aber auf Hochglanz poliert.

Nur wenige Schritte sind es zu dem gleich nebenan liegenden Heritage House, einst Wohnhaus von Sheikh Ahmed Bin Dalmouk, Begründer der Schule, nach dem diese auch benannt wurde. Der reiche Perlenhändler residierte mit seiner Familie in diesem Gebäude, einer um 1880 aus Lehmziegeln errichteten Konstruktion. Diese wurde in den

Historisches Deira

nachfolgenden Jahren um immer mehr Zimmer erweitert, bis es eine Gesamtwohnfläche von über 900 Quadratmetern aufwies. Heute treffen Besucher hier auf ein spannendes Museum, das in besonders anschaulicher und authentischer Weise einen Eindruck vermittelt vom traditionellen Leben am Golf.

Wohnen in früheren Zeiten

Zentraler Ort des zweistöckigen Hauses ist der große Innenhof, von dem aus zahlreiche Räume abgehen. Beispielsweise die beiden jeweils für die Frauen bzw. Männer der Familie genutzten Wohn-, Empfangs- und Versammlungsräume, *Majlis* genannt. Teppiche bedecken die Böden und, wie in Arabien üblich, nahmen die Besucher auf Sitzkissen Platz, während sie mit Tee und Datteln, Kaffee und Früchten bewirtet wurden. Die Innenhöfe wurden mit Schatten spendenden Bäumen bepflanzt und vor den Räumen große überdachte *leewan* (Veranden) eingerichtet, auf denen man die Sommerhitze besser überstehen konnte. Strohmatten und Sitzkissen dienen als Sitzgelegenheiten, kleine Tische schaffen Platz für Geschirr und Weihrauch.

Auch im Heritage House findet man diese baulichen Konstruktionen, und auf entsprechenden Messingschildern kann man kurze, diesbezügliche Erklärungen in englischer Sprache lesen. Es lohnt sich, auch einen Blick zu werfen in den kleinen, von den weiblichen Familienmitgliedern einst als Küche genutzten Raum – funktional und einfach ausgestattet, erlaubten die wenigen Küchengeräte doch den Frauen die Zubereitung aller gängigen Gerichte. Dazu griffen sie stets auf die im *al-bakhar* (Vorratsraum) aufbewahrten Grundnahrungsmittel zurück. Sauberes Wasser zum Waschen des Geschirrs lieferte ein Brunnen für Salzwasser, der

Oben: Beschaulich: Nachgestellte Szene in der historischen Al Ahmadiya School
Unten: Lesen aus dem Koran

DEIRA

sich im Innenhof befand, während man Süßwasser durch einen Träger von entsprechenden, außerhalb des Hauses gelegenen Brunnen heranschaffen ließ.

Verteidigungstürme

Ganz in der Nähe gelangt man zu Naif Fort, einer Verteidigungsanlage, die einst von Sheikh Saeed erbaut wurde und die Deira-Seite vor Angriffen schützen sollte. Das Bauwerk, dessen charakteristisches Kennzeichen ein breiter und mächtiger Turm ist, der die Kontrolle des Dubai Creek ermöglichte, beherbergt seit 1956 eine Polizeistation. Wenige Jahre später begannen hier die Briten damit, das lokale Personal als Polizisten auszubilden, und das Fort avancierte zum Hauptquartier der Polizei im Emirat. Nachdem in den Neunzigerjahren eine umfangreiche Sanierung des 1939 und aus Lehm erbauten Gebäudes folgte, wurde 1997 auch ein beeindruckendes Polizeimuseum eröffnet, Naif Tower Police Museum genannt. Zu sehen sind u.a. historische Polizeiuniformen, Gewehre und Waffen, ansprechend präsentiert in beleuchteten Vitrinen. Interessant ist aber auch der Einblick in die aktuelle Polizeiarbeit, d.h. der Umgang mit Verhafteten und Bürgerbeschwerden.

Oben: Deira Clock Tower
Unten: »JW Marriott«: beliebtes Business-Hotel

Einem noch älteren Zeugnis aus Dubais Vergangenheit begegnet man in der Umer Ibn al-Khattab Road, östlich des Polizeimuseums gelegen. Burj Nahar heißt ein als Verteidigungsbau um 1870 erbauter Rundturm, heute inmitten einer kleinen Grünanlage und umgeben von Autoverkehr und Hochhäusern. Wie sich die Zeiten ändern, wird deutlich, wenn man sich vor Augen hält, dass die Höhe des Turms von nur acht Metern aus heutiger Sicht sehr bescheiden wirkte, in der damaligen Epoche es sich beim Burj Nahar aber dennoch um ein veritables Bollwerk handelte.

Historisches Deira

Infos und Adressen

SEHENSWÜRDIGKEITEN
Al-Ahmadiya School & Heritage House. Sa–Do 8.30–20.30 Uhr, Fr 14–20.30 Uhr, 19 Street (Al-Ras Area), hinter der Stadtbibliothek, Tel. 04/226 02 86, Metro: Al-Ras

Burj Nahar. Umer Ibn al-Khattab Road, Deira, Metro: Salah al-Din

Naif Tower Police Museum. Sa–Do 8.00–19.30 Uhr, Fr 14.30–19.30 Uhr, Naif Fort, Naif Road, Tel. 04/226 02 86, www.definitely-dubai.com, Metro: Palm Deira

ESSEN UND TRINKEN
Caravan. Sa–Do 10–22 Uhr, Fr 14–22 Uhr, Hamarain Food Court, Abu Bakker al-Siddique Road, Ecke Sallahuddin Road, Metro: Abu Bakker al-Siddique, Tel. 04/262 11 44

ÜBERNACHTEN
JW Marriott Hotel. Das Fünf-Sterne-Luxushotel ist mit einem Shopping Center verbunden. Abu Bakker al-Siddique Road, Ecke Sallahuddin Road, Tel. 04/262 44 44, www.marriott.de, Metro: Abu Bakker al-Siddique

Mövenpick Deira. Das stilvolle Viersternehotel ist nur 4 km vom Flughafen sowie von den weltberühmten Gold- und Gewürzmärkten entfernt. Abu Bakker al-Siddique Road, Ecke Sallahuddin Road,

Eingang zum Naif Museum

Tel. 04/444 01 11, www.moevenpick-hotels.com, Metro: Abu Bakker al-Siddique

Ramee International Hotel. Die indische Hotelkette bietet in diesem Zweisternehotel 100 saubere und zweckmäßig ausgestattete Zimmer, mehrere Cafés und Restaurants, darunter das »Café Bollywood« sowie Livemusik in der Bar »Garage«. Die etwas größeren Zimmer der De-Luxe-Kategorie sind die bessere Wahl. Baniyas Square, Tel. 04/224 02 22, www.rameehotels.com

EINKAUFEN
Hamarain Centre. Sa–Do 10–22 Uhr, Fr 14–22 Uhr, Abu Bakker al-Siddique Road, Ecke Sallahuddin Road, Tel. 04/262 11 10, www.hamaraincentre.com, Metro: Abu Bakker al-Siddique

INFORMATION
Touristeninformation. Sa–Do 8–18 Uhr, Fr 14–18 Uhr, Baniyas Square, Tel. 04/228 50 00, www.dubaitourism.ae

Bekanntes Ambiente im Mövenpick

DEIRA

13 Gold Souk
Alles Gold, was glänzt

»City of Gold« heißt das Schild am Eingang des Suks die Besucher und Kaufinteressierten willkommen. Wir befinden uns im größten Goldbasar der Welt, über 250 Geschäfte liegen hier aneinandergereiht und buhlen um die Gunst der Besucher. Doch auch wer nur schauen will, findet im Gold Souk von Dubai seinen Tummelplatz. Besonders abends, wenn die reichere Kundschaft vorfährt.

Tagsüber liegen die Geschäfte ziemlich verlassen da, die glänzenden Pretiosen von höchstem Wert scheinen mit der Sonne um die Wette. Die Schaufenster sind überreich dekoriert mit allen Arten von Schmuck: Hunderte von schmalen Goldreifen hängen zur Begutachtung aus, unzählige Goldketten in allen Längen und Dekorationen, dazu gesellen sich aufwendig gearbeitete goldene Colliers, Stirnketten wie aus Bollywood-Filmen.

Wenn der Abend hereinbricht

Wenn die Sonne schon tief steht und es sich etwas abkühlt, füllen sich die Geschäfte. In blickdichte schwarze *Abayas* gekleidete Araberinnen, in Begleitung ihrer Kinder und deren Nannys von den Philippinen, sind gemeinsam mit ihren Ehemännern oder Brüdern auf Kauftour. Zu den zweitwichtigsten Kunden gehören aus Indien und Pakistan stammende *Expatriates*, die ihre Ersparnisse am liebsten in goldenen Ketten und Armreifen anlegen. Gekauft wird ausschließlich nach Gewicht, d.h. die Arbeit des Goldschmiedes, die filigrane Ausgestaltung des Schmuckstückes fließen nicht in die Wertermittlung ein. Kriterium für

Oben: Preisnachlässe um die 20 Prozent: Dubai Gold Souk
Unten: Goldschmuck, der nach Gewicht verkauft wird.

Gold Souk

den täglich neu ermittelten Goldpreis ist die Feinheit des Edelmetalls, nämlich der Anteil des Goldes (24 Karat entsprechen 100 % Gold, 18 Karat 75 % und 14 Karat 58 % Goldanteil).

Nachdem man die gewünschten Schmuckstücke identifiziert hat, werden diese auf die Waage gelegt, bevor anschließend die Verkaufsgespräche starten. Je mehr man kauft, desto höher ist nämlich auch ein möglicher Rabatt, und um die Kunden zufriedenzustellen, legen die Händler dann noch ein paar Ohrringe oder Kettenanhänger hinzu. Wenn man nicht mit der Kreditkarte, sondern in bar bezahlt, kann man ebenfalls noch einen Preisnachlass erwirken.

Goldkauf orientalisch

Beim Goldkauf lassen sich die Kunden sehr viel Zeit. Schön zu sehen ist dies u.a. auch daran, dass Händler erst mal ein Tässchen Tee oder auch eine eisgekühlte Coca Cola offerieren, bevor sie die Verkaufsverhandlungen starten. Westliche Besucher auf Schnäppchentour sind hingegen immer mal wieder enttäuscht von einem Besuch des *Suks*, denn irreführend ist die Annahme oder Auskunft, dass Gold in Dubai wesentlich billiger sei als in Europa. Tatsächlich ist der Goldpreis international geregelt, d.h. weltweit gleich. Schmuckstücke sind dann womöglich günstiger, wenn diese aufwendig verarbeitet sind und man in Europa dafür viel Geld bezahlen müsste. Leider gilt jedoch, dass der gezeigte Goldschmuck auf arabischen und asiatischen Geschmack abgestimmt ist, westlichen Besuchern in der Regel deshalb nicht gefällt und sich zum anderen die Angebote der Hunderte von Geschäften sehr gleichen. Ein Besuch der »City of Gold« ist dennoch ein Erlebnis und besonders nach Sonnenuntergang zu empfehlen.

Infos und Adressen

SEHENSWÜRDIGKEITEN
GOLD SOUK. Sa–Do 10–13, 16–22 Uhr, Fr 16–22 Uhr, Sikkat al-Khail Street, Metro: Al-Ras

ESSEN UND TRINKEN
Yum. Für eine relativ günstige und schnelle Mahlzeit in schicker, zeitgenössischer Atmosphäre einer südostasiatischen Nudelbar. Gerichte mit thailändischem, indonesischem und chinesischem Einfluss.
Tgl. 12–23.30 Uhr, Hotel Radisson Blu, Baniyas Road, Metro: Baniyas Square, Tel. 04/450 20 00, www.radissonblu.com

ÜBERNACHTEN
AL-SHAMAL. Das preiswerte kleine Hotel mit einfachen Zimmern liegt im Spice Souk. Besser könnte die Lage nicht sein, um sich ohne lange Wege ins quirlig-authentische Treiben des Marktes zu stürzen. Al Souq al-Khabeer Street, Deira, Tel. 04/229 01 11, www.alshamalhotel.com, Metro: Baniyas Square

ST. GEORGE. Das Dreisternehaus mit 140 Zimmern liegt 5 Gehminuten vom Gold Souk entfernt. Eine preiswerte Adresse für alle, denen im *Suk* das Geld etwas lockerer sitzt.
Al-Ras Road, Tel. 04/225 11 22, www.stgeorgedubai.ae, Metro: Al-Ras

INFORMATION
Touristeninformation. Sa–Do 8–18 Uhr, Fr 14–18 Uhr, Baniyas Square, Tel. 04/228 50 00, www.dubaitourism.ae, Metro: Baniyas Square

DEIRA

14 Dubai Creek Golf & Yacht Club
Abschlagen mit Blick auf die Skyline von Dubai

Strahlend weiß leuchten die 45 Meter hohen Betonsegel des Clubhauses, einem arabischen *Dau* (traditionelles Frachtschiff mit Segel) nachempfunden – für viele eines der Wahrzeichen der Großstadt. Dubais schönster Golfclub bietet gleich zwei Standortvorteile, nämlich zum einen seine unübertreffliche Lage am Dubai Creek, dem sich durch Dubai ziehenden natürlichen Meeresarm, zum anderen die unmittelbare Nähe zum Stadtzentrum.

Leise, aber unüberhörbar rascheln die Palmwedel im Wind, tropische Vögel fliegen über die in allen Farben blühenden Sträucher. Dank computergesteuerter Bewässerungsanlagen und Wasser aus Meerwasser-Entsalzungsanlagen sowie einer besonders unempfindlichen Rasensorte gedeiht das Grün (engl. *Green*) des Dubai Golf & Yacht Club seit vielen Jahren.

Paradies für Golfer

Tatsächlich stellt das Wüstenemirat Dubai längst ein Paradies für Golfer dar und besitzt heute mehr als ein Dutzend Plätze mit Weltklassestatus. Während der europäischen Wintermonate lockt deshalb das nur sechs Flugstunden entfernte Dubai nicht wenige Golfer hierher, um sich bei frühlingshaften Temperaturen für die bevorstehende Golfsaison zu Hause fit zu machen. Der schönste und berühmteste unter den vielen Golfplätzen ist der Dubai Creek Golf & Yacht Club, vom britischen Golfer-Magazin *Golf World* unter die

Oben: Abschlagen auf dem Dubai Creek Golf und Yacht Club
Unten: Das »Park Hyatt« in Dubai: eines von drei »Hyatt«-Hotels

Dubai Creek Golf & Yacht Club

Top-100-Plätze gewählt: ein 18-Loch *par* 72-Meisterschaftsplatz, entworfen von Stararchitekt Carl Litten. Der Kurs ist mit seinen schwierigen Bunkern und raffinierten *Doglegs* (d.h. das Fairway ist nach rechts oder links gebogen) ist auch für sehr gute Spieler eine Herausforderung. Auch Nichtgolfer fühlen sich hier wohl: Die herrliche Ruhe, das leuchtende Grün, der Blick auf die Jachten der Marina und die Skyline der Stadt sind faszinierend. Und nicht nur Architekturfreunde geraten ins Schwärmen angesichts des herausragenden Designs der beiden Clubhäuser des Golf & Yacht Club, eine gekonnte Mischung aus arabischen Design-Elementen und modernem Interieur, mit Blick auf die Jachten der Marina und die unmittelbare Nähe zu den *Suks* und Malls.

Im Clubhaus

Geheimtipp für Gourmets ist nach wie vor ein Besuch im »Boardwalk«, dem Terrassenrestaurant im Clubhaus des Yacht Club. Das sieht aus wie ein Luxusdampfer auf dem Trockenen, der jederzeit in See zu stechen scheint. Gleich drei Teakholzterrassen, im Design rustikalen Schiffsdecks nachempfunden, besitzt das Restaurant. Wenn man die Dämmerung bei einem eisgekühlten, frisch gepressten Obstsaft genießt, der Blick über die Luxusjachten schweift und der Ruf der Muezzine (Gebetsrufer) herüberweht, dann stellt es sich spätestens ein, das ganz besondere Dubai-Gefühl.

Logieren auf dem Golfplatz

Und wenn man nicht mehr weg möchte von diesem magischen Ort, der so nahe an der City liegt und doch auch weit entrückt erscheint, dann mietet man sich direkt auf dem Gelände des Golfclubs ein in einem der schönsten Hotels der Metropole: Das »Park Hyatt Dubai« mit edlem Spa.

Infos und Adressen

ESSEN UND TRINKEN
Boardwalk. Herrlich sind die sogenannten *Weekend Breakfasts* (Frühstücksbrunch vom Feinsten am Wochenende), die freitags und samstags stattfinden (7.30–11.30 Uhr). Man sitzt über dem Wasser und bedient sich an den zahlreichen Kochstationen. Entspannter geht's nicht. Hier zeigt sich Dubai von seiner besten Seite! Sa–Do 12–24 Uhr, Fr, Sa 8–24 Uhr, Dubai Creek Golf & Yacht Club, Tel. 04/295 60 00, www.dubaigolf.com, Metro: Deira City Centre

QD's. Den Sonnenuntergang genießt man bei Pizza und Chicken Wings, Salaten und alkoholfreien Mocktails mit frisch gepressten Obstsäften auf dem *Quarterdeck* (QD). An Wochenenden gibt es Livemusik. Sa–Do 18–2 Uhr, Fr ab 17 Uhr, Dubai Creek Golf & Yacht Club, Tel. 04/295 60 00, www.dubaigolf.com, Metro: Deira City Centre

ÜBERNACHTEN
Park Hyatt Dubai. Nobelresort mit erstklassigen (Buffet)-Restaurants, u.a. auch im Freien und mit Blick auf den Creek. Ideal für Golfer, die sich hier nach dem Spiel in der herrlichen Gartenanlage unter Palmen und am Pool entspannen können. Dubai Creek Golf & Yacht Club, Tel. 04/602 12 34, www.dubai.park.hyatt.com, Metro: Deira City Centre

INFORMATION
Dubai Golf Central Reservations. Tel. 04/380 12 34, E-Mail: golfbooking@dubaigolf.com, www.dubaigolf.com

JUMEIRAH

15 Jumeirah Beach
Synonym für luxuriösen Urlaub — 100

16 Burj Al Arab
Hotel mit sieben Sternen — 108

17 Madinat Jumeirah
Arabisches Venedig — 112

18 The Palm Jumeirah
Künstliche Insel der Extraklasse — 116

19 Atlantis und Aquaventure
Rosafarbenes Urlaubsparadies in XXL — 122

20 Dubai Marina
Manhattan in der Wüste — 126

21 JBR Walk
Boulevard am Meer — 134

JUMEIRAH

15 Jumeirah Beach
Synonym für luxuriösen Urlaub

Eindrucksvolle Villen und herrliche Hotels prägen die Bebauung am hellen und feinsandigen Jumeirah Beach, eine Freude, hier am Wasser entlangzulaufen oder in einem der edel gestylten Cafés die Atmosphäre zu genießen. Daneben gibt es auch noch mehr zu entdecken, außergewöhnliche Malls und die prächtige Jumeirah-Moschee, ein Bauwerk wie aus dem orientalischen Bilderbuch – und sogar zu besichtigen.

Für nicht wenige Besucher ist das »Royal Mirage« Dubais schönstes Hotel. Das zur Kette der »One & Only Luxury Resorts« gehörende Haus setzt nicht nur auf Luxus, sondern bietet auch eine romantische Stimmung, die ihresgleichen sucht. Auch wer nicht das Glück hat, in einem der drei Hotels, die das »Royal Mirage« bilden – nämlich »The Palace«, »Arabian Court« und »The Residence« – zu wohnen, kann bei einem Besuch die außergewöhnli-

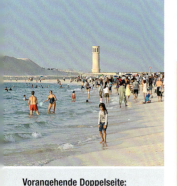

Vorangehende Doppelseite:
Venedig lässt grüßen: Wasserwege im Madinat Jumeirah Dubai
Oben: Skyline am Jumeirah Beach
Unten: Dolcefarniente am Jumeirah Beach

MAL EHRLICH

JUMEIRAH ARCHAEOLOGICAL SITE

Auf den Stadtplänen von Dubai taucht mitunter die Jumeirah Archaeological Site auf, eine Ausgrabungsstätte in Jumeirah. Verzichten sollte man aber darauf, spontan in ein Taxi zu steigen: Die Fahrer haben keine Ahnung, wo diese Stätte liegen könnte, und man kurvt endlos herum. Und dann ist die Ausgrabungsstätte meist verschlossen. Wenn man doch hinein darf, ist man eher enttäuscht von der geringen Ausdehnung und der dürftigen Zurschaustellung einiger weniger, 50 Zentimeter hoher Grundmauern. Besser, man geht ins Dubai-Museum.

Jumeirah Beach

che Atmosphäre genießen. Gar nicht einmal so teuer ist es in den beiden Innenhöfen, nämlich »The Courtyards« genannten und im traditionellen arabischen Majlis-Stil mit Sitzkissen und Zelten eingerichteten, offenen Lounges. Nur abends geöffnet, werden hier Tee- und Kaffeespezialitäten offeriert sowie heiße und kalte *Mezze*, arabische Vorspeisen. Wer mag, der kann nicht nur durch die öffentlich zugänglichen Bereiche im Erdgeschoss schlendern, sondern auch durch die üppig eingewachsenen und mit Tausenden von Lichtern illuminierten Gärten spazieren oder durch das Hotel an den Strand gehen.

Unterwegs im »Royal Mirage«

»The Rooftop Terrace« wiederum ist der Name eines einzigartigen Nachtclubs: Umgeben von arabischen Kuppeldächern, inmitten von üppigen Sitzkissen, unter einem Pavillon oder unter dem freien Sternenhimmel sitzt man auf der Dachterrasse des »Arabian Court«, schaut auf das Meer und die davorliegenden Parkanlagen des Hotels. Im Bereich des »Royal Mirage« wird die Jumeirah Road zur Al-Sufouh Road, benannt nach dem entsprechenden Stadtteil, und von hier aus zweigt auch der »Stamm« der künstlichen Palmeninsel The Palm Jumeirah ins Meer ab.

Golfen am Golf

Ganz in der Nähe liegt auch der Emirates Golf Club. Der älteste Golf Club der gesamten Region wurde bereits 1988 als 18 Loch Par 72 eröffnet. Zum Wahrzeichen entwickelte sich das Clubhaus, mehrere an Beduinenzelte erinnernde Konstruktionen aus Stahl und Glas, die die sieben Scheichtümer repräsentieren sollen. Zum älteren *Kurs, The Majlis* genannt, kam auf dem 200 Hektar großen parkartig angelegten Gelände im Jahr 1995 noch

AUTORENTIPP!

DUFTENDE MITBRINGSEL UND LATTE MACCHIATO IM LIME TREE CAFÉ

Auch, wenn es mittlerweile mehrere »Lime Trees« in Dubai gibt: das an der Jumeirah (Beach) Road in einer Villa untergebrachte Café hat für *Expatriates* Kultcharakter. Es lockt eine Vielfalt an Kaffee- und Teespezialitäten sowie an Chutneys und Cookies zum Mitnehmen – ganz zu schweigen von den hausgemachten Kuchen. Der Renner ist der *carrot cake* (Karottenkuchen): Bestellen, im Mund zergehen lassen und genießen! Schon zum Frühstück füllt sich das Café, man sucht sich selbst am Tresen das Gewünschte aus, das dann an die Tische (auch im Freien) gebracht wird. Neben Brunch und vegetarischen Mittagsgerichten gibt es Snacks, Suppen und Salate. Gleich nebenan lädt die Jumeirah-Moschee zur Besichtigung ein.

The Lime Tree Café. Tgl. 7.30–18.30 Uhr, Jumeirah Beach Road, Tel. 04/325 63 25, www.the limetreecafe.com, Metro: World Trade Centre

JUMEIRAH

Oben: Inmitten der Stadt: Dubai Emirates Golf Club
Unten: Großartige Jumeirah Mosque

eine weitere 18-Loch-Anlage dazu. Der Faldo Course genannte Platz fasziniert u.a. durch ein künstlich gestaltetes Wadi, ein ausgetrocknetes Flussbett. Und nachhaltig beeindruckend sind auch die Panoramablicke, die Golfer beim Abschlag auf die umgebende Skyline Dubais genießen, spektakuläre Hochhäuser und Wolkenkratzer, die die grüne Oase umgeben.

Shoppen im Palazzo

Erste Adresse für Shopping entlang der Jumeirah Road ist die Mercato Mall, ein im Stadtvergleich eher kleineres Einkaufszentrum, das jedoch besonders aufwendig gestaltet ist und ein reichhaltiges, gleichwohl übersichtliches Angebot an Boutiquen bietet. Das Thema stellt hier Italien dar, wobei ein von *Palazzi* umgebener Marktplatz, wie man ihn in der Toskana findet, Pate stand. Architekturliebhaber verweisen jedoch gern darauf, dass das Äußere eine kuriose Mischung aus italienischem *Palazzo* und arabischem Palast darstelle, eine an Walt Disney erinnernde Mischung. Die Besucher freuen sich lieber über die von Licht durchfluteten Gänge der Shopping Mall, das durch eine gewaltige Kuppel in das Innere fällt und zur hellen, freundlichen Atmosphäre beiträgt.

Jumeirah Mosque

Dubais – neben der Grand Mosque – berühmteste Moschee befindet sich gleich zu Anfang der Jumeirah Road, nämlich am stadtnahen Hafen Port Rashid. Ein zweifellos wunderschönes Bauwerk, geprägt durch seine zahlreichen Kuppeln und zwei Minarette im zarten Elfenbeinweiß und aus Kalkstein erbaut. Der erhabene Eindruck, den das Bauwerk tagsüber macht, wird noch übertroffen, wenn nach Sonnenuntergang eine kunstvolle Beleuchtung ein grandioses Spiel mit Licht und

Jumeirah Beach

Extrakarte

Von Palm Strip Mall bis Palm Jumeirah. Auf dem Weg an der Jumeirah (Beach) Road nach Südwesten muss man ab und zu ein Taxi nehmen.

Ⓐ Palm Strip Shopping Mall – Eher kleines Shopping Center, das gleichwohl über einige schöne Cafés verfügt.

Ⓑ Jumeirah Mosque – Die bereits tagsüber auffällige Moschee wird nach Sonnenuntergang zur auffälligen *Landmark* (Wahrzeichen) der Gegend, Sa–Do 10 Uhr, Führungen 75 Min., Jumeirah Road, Ecke 17B Street, Jumeirah 1, Metro: World Trade Centre

Ⓒ Jumeirah Open Beach – Der Strand bietet auch Duschen und einen Imbiss.

Ⓓ Mercato Mall – Die auffällig gestaltete Mall mit edlen Cafés und Selbstbedienungsrestaurants. Tgl. 10–22 Uhr, Jumeirah Road, Jumeirah 2, www.mercatoshoppingmall.com, Metro: Financial Centre

Ⓔ Jumeirah Beach Club – Breiter, feinsandiger Strandabschnitt mit Palmen, Café und Restaurant für alle. Jumeirah Beach Hotel, tgl. 7–23 Uhr (Mo nur Frauen und Kinder), Eintritt 5 Dh, pro Auto 20 Dh, Jumeirah Road, Jumeirah 2, Tel. 04/349 35 55, Metro: Business Bay

Ⓕ Majlis Ghorfat Umm al-Sheif – Einst Sommerresidenz des damaligen Herrschers und heute auch Sommerresidenz. Die Anlage ist von schicken Vorstadtvillen umgeben. Sa–Do 8.30–20.30 Uhr, Fr 15.30–20.30 Uhr, Jumeirah Road, Umm Suqeim (Jumeirah 3), Metro: Noor Islamic Bank

Ⓖ Burj Al Arab mit Wild Wadi – Die Architekturikone entlang des Jumeirah Beach. Der nebenan liegende Wasserpark ist im arabischen Stil gestaltet. Wild Wadi, Nov.–Feb. 10–18 Uhr, Sept., Okt., März–Mai 10–19 Uhr, Juni–Aug. 10–20 Uhr, Eintritt 235 Dh, Kinder (bis 110 cm Körpergröße) 175 Dh, Jumeirah Road, Jumeirah (neben dem Burj Al Arab), Tel. 04/348 44 44, www.jumeirah.com

Ⓗ Madinat Jumeirah – Die aus *einem Suk* (Ladengassen) und mehreren Hotels, Restaurants und Cafés bestehende Anlage ist durch Wasserwege miteinander verbunden.

Ⓘ Gateway Towers Station – Hier besteigt man die Monorail-Bahn, um nach Palm Jumeirah zu fahren.

AUTORENTIPP!

AUSZEIT VOM LÄRM DER CITY: JEBEL ALI GOLF RESORT & SPA

Ganz im äußeren Süden von Jumeirah Beach, nämlich bei der gleichnamigen Freihandelszone, liegt ein renommiertes Strandhotel, dass seit Jahren nicht nur seine Stammgäste erfreut, sondern für viele, die in Dubai leben, ein fantastisches Refugium ist. Umgeben von weitläufigen Grünanlagen und einem 9-Loch-Golfplatz kann man sich hier der Illusion hingeben, in einem tropischen Paradies Urlaub zu machen. Die Mega-Metropole ist weit weg, und man genießt den 800 m langen Sandstrand. Über das weitläufige Gelände laufen Pfauen und Fasane, fliegen exotische Vögel, daneben gibt es einen Reitstall mit Unterricht für Kinder und erfahrene Reiter sowie einen Streichelzoo. Ein zweistöckiges Spa und ein eigener Jachthafen runden das Angebot ab, ebenso wie mehrere schöne Restaurants, in denen am Wochenende Livemusik geboten wird.

Jebel Ali Golf Resort & Spa. Sheikh Zayed Road, Jebel Ali, 45 km südwestlich von Dubai-Stadt, Tel. 04/883 60 00, www.jaresortshotels.com, Metro: Jebel Ali

Clubhaus im Dubai Emirates Golf Club

JUMEIRAH

Schatten bietet und besonders die reliefartigen Verzierungen der Kuppeln hervortreten. Kein Wunder, dass die 1979 errichtete Jumeirah Mosque als schönste unter den vielen Moscheen Dubais gilt.

Mehrmals pro Woche veranstalten Mitarbeiter des Sheikh Mohammed Centre for Cultural Understanding (SMCCU) Führungen durch das Innere der Moschee. Tatsächlich ist das Interesse der Besucher sehr groß, da sich hier eine der seltenen Gelegenheiten bietet, als Nicht-Moslem ein islamisches Gotteshaus zu betreten. Bei den sehr empfehlenswerten Führungen (Fotografieren ist erlaubt) bekommt man u.a. jenen Platz gezeigt, den der Imam beim Gebet am Freitag einnimmt; dieser Mihrab genannte Platz zeigt die Richtung an, in der gebetet wird, nämlich stets Richtung Mekka, jene Richtung, in die sich ein Moslem beim Betreten einer Moschee das erste Mal verneigt. Die meisten Besucher genießen die Möglichkeit, nicht nur eine Moschee von innen zu sehen, sondern auch so manche, ansonsten mit Tabus belegte Frage – zum Islam und der Rolle von Männern und Frauen – zu stellen, auf die Mitarbeiter des SMCCU interessiert eingehen.

Ein Tag am Strand

Wer den feinsandigen Strand am Jumeirah Beach genießen möchte und nicht in einem der dortigen Strandhotels untergebracht ist, hat die Möglichkeit, dort formlos eine Tagesmitgliedschaft zu beantragen. Dafür genießt man dann das Privileg, bis Sonnenuntergang die luxuriöse Infrastruktur der Fünfsterne-Strandhotels in Anspruch nehmen zu können, d.h., neben den Liegestühlen mit Badehandtüchern am Strand kann man es sich am edel designten Poolbereich gut gehen lassen. Günstiger und nicht ganz so exklusiv ist der Be-

Jumeirah Beach

such des Jumeirah Beach Park, einer öffentlichen Parkanlage mit Palmen, Café und Fast-Food-Restaurants. Hier treffen sich an den Wochenenden auch die zahlreichen aus Europa stammenden *Expatriates* mit ihren Kindern, leihen sich Kajaks und Surfbretter aus, schwimmen oder genießen die gepflegte Parkanlage.

Ausgehen inklusive Sightseeing

Die Restaurants, untergebracht in den Hotels am Jumeirah Beach, gehören zu den besten und bekanntesten der Stadt, Gourmet-Tempel wie das »Celebrities« im Hotel »The One & Only Royal Mirage« oder das »Beachcombers«, ein vorzügliches Strandrestaurant im »Jumeirah Beach Hotel«, einem Luxus-Resort, dessen Form einer gigantischen stilisierten Welle nachempfunden wurde. Eine *In*-Adresse ist bei vielen *Expatriates* auch die auf dem Oberdeck des dortigen Marina-Restaurants liegende »Club Lounge 360°«, die einen spektakulären Blick auf das Meer und die Skyline der Stadt ebenso wie auf den Burj Al Arab ermöglicht.

Lange bevor Touristen die Strände eroberten, befand sich am Jumeirah Beach ein kleines Sommerhaus, das von Sheikh Rashid Bin Saeed al-Maktoum im Jahr 1955 errichtet wurde. Da diese eher bescheiden anmutende Residenz auch dazu diente, männliche Gäste zu empfangen, bekam sie den Namen »*Majlis* (Versammlungsraum) Ghorfat Umm al-Sheif«. Heute ist das Haus ein Museum, das Besucher mit der im gesamten arabischen Raum verbreiteten Institution eines *Majlis* vertraut macht. Im ersten Stock, wo große Teppiche den Boden bedecken, nahmen die geladenen Herren auf Sitzkissen Platz und wurden vom Hausherrn, in diesem Fall dem Herrscher des Emirats, persönlich bewirtet. Anschließend besprach man Angelegenheiten, die einem auf dem Herzen lagen.

AUTORENTIPP!

VORFAHRT IM FERRARI

Ferrari, Lamborghini und Maserati, Jaguar, Bentley und Rolls Royce sowie Autos der deutschen Oberklasse: Dubai ist ein Paradies für Autofans, d.h. für Männer. Nirgendwo sonst auf der Welt bekommen man so viele teure und exotische Wagen zu Gesicht wie in diesem Emirat. Bühne der erlesenen Stücke sind die Fünfsternehotels von Jumeirah. Besonders an Donnerstagabenden lieben es die Emiratis, mit ihren Prachtstücken vorzufahren. *Valet Parking* ist angesagt, und bis sich ein Hotelangestellter findet, der die Edelkarossen in die Garage bringt, kann man sie diskret und doch aus nächster Nähe inspizieren. Häufig parken die *Locals* ihre Luxussymbole, ob Hummer in Rosafarben (US-Geländewagen) oder Mercedes SLS AMG – der mit den Flügeltüren – auch einfach vor dem Eingang. Anschließend gönnt man sich im Hotel einen alkoholfreien *Sundowner* (Drink zum Sonnenuntergang).

Infos und Adressen

SEHENSWÜRDIGKEITEN

Majlis Ghorfat Umm al-Sheif. Sa–Do 8.30–20.30 Uhr, Fr 15.30–20.30 Uhr, Jumeirah Road, Umm Suqeim (Jumeirah 3), Metro: Noor Islamic Bank

ESSEN UND TRINKEN

Beachcombers. Unmittelbar am Strand gelegenes Restaurant, beste asiatisch inspirierte Küche, großes Dessert-Buffet, eine herrliche Adresse auch für den »Friday-Brunch«, der hier nicht nur freitags, sondern auch samstags zelebriert wird. Tgl. 7.30–11.30, 12.30–16, 19-23.30 Uhr, Montagabend geschl., im Jumeirah Beach Hotel, Jumeirah Road, Umm Suqeim, Tel. 04/406 89 99, www.jumeirah.com, Metro: First Gulf Bank

Rückzugsort auf dem Golfplatz

Celebrities. Abends speist hier gern die arabische Prominenz. Tgl. 8–10.30, 19–23 Uhr, Hotel The One & Only Royal Mirage, Al-Sufouh Road, Al-Sufouh, Tel. 04/399 99 99, www.royalmirage.oneandonlyresorts.com, Metro: Nakheel

Fiesta World Café. Hier trifft man sich nach dem Shopping in sonniger Atrium-Atmosphäre auf einen Kaffee wie zum Essen (mexikanische, asiatische ebenso wie italienische Spezialitäten). Tgl. 10–22 Uhr, Jumeirah Road, Jumeirah 2, www.mercatoshoppingmall.com, Metro: Financial Centre

The Lime Tree Café. Altbewährte Adresse für europäische *Expatriates* mit Kultcharakter. Tgl. 7.30–18.30 Uhr, Jumeirah Road (neben der Jumeirah-Moschee), Jumeirah 1, www.thelimetreecafe.com, Metro: World Trade Centre

ÜBERNACHTEN

Holiday Inn Express Internet City. Das Zweisternehotel ist eine preiswerte Option mit kostenlosem Frühstücksbuffet, Fitnesscenter und Business-Service-Leistungen gegen Gebühr. Tecom Zone, Knowledge Village, Dubai Internet City, Tel. 04/427 55 55, www.ihg.com/holidayinnexpress, Metro: Internet City

Jumeirah Beach Hotel. Das besonders bei Familien mit jüngeren Kindern beliebte Hotel garantiert unbeschwerte Strandatmosphäre und luxuriöse Umgebung, die Auswahl der Restaurants und Cafés ist fantastisch. 600 Zimmer und 15 Restaurants. Jumeirah Road, Umm Suqeim, Tel. 04/348 00 00, www.jumeirah.com, Metro: First Gulf Bank

One & Only Royal Mirage. Nach wie vor für viele die schönste Adresse Dubais, weil romantisch und luxuriös zugleich, designt und ausgestattet mit Hingabe zum kleinsten Detail. Al-Sufouh Road, Al-Sufouh, Tel. 04/399 99 99, www.royalmirage.oneandonlyresorts.com, Metro: Nakheel

Radisson Blu Media City. Stilvoll designtes Viersternehotel, dessen Restaurants und Terrassen-Cafés gesellschaftliche Treffpunkte des Viertels darstellen. Vorzügliches Wellnesscenter sowie Spa. Dubai Media City, Tel. 04/366 91 11, www.radissonblu.com, Metro: Nakheel

Westin Mina Seyahi Beach Resort. Das renommierte palastartige Strandhotel hat 300 Zimmer mit klassischem, dezentem Dekor und einen großen Balkon zum Meer. Al-Sufouh Road, Al-Sufouh, Tel. 04/399 41 41, www.westinminaseyahi.com, Metro: Nakheel

Jumeirah Beach

AKTIVITÄTEN

Emirates Golf Club. Der bereits 1988 geschaffene 18-Loch-Majlis-Course wurde erst kürzlich von der Zeitschrift *Golf World* als einer der *Top 100 Courses of the World* bezeichnet. 2006 wurde auf dem Gelände des Emirate Golf Club zudem noch die nach Golferlegende Nick Faldo benannte und von ihm designte 18-Loch-Anlage Faldo Course (ebenfalls Par 72) eröffnet, sodass heute 36 Löcher gespielt werden können. *Greenfee* 18 Loch ab 400 Dh, The Greens, New Dubai, E11 Ausfahrt 35, Tel. 04/380 22 22, www.dubaigolf.com, Metro: Nakheel

AUSGEHEN

360°Bar. Der Club wurde drei Jahre in Folge vom britischen *DJ Magazine* unter die 100 besten Clubs der Welt gewählt. So–Mi 17–2 Uhr, Do, Sa 17–3 Uhr, Fr 16–3 Uhr, Jumeirah Beach Hotel, Jumeirah Road, Umm Suqeim, Tel. 04/406 89 99, oder 566 826 617, E-Mail: JBHboxoffice@jumeirah.com, www.jumeirah.com, Metro: First Gulf Bank

Barasti Bar. Dubais bekannteste Beach Bar. Exotische Strandatmosphäre mit Holzterrassen und Palmblattdächern, Lieblingsadresse vieler *Expatriates* für einen *Sundowner* (Drink zum Sonnenuntergang), nachmittags ideal, um bei leichten Gerichten und barfuß den Blick aufs Meer zu genießen. Tgl. 11–2 Uhr, Le Meridien Mina Seyahi Resort, Al Sufouh Road, Jumeirah, Tel. 04/399 33 33, www.barastibeach.com, Metro: Dubai Marina

Oeno Wine Bar. Hier isst und trinkt man in der Atmosphäre eines urbanen Bistros. Wer am Montag zwei Gläser eines Weines bestellt, bekommt den Rest der Flasche gratis und am Dienstag sind die Damen im Vorteil, denn dann ist Lady`s Night. So–Mi 17–1.30 Uhr, Do, So 17–2.30 Uhr, Fr 12–2.30 Uhr, The Westin Mina Seyahi, Al-Sufouh Road, Al-Sufouh, Tel. 04/399 41 41, Metro: Nakheel

EINKAUFEN

O'de Rose. Fröhlich-fantasievolle Mode und regionales Kunsthandwerk – neben Schmuck und orientalischen Lampen auch reich verzierte Holztruhen und andere inspirierend in Szene gesetzte Einrichtungsgegenstände. Hier macht schon ein Besuch gute Laune. Sa–Do 9–19 Uhr, Al Wasl Road, 999, Um Suqueim, Tel. 04/348 79 90, www.o-derose.com, Metro: Dubai Marina

INFORMATION

Sheikh Mohammed Centre for Cultural Understanding (SMCCU). So–Do 9–18 Uhr, Sa 9–13 Uhr. Al-Seef Road, Bastakiya Heritage Area, Tel. 04/353 66 66, www.cultures.ae, Metro: Al-Fahidi

»Dubai Jumeirah Beach Hotel«

JUMEIRAH

16 Burj Al Arab
Hotel mit sieben Sternen

Der »Arabische Turm« ist nicht nur das Wahrzeichen Dubais, sondern beherbergt auch eines der höchsten Hotels der Welt. Die Eröffnung zur Jahrtausendwende (1. Dezember 1999) markierte den Aufstieg Dubais zur Destination mit auffälligen Luxushotels. Nicht nur die Ausstattung des Hauses ist spektakulär, auch dessen Lage: auf einer eigenen kleinen Insel ragt die Silhouette eines gigantischen Segels 280 Meter vom Festland entfernt über dem Meer auf.

Tagsüber zeigt sich der an ein Segel im Wind erinnernde Hotelturm in blau-weißer Farbe, nach Sonnenuntergang ist er prächtig illuminiert, im Minutentakt wechselnde Farben und Lauflichtbilder offenbaren ein künstlerisches Schauspiel, inszeniert von Meistern ihres Fachs. Dann genießen die Besucher der umliegenden Bars und Hotels den grandiosen Ausblick auf das Hotel, das den

Oben: Nur als Hotelgast oder mit Reservierung im Restaurant darf man ins Foyer des »Burj Al Arab«.
Unten: Suite im »Burj Al Arab«

MAL EHRLICH

GEDRÄNGE IM WASSERPARK

Wild Wadi, der neben dem »Burj Al Arab« liegende Wasserpark, bezaubert auf Fotos durch seine stilsichere Gestaltung: Wasserrutschen, die durch Wüstenwadis verlaufen oder sich von Burgen hinabstürzen. An Wochenenden herrscht aber sehr viel Gedränge, und nur Kinder genießen dann den Rummel. Deshalb sollte man lieber von Sonntag bis Donnerstag hierherkommen. Und zur Qual kann ein Besuch von Wild Wadi in den Sommermonaten geraten, selbst nach Sonnenuntergang ist es dann noch zu heiß zum Spaßhaben.

Burj Al Arab

meisten verschlossen bleibt. Ein *Visitor Center* (Besucherzentrum) fängt nämlich jeden, der nicht im Hotel wohnt oder dort ein Essen bzw. eine Behandlung im Spa reserviert hat, an einer Schranke etwa 150 Meter vor dem Eingang ab. Und nur wer zum Kreis der Hotelgäste gehört und wem es wert ist, einen stolzen Übernachtungspreis zu entrichten, kann beurteilen, ob die Bezeichnung vom Siebensternehotel angemessen ist – obwohl fünf Sterne in der internationalen Bewertung bereits das Höchste sind.

Ehrgeizige Rekorde

Superlative benutzen Reisemagazine weltweit, wenn sie Burj Al Arab beschreiben. Bereits die Baukosten von geschätzten 1,5 Milliarden US-Dollar sprengen die üblichen Dimensionen. Über zwei Jahre dauerte es, bis die Arbeiten an der künstlichen Insel abgeschlossen waren. 45 Meter tief wurden die stählernen Stützpfeiler in den Meeresboden gerammt, um zu gewährleisten, dass das 320 Meter hohe Hotel (etwa die Höhe des Eiffelturms) einen sicheren Stand hat.

Wer das Hotel betritt, merkt, dass die Bezeichnung Hotellobby hier eher fehl am Platz ist, angesichts einer 180 Meter hohen Halle, die eher an eine Kathedrale erinnert – eine Kathedrale, in der Sonnenstrahlen und Gold um die Wette funkeln. Tatsächlich bedeckt eine Goldauflage die Säulen und Baldachine, die wie Waben in einem Bienenkorb hervorragen und die oberen Geschosse anzeigen. »Fühlen Sie sich wie zu Hause« – diesen Hinweis kann es im »Burj Al Arab« nicht geben, denn hier hat der Gast eher den Eindruck, als sei er auf einen anderen Stern katapultiert worden. Etwa wenn man auf Rolltreppen hinaufschwebt und plötzlich neben einem gewaltige Wasserfontänen in die Höhe schießen. Logiert wird in

AUTORENTIPP!

HIGH TEA IN DER SKYVIEW BAR

Das lieben die Dubaier: sich in 200 Metern Höhe und im 27. Stock des »Burj Al Arab« zum *Sky Tea* (Nachmittagstee wie im Himmel) treffen, inklusive eines Glases Champagner, frischer *Scones* (englisches Teegebäck), Patisserien etc. (ca. 450 Dh). Was einen sonst noch erwartet? Ein Design, das an Gianni Versace erinnert mit einer Prise *Starwars*-Feeling. Der Ausblick ist kaum zu toppen: Man hat das Gefühl, man schwebt und blickt wie ein Adler auf den Arabischen Golf und The Palm Jumeirah, die künstliche Insel. Man bucht (oft Wochen vorher) und bekommt eine Uhrzeit genannt, zu der ein Tisch (am besten mit Blick über Dubai) reserviert wird. Dann kommt man etwa eine Stunde vorher im Hotel an, genießt das Ambiente im Foyer ausgiebig, bevor man in den Aufzug steigt.

Skyview Bar. Tgl. 12–2 Uhr, Burj Al Arab, Tel. 04/301 76 00, E-Mail: BAArestaurants@jumeirah.com, www.burj-al-arab.com

JUMEIRAH

Suiten, die in der Standardversion 170 Quadratmeter groß sind, über zwei Stockwerke reichen und deren Ausstattung ein hochkarätiges Designerteam mehrere Jahre beschäftigte. Die Materialien sind edel ohnegleichen.

Alles andere als Understatement

Auch die Hotelgäste – viele aus der arabischen Welt, aus Russland und China – müssen es mögen, in Prunk und Protz zu schwelgen. Das beginnt bereits bei der Anreise ins Hotel. Einige nehmen den Helikopter – und landen in 200 Metern Höhe auf einer Außenplattform des Hotelturms (weltweit bekannt aus TV und Zeitschriften, weil auf dem Heliport schon Tennismatches ausgetragen wurden sowie Modeschauen stattfanden). Eine andere Möglichkeit der Anreise ist die per Jacht, oder man fährt mit dem Auto vor, in diesem Fall schickt das Hotel einen seiner vielen Rolls Royce. Das »Burj Al Arab« ist Teil der Jumeirah Group, einer internationalen Luxushotelgruppe, die einige der teuersten und schönsten Hotels des Emirats besitzt, und gehört Sheikh Mohammed Bin Rashid al-Maktoum, dem Emir von Dubai.

Per U-Boot ins Restaurant

Oben: Eingangsbereich mit Blick auf unzählige Zimmertüren
Mitte: Bad zu einer Suite
Unten: Eingang ins Restaurant Al Sahara (U-Boot)

So außergewöhnlich wie Architektur und Design des Hotels ist auch das »Al-Mahara«, ein Fischrestaurant der besonderen Art. Eine dreiminütige Fahrt im Fahrstuhl wurde als Tour im Unterseeboot designt, um gefahrlos in Neptuns Reich zu gelangen. Von den Tischen blickt man auf ein gewaltiges Aquarium, das die gesamte Wandhöhe einnimmt: eine faszinierende Unterwasserwelt – wie man sie in natura so kaum zu sehen bekommt. Was auf die Teller kommt? Fisch und Meeresfrüchte – nichts für sensible Gemüter!

Burj Al Arab

Infos und Adressen

ESSEN UND TRINKEN

Al-Iwan. Inmitten des »höchsten Atriums der Welt« speist man arabisch zwischen vergoldeten Säulen, genießt tagsüber den Blick aufs Meer, abends Kerzenlicht. Wer hier nicht zufrieden isst, muss an sich arbeiten. Tgl. 12–15.30, 18–24 Uhr (mit Dresscode). Burj Al Arab, 1. Etage, Tel. 04/301 76 00, www.burj-al-arab.com, E-Mail: BAArestaurants@jumeirah.com

Al-Mahara. Essengehen als Erlebnis, umgeben von riesigen Aquarien und futuristisch-opulentem Design. Auf der Speisekarte: Fisch und Meeresfrüchte, eines der teuersten Restaurants des Emirats. Tgl. 12.30–15, 19–24 Uhr (mit Dresscode), Burj Al Arab, Erdgeschoss, Tel. 04/301 76 00, www.burj-al-arab.com, E-Mail: BAArestaurants@jumeirah.com

Al-Muntaha. Im »Sky View Restaurant« im 27. Stock und in 200 m Höhe serviert man moderne europäische Küche, gut und zu hohen Preisen. Unbedingt einen Fensterplatz reservieren! Besonders ist der Blick, deshalb bei der Reservierung auch nach einem Fensterplatz fragen. Di–So 20–24 Uhr, So 10–16 Uhr mit Jazzband. Tgl. 12.30–15, 19–24 Uhr (mit Dresscode), Burj Al Arab, 27. Etage, Tel. 04/301 76 00, www.burj-al-arab.com, Reservierung BAArestaurants@jumeirah.com

Bab al-Yam. Im Freien und am Pool spürt man leichte Brisen und hört das Meer, dazu bedient man sich vom international ausgerichteten Bufett. Tgl. 7–11, 12.30–15.30, 19–23.30 Uhr. Burj Al Arab, Erdgeschoss, Tel. 04/301 76 00, E-Mail: BAArestaurants@jumeirah.com, www.burj-al-arab.com

AKTIVITÄTEN

Assawan Spa & Health Club. Tgl. 6.30–22.30 Uhr, Behandlungen 9–21 Uhr; eine Welt für sich: auf zwei Etagen und im 18. Stock warten ein Infinity Pool, Fitnesscenter sowie für Damen und Herren getrennte Spa-Bereiche. Das Design ist eine Mischung aus Versace und Arabien, Ruhe und Wohlgerüche prägen die Atmosphäre.
Tel. 04/301 73 38, E-Mail: BAAassawan@jumeirah.com, www.jumeirah.com

INFORMATION

Burj Al Arab. Tel. 04/301 77 77, E-Mail: baainfo@jumeirah.com, www.burj-al-arab.com

Suite im »Burj Al Arab«

JUMEIRAH

17 Madinat Jumeirah
Arabisches Venedig

Palmen rauschen leise, eine sanfte Brise kräuselt die Wasseroberfläche und die elektrisch betriebene *Abra* (Wassertaxi) setzt sich in Bewegung; passiert werden arabisch aussehende Paläste mit gewaltigen Windturmaufbauten und hölzernen Fenstergittern – Luxushotels, die in Dubai neue Maßstäbe setzen und zeigen, dass die lokale Architektur auch in neuer, modernisierter Form konkurrenzlos schön ist.

Die Anlage nennt sich »Madinat Jumeirah«, nämlich Stadt Jumeirah, und offenbart bereits die Vision ihrer Erbauer, viel mehr zu sein als nur ein Luxusresort. Gelegen am Jumeirah Beach neben dem »Burj Al Arab« und dem einer stilisierten Welle nachempfundenen »Jumeirah Beach Hotel« thronen die Gebäude, umgeben von Wasserwegen sowie einem *Suk* im alt-arabischen Stil. Eine autarke orientalische Urlaubsoase, die zu den edelsten Dubais gehört und eine Attraktion für sich darstellt. Das bislang größte touristische Projekt der noch

Eine Welt für sich: Madinat Jumeirah

MAL EHRLICH
KOSTENPFLICHTIGE FAHRT MIT DER ABRA
Wer in den Hotels von Madinat Jumeirah wohnt oder in einem nur mit der *Abra* zu erreichenden Restaurants reserviert hat, kann kostenfrei mit dem Wassertaxi unterwegs sein. Besucher können sich diesen netten Transport-Service durch eine Gebühr sichern. Gut für alle, die auf Disneyland stehen. Eine Fahrt mit der »richtigen« *Abra* auf dem Creek ist da eindeutig vorzuziehen. Und: besser, man sitzt auf einer der Restaurantterrassen und gibt das Geld (70 Dh) lieber für ein Essen aus.

Madinat Jumeirah

jungen Luxushotelkette Jumeirah Group – im Besitz der Herrscherfamilie – wird gegenwärtig noch erweitert.

Ein arabischer Hotelpalast

Das Zentrum der aus drei Hotels bestehenden Anlage ist »Al-Qasr«, der Palast, Neuinterpretation eines traditionellen arabischen Herrscherpalastes – ein gewaltiges, in sanftem Elfenbeinweiß leuchtendes Ensemble mit aufgesetzten Windtürmen, stilisierten Zinnen, Dachverzierungen sowie diversen Türmen und Türmchen. Das auf einer kleinen Anhöhe thronende Bauwerk erreicht man über eine von Palmen gesäumte Auffahrt, während auf der rückwärtigen Seite von »Al-Qasr« Zugang zu den Wasserwegen besteht. Beim Betreten fühlt man sich in eine andere Welt versetzt. Doch tatsächlich offenbart erst das Innere den eigentlichen verschwenderischen Luxus. Jedes noch so kleine, unbedeutende bauliche Detail wurde aufwendig und erlesen gestaltet, von den glänzenden, mit Intarsien versehenen Granitböden, bedeckt von edlen, teilweise antiken Perserteppichen, den Hunderten von mit Schnitzereien versehenen Türen, den gedrechselten Säulen, mit Bordüren, Malereien und den mit Stuck verzierten Wandnischen.

Windturmpalast – auf Arabisch »Mina A'Salam« (Hafen des Friedens), so heißt das zweite Hotel von »Madinat Jumeirah«, das Arabienkenner an die Lehm-Hochhausarchitektur im südjemenitischen Shibam erinnert. Dritter im Ensemble des »Madinat Jumeirah« ist »Dar al-Masyaf«. Das Haus am Wasser besteht aus doppelstöckigen Villen, die traditionellen arabischen Sommerhäusern nachempfunden sind, beeindruckende Windtürme besitzen und an die Lagunen und Wasserkanäle bzw. an den Strand angrenzen.

AUTORENTIPP!

TRILOGY – CLUB DER EXTRAKLASSE

Am Eingang zum Souk Madinat Jumeirah befindet sich auch der Eingang zu einem der besten Clubs Dubais. Auf drei Ebenen (Mainroom, Studio und Rooftop genannt) sorgt die Crème de la crème der internationalen DJs für Stimmung. Araber (in westlicher Kleidung), Promis und junge Reiche reservieren Sitzplätze im abgeschirmten VIP-Bereich, ordern Softdrinks und dazu flaschenweise Hochprozentiges ab 500 Euro aufwärts. Auf das Budget bedachte Besucher genießen bei einem Drink die sagenhafte Stimmung des edlen Etablissements und besonders den Blick vom Rooftop, der Dachterrasse, auf den Burj Al Arab.

Trilogy. Mo–Sa 22–3 Uhr, Eintritt 100 Dh, Souk Madinat Jumeirah, Tel. 04/366 88 88, www.jumeirah.com

Auf Wasserwegen nähert man sich den Hotels im Madinat Jumeirah.

JUMEIRAH

Ausgehen

Das ganze Jahr über sind die vielen Restaurants und Cafés, Bars und Shops von Madinat Jumeirah bevorzugtes Ziel der Dubaier, besonders in den Abendstunden, weil dann die Bauwerke, Lagunen und Gassen stimmungsvoll beleuchtet sind.

Wie sieht ein gelungener Besuch hier aus? Man lässt sich mit dem Taxi zum Souk Madinat Jumeirah bringen, bummelt durch die schmalen Gassen des (klimagekühlten) orientalischen Märchenbasars, einer – für hiesige Verhältnisse – eher kleinen und überschaubaren Anlage. In den über 70 Geschäften gibt es arabische Einrichtungs-Accessoires wie Sitzkissen, orientalische Lampen und Kerzen, Souvenirs, Schmuck und Mode; daneben locken fast zwei Dutzend Cafés und Restaurants. Besonders schön sind diejenigen, die eine Terrasse zu den Lagunen besitzen und von wo aus man z.T. auch den Blick auf den nahen »Burj Al Arab« genießen kann.

Anschließend gönnen sich einige Besucher (für Hotelgäste kostenlos) eine Rundfahrt über das fast vier Kilometer lange System der Wasserwege. Einer der beliebtesten Plätze ist die große, direkt an der Lagune liegende Terrasse des »Toscana-Restaurants«. Man sitzt unter Sonnenschirmen, zwischen Dattelpalmen, die, mit Lichterketten geschmückt, für sanfte Beleuchtung sorgen. Direkt über das Wasser gebaut ist die Terrasse von »The Wharf«, wo man Fish & Chips und andere, typisch englische Pub-Gerichte ordern kann. Grandios ist das ebenfalls zur Anlage gehörende Amphitheater, wo mitunter Arien erklingen. Zur großen Bühne wird das »Madinat Jumeirah« während des jährlichen *Dubai International Film Festival*, wenn Hollywood-Stars wie Cate Blanchett, Kristin Davies, Frieda Pinto und Kevin Spacey die Suiten der Hotels beziehen.

Oben: Windtürme und alte Bautradition
Mitte: Hochpreisiger Goldschmuck
Unten: Der Suk in Jumeirah Madinat füllt sich erst nach Sonnenuntergang.

Madinat Jumeirah

Infos und Adressen

ESSEN UND TRINKEN

Pierchic. Ein 250 m langer hölzerner Pier führt zu dem in einem Holzpavillon untergebrachten Fisch- und Meeresfrüchte-Restaurant mit Panoramablick auf die Szenerie des gesamten, illuminierten Souk Madinat Jumeirah. Tgl. 13–15, 19–23.30 Uhr, Madinat Jumeirah, Al-Sufouh Road, Umm Suqeim, Tel. 04/366 67 30, www.jumeirah.com

Toscana. Italienisches Nobelrestaurant mit Außenterrasse direkt am Wasser mit magischem Lichterglanz. Tgl. 12–24 Uhr, Souk Madinat Jumeirah, Al-Sufouh Road, Umm Suqeim, Tel. 04/366 67 30, www.jumeirah.com

The Wharf. Echt britisch: Fish & Chips und köstliche Lammgerichte, serviert auf einem Holzdeck. Tgl. 19–23.30 Uhr. Hotel Mina A'Salam, Souk Madinat Jumeirah, Al-Sufouh Road, Umm Suqeim, Tel. 04/366 67 30, www.jumeirah.com

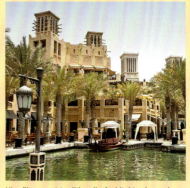

Hier überzeugt traditionelle Architektur in moderner Form.

ÜBERNACHTEN

Al-Qasr. Der »Palast« ist eines der drei zu Madinat Jumeirah gehörenden Hotels Souk Madinat Jumeirah, Al-Sufouh Road, Umm Suqeim, Tel. 04/366 88 88, www.jumeirah.com

AKTIVITÄTEN

Talise Spa. Bereits die Anfahrt ist ein kleines Erlebnis; mit der *Abra* geht es über verschlungene Wasserwege zu einer abseits gelegenen Wellness-Villa. Eigens für Jumeirah kreierte organische Produkte und andere Treatments mit orientalischer Note. Tgl. 9–22 Uhr, Madinat Jumeirah, Al-Sufouh Road, Umm Suqeim, Tel. 04/366 68 18, www.jumeirah.com

AUSGEHEN

Madinat Theatre. Musicals, Stand-up Comedy und Ballett. Souk Madinat Jumeirah, Al Sufouh Road, Umm Suqeim, Tel. 04/366 65 46, www.jumeirah.com

INFORMATION

Sirius. Tgl. 8–24 Uhr, Besucherinformation rund um Jumeirah inkl. Hotels, Spas und Aktivitäten. Tel. 04/364 75 00, E-Mail: Sirius@mysiriuscard.com, www.jumeirah.com

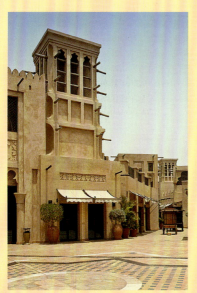

Windturmgebäude in Madinat Jumeirah

JUMEIRAH

18 The Palm Jumeirah
Künstliche Insel der Extraklasse

Es ist das erste und bislang einzige Inselprojekt, das Dubai fertigstellen konnte. Weder die größere The Palm Deira noch The Palm Jebel Ali und auch nicht The World, 270 Inseln in Form einer Weltkarte, sind bisher viel weiter als über Sandaufschüttungen hinaus gewachsen. Und deshalb genießt dieser Ort an der Küste des Stadtteils Jumeirah auch eine ganz besondere Bedeutung. Hier muss man einmal gewesen sein.

Ein 600 Meter breiter und vier Kilometer langer »Stamm« verbindet das Festland mit den insgesamt 16 »Palmwedeln«, umgeben von einem langen sichelförmigen Damm, *Crescent* (Mondsichel) genannt, der die neu geschaffenen Strände vor Wellengang schützt. Bereits 2001 begann man mit den Aufschüttungsarbeiten für eines der spektakulärsten Bauprojekte. Mit gewaltigen Schiffen und Frachtern wurden aus den Nachbaremiraten

Oben: Das Themenhotel »Atlantis« thront auf der künstlichen Palmeninsel.
Unten: Luxusvillen auf Palm Jumeirah

MAL EHRLICH

ENGE LUXUSBEBAUUNG

Eine Immobilie auf der als Achtes Weltwunder gepriesenen The Palm Jumeirah galt als Nonplusultra. Doch nach dem Hype kamen die Wirtschaftskrise und dann die Ernüchterung. Mittlerweile sind die Preise für Luxusvillen und Apartments drastisch gefallen, und wer mit offenen Augen durch die breiten Boulevards fährt, wird merken, dass auf der Insel zu wohnen auch seine Schattenseiten hat: Dicht an dicht stehen die teuren Villen nebeneinander, und wer verbindet das Paradies schon mit einem klimagekühlten Apartment im 14. Stock?

The Palm Jumeirah

Die neu geschaffene Palme sorgte weltweit für Aufsehen.

Millionen von Tonnen Felsbrocken angeliefert. Zusammen mit Sand, der mittels eines aufwendigen Verfahrens vom Meeresboden gesaugt wurde, schuf man innerhalb von zwei Jahren die ersten Konturen der Palmeninsel. Dabei galt es, diverse während der Arbeiten auftauchende Probleme zu lösen, wie beispielsweise eine mangelhafte Zirkulation des Wassers zwischen den einzelnen Palmwedeln, was zu Algen- und Bakterienbildung führte. Erst nachdem man sich entschlossen hatte, den Wellenbrecherring an mehreren Stellen zu durchbrechen, verbesserte sich die Wasserqualität. Das weltweite Interesse an Dubais neuem Projekt war gewaltig, und vielleicht auch deshalb gelang es, dass nur wenige Wochen nach Verkaufsbeginn alle Apartments und Villen ihre Besitzer gefunden hatten. Währenddessen arbeiteten teilweise über 50 000 Menschen an der Fertigstellung des ehrgeizigen Projektes, bei dem es u.a. galt, 2000 Villen zu errichten und auszustatten.

Die Eröffnungsparty

Im November 2008 wurde die Insel, deren Entstehung etwa 1,3 Milliarden Euro kostete, mit einer Riesenparty, 2000 geladenen Gästen und einem gigantischen Feuerwerk offiziell eröffnet. Urlau-

AUTORENTIPP!

HIP: DIE LOUNGE BAR 101

The Palm Jumeirah wirkt an vielen Orten zwar gepflegt, doch reichlich steril. Wenn man hingegen Platz nimmt in dieser Dining Lounge & Bar ist man glücklich: umgeben von Wasser und verweilt man in einem der schönsten Hotels der Emirate unter einem gewaltigen Segeldeck und blickt auf die Skyline der gegenüberliegenden Dubai Marina. Die Speisekarte bietet leichte Gerichte der mediterranen Küche (Gazpacho und spanische Tapas, Pasta mit Hummer und Salate) zu relativ moderaten Preisen. Genauso gut kann man auch nur etwas trinken und die Szenerie genießen. Die Gäste sind gemischt, neben solchen, die mit der privaten Jacht anlegen und Champagner ordern, gibt es Paare aus Indien, die Dubais Luxuswelt bei einem der köstlichen Desserts genießen.

101 Dining Lounge and Bar.
Tgl. 11–1 Uhr, One & Only The Palm, Tel. 04/440 10 30, thepalm.oneandonlyresorts.com

JUMEIRAH

ber, Stars und Prominente aus aller Welt reisten an, und die australische Sängerin Kylie Minogue wurde für einen Auftritt engagiert. Durch Palm Jumeirah verfügt Dubai nicht nur über 80 zusätzliche Küstenkilometer und 5,6 Quadratkilometer mehr Fläche, sondern auch über eine neue Attraktion. So gehört eine Besichtigung der künstlichen Insel – Luxusdomizil für anspruchsvolle Kunden – heute für die meisten Touristen zu einem Dubai-Aufenthalt dazu.

Hotels auf The Palm

Was Palm Jumeirah bislang einzigartig macht, ist die Palmenform und die durchgängig exklusive Bebauung. Nach und nach eröffnen Hotels im oberen Preissegment. Highlight war die Eröffnung des gewaltigen Atlantis-Themenhotels am Scheitelpunkt der Insel im Jahr 2008. Mittlerweile hat auch ein Schwesterhotel des legendären »One and Only Royale Mirage« seine Tore geöffnet und damit neue Maßstäbe gesetzt auf der Insel, in der sich bislang alles um Größe drehte und Luxus weniger individuell als vielmehr für Massen konzipiert wurde. Wer sich einmal etwas Außergewöhnliches gönnen möchte, dabei die Hektik einer durchorganisierten Urlaubstraumfabrik eher verabscheut, edles Design und exklusives Ambiente, die kleine, inspirierend ausgestattete Bibliothek und die herrlichen Gartenanlagen schätzt, findet hier sein persönliches Shangri-La. Doch auch Nicht-Hotelgäste lieben das »One & Only The Palm«, etwa wenn sie sich hier im Restaurant oder Café treffen. Ein *once in a lifetime experience* ist der Besuch im »Stay«, einem unter der Regie von Yannick Alléno (dem zur Kochelite gehörenden und als Chefkoch des Pariser Traditionsunternehmens »Le Maurice« mit drei Michelin-Sternen ausgezeichneten Franzosen) stehenden Restaurant. Kalorien zählen darf man hier nicht, denn Höhe-

Oben: Geschmackvolle Hotelanlage
Unten: Luxusjachten gehören zu Palm Jumeirah.

The Palm Jumeirah

Inseln aus der Luft

Es gibt keine bessere und eindrucksvollere Möglichkeit, Dubais Küstenlinie und die dort entstandenen bzw. in Entstehung begriffenen künstlichen Inseln zu betrachten als aus der Luft. Ein Flug mit dem Wasserflugzeug von Sea Wings ist unvergesslich, denn aus der Vogelperspektive erkennt man deutlich, was man von Land aus gar nicht überblicken kann. Wer hier noch ein Feriendomizil, ein Grundstück oder eine ganze Insel erwerben will, hat von hier oben alles bestens im Blick oder kann die Wahrzeichen der Skyline von Dubai aus nächster Nähe studieren, wie z.B. das Bauwunder Burj Khalifa. Angeboten werden die Dubai Scenic Tour und die Abu Dhabi Scenic Tour sowie Charterflüge in die Region oder bis vor die Pforten des Emirates Palace mit Wasserlandung. Buchungen über Jebel Ali Hotel Golf Resort Club Joumana, Tel. 04/883 29 99, www.seawings.ae

Ausgangspunkt: Dubai Creek Golf & Yacht Club Landesteg sowie Jebel Ali Marina
Name der Tour: Dubai Snapshot
Dauer: ca. 40 Min.
Mitnehmen: Fotoapparat, evtl. Film-Kamera, gekühltes Wasser wird im Flugzeug gereicht.

In ihren Umrissen zu sehen sind vier Inseln, von denen drei noch in der Bauphase stecken:

Ⓐ The Palm Jebel Ali – Bei der nahe des gleichnamigen Hafens geplanten Palmeninsel ist die Landaufschüttung bereits abgeschlossen; aufgrund geringer Nachfrage finden derzeit aber keine weiteren Baumaßnahmen statt.

Ⓑ The Palm Jumeirah – die fertiggestellte Palmeninsel ist heute Adresse berühmter Luxushotels und des Wasserparks Aquaventure (siehe Info & Adressen, S. 122 f.). Mit der Hochbahn Monorail kann man in wenigen Minuten auf die Insel gelangen.

Ⓒ The World Island – 270 kleine und kleinste Inseln, die die Kontur einer Weltkarte bilden und die Namen einzelner Staaten tragen; das Projekt geriet mit der Finanzkrise ins Stocken und die Inseln sind (bis auf eine) noch nicht bebaut bzw. auch noch nicht verkauft. Auch die Germany genannte Insel kann noch erworben werden.

Ⓓ The Palm Deira – Die größte der künstlichen Inseln soll eine Länge von über zwölf Kilometern haben und eine Ausdehnung von über sieben Kilometern. Hier sollen einmal 1,3 Mio. Menschen Platz finden.

AUTORENTIPP!

JOGGING IM PARK

Fühlen Sie sich wie die auf The Palm Jumeirah lebenden *Residents* (Anwohner). Der 2012 eröffnete Al-Ittihad Park verkörpert das Lebensgefühl Dubais und ist gleichzeitig umweltbewusster Vorreiter: Der zehn Hektar große Park verläuft im Bereich der Monorail zwischen den *Shoreline* und *Golden Mile Apartments* genannten Hochhäusern. Auf der zwei Kilometer langen Joggingstrecke sind ständig fitnessgestählte *Residents* unterwegs, und aus Asien stammende Nannys schieben Kinderwagen oder beaufsichtigen die Kids auf den Spielplätzen. Ganz neu in der Region: der Park kommt ohne viel Grün und Rasen aus, in der Mitte verläuft ein aus Geröll und Sand angelegtes Wadi, ein arabischer Trockenfluss. Die Bepflanzung setzt sich ausschließlich aus heimischen Arten zusammen: Wüstenblumen statt Bougainvillen.

Marina auf The Palm Jumeirah

JUMEIRAH

punkt nach einem köstlichen Essen ist der abschließende Gang zur »Pastry Library«, wo man sich wie ein Kind im zauberhaften Süßwarenladen fühlt. Tatsächlich: In Ermangelung *echter* Sehenswürdigkeiten besucht man auf Palm Jumeirah die dortigen außergewöhnlichen Hotels wie das »Jumeirah Zabeel Saray«, ein Hotelpalast im ottomanischen Stil mit einem großen Angebot hervorragender Cafés und Restaurants, der Luxus pur verspricht.

Mit der Monorail auf die Insel

Wenn man zum ersten Mal auf die Insel möchte, ist es eine hervorragende Idee, das Auto stehen zu lassen bzw. auf ein Taxi zu verzichten und stattdessen lieber mit der Monorail zu fahren. Die auf meterhohen Pfeilern entlang des »Stamms« verkehrende Bahn erlaubt einen wesentlich besseren Blick auf die Häuser und Villen, als man diesen von der Straße aus hat. Über Rolltreppen gelangt man direkt zum Bahnsteig des hochmodernen Bahnhofs, Gateway Towers genannt, der neben dem Hotel »Royal Mirage« liegt. Am besten, man steigt in den ersten Wagen der Einschienenbahn und genießt auf der rund sechs Kilometer langen Strecke einen hervorragenden Rundumblick aus der Höhe. Endstation (nach zwei Zwischenhalten) der Monorail ist das Hotel »Atlantis«, in der Mitte des *Crescent* (Mondsichel) erbaut und über einen 800 Meter langen Tunnel unter dem Meer mit der Hauptinsel verbunden. Ein besonderes Erlebnis ist sicherlich auch, The Palm Jumeirah vom Wasser aus zu erleben. Beispielsweise auf einer anderthalbstündigen Tour mit einem Schnellboot, die von der Dubai Marina Promenade aus startet. Freude an Sportbooten und keine Angst davor, mit rasanter Geschwindigkeit durch das Meer zu pflügen, sind Voraussetzung, bevor man in einem der zitronengelben Boote Platz nimmt.

The Palm Jumeirah

Infos und Adressen

ESSEN UND TRINKEN

Al-Nafoorah. Feine libanesische Küche, beeindruckendes Interieur mit dunklen Holzschnitzereien und hohen Decken. Tgl. 12.30–15, 21–24 Uhr, Hotel Jumeirah Zabeel Saray, Crescent Road West, The Palm Jumeirah, Tel. 04/453 04 44, www.jumeirah.com

Stay. Für einen besonderen Abend; formelle Kleidung erwünscht. Tgl. 19–23 Uhr, One & Only The Palm, Crescent Road West, The Palm Jumeirah, Tel. 04/440 10 00, www.thepalm.oneandonly resorts.com

ÜBERNACHTEN

Jumeirah Zabeel Saray. Orientalisch anmutendes Luxusresort direkt am Strand, mit fantastischem Blick auf den Arabischen Golf. Crescent Road West, Tel. 04/453 00 00, www.jumeirah.com

Kempinski The Palm. Opulent mit Säulen und viel Gold designtes und auf dem äußeren Ring gelegenes Strandhotel. Die luxuriösen Suiten sind zum Teil mit voll ausgestatteter Küche und großen Balkonen zum Meer bzw. zum Pool versehen. und zur Dubai Skyline. Crescent Road West, Tel. 04/444 20 00, www.kempinski.com

One & Only The Palm. Romantisch, edel und – für Dubaier Verhältnisse – von intimem Charakter. Wohnen in den Suiten der Dubai Mansions, in orientalisch inspirierten Villas oder den am Strand liegenden Strandvillas. Mit hoteleigenem Boot-Shuttle zum gegenüber auf dem Festland liegenden One & Only Royal Mirage, Crescent Road West, Tel. 04/440 10 00, www.thepalm.oneand onlyresorts.com

AKTIVITÄTEN

Speedboot. Rasante Fahrt entlang The Palm Jumeirah sowie zum Burj Al Arab. Arabian Adventures, 280 Dh, Kinder 210 Dh, www.arabian-adventures.com

INFORMATION

Monorail-Bahn. Station Palm Gateway, Gateway Towers, am Beginn der Palme, Fahrten nach Atlantis Aquaventure. Tgl. 10–22 Uhr, alle 15 Min., Ticket 15 Dh (hin und zurück 25 Dh), www.palm-monorail.com

Entspannt unterwegs mit der Monorail

JUMEIRAH

19 Atlantis und Aquaventure
Rosafarbenes Urlaubsparadies in XXL

Ruhe und Beschaulichkeit darf man hier nicht erwarten: das mit über 1500 Zimmern größte Resort der Emirate ist ein gigantisches Themenhotel: im Fünfsternepalast dreht sich alles um das Erlebnis Meer in Verbindung mit Luxus. Aktive Familien werden hier ihren Spaß haben, und gleich nebenan gibt es auch noch den bereits legendären Wasserpark Aquaventure.

Man fühlt sich schon sehr an Disneyland erinnert, wenn man zum ersten Mal das »Atlantis« genannte Bauwerk sieht: einer gewaltigen lachsfarbenen Märchenburg gleich thront das Themenhotel am äußersten Rand von The Palm Jumeirah, dem *Crescent* genannten halbmondförmigen Wellenbrecher. Wie schon das baugleiche Vorbild des »Atlantis Resort« auf den Bahamas besteht der 22-stöckige Hotelkomplex aus zwei durch einen

Unterwegs im Themenhotel »Atlantis«

MAL EHRLICH

LEID DER DELFINE
Über Kunst und Kitsch in Hotels kann man unterschiedlicher Meinung sein, doch wenn es um Lebewesen geht, hört der Spaß auf. Als im »Atlantis« ein junger Walhai ins Aquarium kam, setzten sich 2009 Tierschützer für dessen Freilassung ein. Abzulehnen ist auch die Etablierung des Delfinzentrums. Die sensiblen, intelligenten Säugetiere leiden in Gefangenschaft. Deshalb sollte man auch nicht am Schwimmen mit Delfinen teilnehmen. Nur so sind auf Gewinn bedachte Spektakel für die Betreiber nicht lohnenswert und die Tiere verbleiben im Ozean.

Hang zur Gigantomanie: »The Atlantis Hotel«

gigantischen Torbogen getrennten Haupttürmen und zwei Gebäudeflügeln. Über dem Torbogen und zwischen den beiden Türmen liegt die über 900 Quadratmeter große Bridge Suite, die von Ausmessungen und Ausstattung her Gäste aus dem arabischen Raum anzieht, die für viel Geld auf einem Tisch mit Goldauflage essen und unter einer Kuppel mit Seepferdchen schlafen wollen. Das Atlantis-Konzept stammt vom südafrikanischen Investor Sol Kerzner, dessen Hotelgruppe »Kerzner International« über eine Milliarde Euro in das Projekt investierte.

Inspiriert vom Ozean

Der Ozean ist das große, durchgängige Thema des »Atlantis«. Überall im Hotel gibt es Wasserspiele, die Säulen tragen Muschelreliefs, Türgriffe sind in der Form vom Seepferdchen gestaltet, und Lampen sehen aus wie gewaltige fluoreszierende Quallen, eine monströse, zehn Meter hohe Skulptur in der Lobby besteht gar aus 3000 ineinander verschlungenen, gläsernen Seeschlangen. Das »Atlantis«, das ist ein Hotel, das jeden beeindrucken will – und sei es auch nur durch seine Maßlosigkeit, die geballte Zurschaustellung von Reichtum und einer wilden Mischung von Designobjekten.

AUTORENTIPP!

STERNE-RESTAURANTS

Das ist echt typisch Dubai: von den 17 Restaurants des Hotels »Atlantis« sind gleich vier Inhaber von Michelin-Sternen. Dazu gehört das »Nobu« (eines von weltweit 22 Restaurants des japanischen Küchenchefs Nobu Matsuhisa). Bereits das edel und maritim gestylte Ambiente unterscheidet sich auf das Angenehmste vom überladen-kitschigen Atlantis-Stil. Geboten wird eine moderne japanische Küche, zugeschnitten auf ein internationales Publikum. So gibt es u.a. Wagyu Beef *Tacos*, Jakobsmuscheln-*Sashimi* und andere Köstlichkeiten. Im Restaurant »Rostang« wiederum fühlt man sich in eine wunderschöne traditionelle Pariser Brasserie versetzt, auf den Tellern landen die Kreationen des Zweisterne-Kochs Michael Rostang. Und im »Ossiano« lebt die Dreisterneküche des genialen, früh verstorbenen Katalanen Santi Santamaria fort (Reservierungen siehe Info und Adressen, S. 125).

JUMEIRAH

Oben: Nur das Rauschen des Meeres ist zu hören
Mitte: Unterwasserwelten im »Atlantis«
Unten: Ein Stilmix aus Klassik und Hightech prägt das »Atlantis« Hotel

Unterwasserwelten

Zum Wow-Effekt des 1539 Zimmer zählenden Fünfsterne-Hotelkolosses tragen auch die fantastischen Unterwasserwelten bei. Ambassador Lagoon heißt das gigantische zehn Meter hohe Aquarium, das sich ganz dem Mythos der sagenumwobenen Stadt verschrieben hat. Präsentiert wird ein Märchenprodukt, das wenig mit dem innerhalb einer Nacht untergegangenen Inselreichs zu tun hat. Zwischen den mehr als 50 000 Fischen und anderen Ozeanbewohnern sieht man Kopien von antiken Ruinen und futuristische Elemente. Hauptattraktion sind jedoch farbenprächtige Meeresbewohner wie Clownfische, Katzenhaie und Mantarochen. Fantasievoll in Szene gesetzt sind die Lost Chambers, eine Reihe von labyrinthartig miteinander verbundenen Unterwasserräumen, die Schauplatz einer erfundenen Atlantis-Geschichte sind, wonach beim Bau des Hotels Überreste des mythischen Atlantis entdeckt wurden. Auch Externe können durch die Ladengalerie des »Atlantis« schlendern. The Avenues bietet zwei Dutzend Boutiquen, in denen Bademoden, Schmuck und Souvenirs verkauft werden.

Ein Wasserpark der Superlative

Eigentliche Attraktion für Familien ist der »Aquaventure« genannte Wasserpark – mit etwa 17 Hektar einer der größten und sicherlich schönsten der VAE. Dessen Zentrum ist eine »Ziggurat« genannte, 30 Meter hohe Pyramide im mesopotamischen Stil. Von hier oben aus hat man Zugang zu sieben ungewöhnlichen Wasserrutschen. Die originellste – *Shark Attack* genannt – führt in einer Glasröhre durch ein Haifischbecken, während *Leap of Faith* nahezu 27 Meter fast senkrecht in die Tiefe führt. Wer es ruhiger angehen lassen will, lässt sich gemächlich und im Wasserreifen sitzend über einen langen künstlichen Fluss treiben.

Atlantis und Aquaventure

Infos und Adressen

ESSEN UND TRINKEN

Asia Republic. Vietnamesische Nudelsuppe, koreanisches Barbecue-Rindfleisch mit *Kimchi* oder chinesisches *Chop Suey* – das Beste, was die asiatische Küche zu bieten hat. Sa–Do 12–22 Uhr, Fr 12–23 Uhr, The Avenues, Hotel Atlantis, Crescent Road, Tel. 04/426 26 26, www.atlantisthepalm.com

Levantine. Arabische *Mezze* (Vorspeisen), Fisch und Meeresfrüchte und diverse Fleischgerichte. Herrliche Außenterrasse, beliebt bei Schischa-Rauchern. Tgl. 19–2 Uhr, Bar & Terrasse 14–2 Uhr, The Avenues, East Royal Towers, Hotel Atlantis, Crescent Road, Tel. 04/426 26 26, www.atlantisthepalm.com

Nasimi Beach. Mediterrane Küche mit Salaten, Grillspezialitäten etc. direkt am Strand. Tgl. 12–23 Uhr, Happy Hour 17–19 Uhr, Bar & Lounge Sa–Do 19–1 Uhr, Fr 19–2 Uhr; West Beach, Hotel Atlantis, Crescent Road, Tel. 04/426 26 26, www.atlantisthepalm.com

Nobu. Sushi-Bar vom Feinsten, edles Interieur. Sa–Mi 19–23.30 Uhr, Do 19–0.30 Uhr, Fr 12–15, 19–0.30 Uhr, Hotel Atlantis, Crescent Road, Tel. 04/426 07 60, www.noburestaurants.com

Ossiano. Tgl. 19–22.30 Uhr, East Royal Towers, Hotel Atlantis, Crescent Road, Tel. 04/426 26 26, www.atlantisthepalm.com

Rostang. Tgl. 9–22.30 Uhr, The Avenues, Hotel Atlantis, Crescent Road, Tel. 04/426 26 26, www.atlantisthepalm.com

ÜBERNACHTEN

Atlantis The Palm. Kronjuwel von The Palm Jumeirah, Crescent Road, The Palm, Tel. 04/426 00 00, www.atlantisthepalm.com

AKTIVITÄTEN

Aquaventure Waterpark. Tgl. 10 Uhr bis Sonnenuntergang, Eintritt 250 Dh, Kinder (bis 120 cm) 205 Dh, Crescent Road, The Palm, Tel. 04/426 00 00

INFORMATION

Atlantis The Palm. Informationen zu allen Aktivitäten innerhalb der Hotelanlage auf der Kontaktseite der Website. Crescent Road, The Palm, Tel. 04/426 00 00, Email: info@atlantisthe palm.com, www.atlantisthepalm.com»

Spektakulär und auch etwas skurril präsentiert sich das »Atlantis«

JUMEIRAH

20 Dubai Marina
Manhattan in der Wüste

Wenn man auf der – einem Schiffsdeck nachempfundenen – Teakholzterrasse des Dubai Yacht Club sitzt, genießt man in der ersten Reihe. Das Essen schmeckt köstlich, das Ambiente ist edel-maritim und der Ausblick spektakulär. Entlang der Marina stehen dicht gedrängt Wolkenkratzer und Hochhäuser von anspruchsvoller Ästhetik, die besonders nachts im Lichterzauber beeindrucken.

Ein künstlich geschaffener Meeresarm schlängelt sich über mehrere Kilometer parallel zur Küste und bietet die Bühne für einen der exklusivsten Jachthäfen der Welt und auch für den noch jungen Stadtteil Dubai Marina – ein in wenigen Jahren aus dem Nichts entstandenes neues In-Viertel, das es 100 000 Menschen ermöglicht, hier die unmittelbare Verbindung zum Wasser zu genießen und unter den Reichen und Schönen zu flanieren.

Dubai Marina

MAL EHRLICH

SEGLERS TRAUM

Das Meer und alles, was damit zu tun hat, verspricht Muße, Freiheit und Zufriedenheit. Wer in Dubai eine Wohnung an der Dubai Marina und noch dazu hier ein Boot liegen hat, schätzt sich glücklich und verweist auf höchste Lebensqualität. Aber mal ehrlich: was hat man eigentlich »geschafft«, und sind ein Luxus-Penthouse und die Jacht Indikator für Zufriedenheit – wohl nur für ein hohes Einkommen? Glück, so wie es in Dubai definiert wird, kommt dem Trinken von Salzwasser gleich. Nicht immer einfach, sich in dieser materialistisch ausgerichteten Umgebung nicht anstecken zu lassen.

Dubai Marina

Hochhäuser von außergewöhnlicher Architektur

Dubai definiert sich heute zunehmend als Metropole mit den höchsten Wolkenkratzern der Welt. Das wurde in den letzten Jahren deutlich, als immer mehr Wohntürme entstanden, symbolträchtige Bauwerke, die auf die Bedeutung der Stadt verweisen. Basierend auf den Plänen von Stadtplanern und Grundstückentwicklern, die sich hohen Gewinn versprachen, und verwirklicht durch Zigtausende von billigen asiatischen Arbeitskräften entstand im Bereich Dubai Marina ein neuer urbaner Treffpunkt. Eine Gegend, die die Blicke jedes Besuchers nach oben lenkt. Das liegt an der außergewöhnlichen Architektur der hier entstandenen Wohntürme. Tatsächlich ist nirgendwo in Dubai die Konzentration von Hochhäusern und Wolkenkratzern (Hochhäuser über 150 m Höhe) größer. 200 an der Zahl sollen es hier einmal sein, mehr als die Hälfte ist bereits fertiggestellt, und viele weitere wachsen unaufhörlich in die Höhe, sicher verankert auf Fundamenten, die bis zu 60 Meter in den Wüstenboden reichen.

Seitdem der Stadtteil immer schöner wird, Baukräne an vielen Stellen verschwinden und Hotels, Cafés und Restaurants ihre Türen öffnen, ist Dubai Marina zu einer überaus beliebten Adresse geworden. Besonders europäische *Expatriates* schätzen es, in den schicken Hochhäusern, die zumeist über Fitness-Studios, Indoor-Pools, z.T. auch über Kindergärten, Geschäfte und Restaurants verfügen, ein Apartment zu besitzen. Auch deutsche, international tätige Luxusmakler unterhalten hier ihre Büros, wie man auf einem Spaziergang entlang der Marina feststellen kann. Kenner der Szene wissen auch, welche Gebäude sich hinter den zum Teil poetischen Namen der Hochhäuser verbergen. Eher humorvoll ist die Marina Torch (auf Deutsch

AUTORENTIPP!

BUDDHA BAR

Das zweigeschossige Buddha Bar besteht aus einem asiatisch, mit Buddha-Statue dekoriertem Restaurant (beste asiatisch inspirierte Küche), dessen gewaltiges Fenster einen Blick auf die Marina freigibt. In diversen Lounges bestellt man Cocktails und genießt die eigens für die weltweit existierenden Clubs aufgenommene Musik: Für viele das schönste Club-Restaurant von Dubai, an dessen Namen sich allerdings die Geister scheiden: Manche bemängeln, dass die Bezeichnung »Buddha«, Titel eines Erleuchteten, für eine Bar verwendet wird, Gewinnstreben und Suche nach Spaß sich mit Transzendenz mischt – andere verweisen auf die entspannte Haltung des Buddhismus. Der Same der Erleuchtung, so heißt es in den Sutras, wächst im Schlamm der Leidenschaften.

Buddha Bar. Fr–Mi 20–2 Uhr, So 20–3 Uhr, Hotel Grosvenor House, West Marina Beach, Tel. 04/399 88 88, www.buddhabar.com, Metro: Dubai Marina

Oben: Als Manhattan der Wüste bezeichnet: Dubai Marina
Unten: Dubai Marina als Hintergrund für Modeaufnahmen

Taschenlampe oder auch Fackel) für den im postmodernen Stil und bereits 2011 fertiggestellten, 348 Meter hohen Wolkenkratzer. Das beeindruckende Bauwerk mit 86 Stockwerken gehört zu den höchsten Wohngebäuden der Welt, eine Stahlbetonkonstruktion, die in 300 Metern Höhe mit einem gewaltigen runden Aufbau abschließt.

Aussicht aufs Wasser

Der Blick, den die Bewohner aus den oberen Stockwerken genießen, ist einzigartig: vom östlichen Ende der Dubai Marina schaut man herunter auf die umgebenden Hochhäuser, auf den winzig klein erscheinenden Jachthafen und dessen Boote sowie auf Palm Jumeirah. In unmittelbarer Nachbarschaft zu The Torch steht das derzeit berühmteste Bauwerk von Dubai Marina: der 414 Meter hohe Princess Tower, zweithöchstes Bauwerk Dubais und seit Fertigstellung in 2012 auch das höchste Wohngebäude der Erde. Gekrönt wird das Gebäude, in dem über 700 Luxusapartments untergebracht sind, von einer runden Dachkonstruktion, *The Dome* (Kuppel) genannt, aus Aluminium und Stahl.

Dubai Marina

Rundgang um die Marina

Nur an wenigen Stellen macht es Freude, in Dubai länger zu Fuß unterwegs zu sein. Im Bereich der Dubai Marina hingegen kann man sich dem Genuss hingeben, umgeben von Wolkenkratzern und architektonisch auffälligen Hochhäusern am Wasser zu laufen. Dabei besteht die Möglichkeit, vorher noch über die Fußgängerzone JBR Walk zu schlendern.

Ⓐ Bahar Road – Kommt man vom JBR Walk (The Walk), so führt eine Straßenbrücke über die Dubai Marina.

Ⓑ Dubai Marina Promenade – Hier spaziert man ganz dicht am Wasser, kann die Megajachten und deren Besatzung aus nächster Nähe sehen. An Verkaufsständen gibt es Souvenirs, an mehreren Stellen werden Bootstouren angeboten.

Ⓒ Dubai Marina Yacht Club – Während man in die Clubräume nur als Mitglied Zugang hat, können die Bars und das Restaurant jederzeit besucht werden; an Wochenenden einer der beliebtesten Treffpunkte der Dubai Marina. Street H, District 4, Tel. 04/362 79 00, www.dubaimarinayachtclub.com, Metro: Dubai Marina

Ⓓ Marina Mall und Hotel The Address – In eindrucksvoller Lage, nämlich dicht am Wasser mit Blick auf Jachten und die sich auf der gegenüberliegenden Seite erstreckenden Riege an Wolkenkratzern, befinden sich das mit Kunstobjekten im Foyer gestaltete Luxushotel und die edle Mall mit zahlreichen Designerläden und einem Primrose-Supermarkt. Einzigartig: der Blick von den durchgängig verglasten Balkonen in den höheren Etagen des Hotels auf die Marina. Dubai Marina, Tel. 04/436 77 77, www.theaddress.com, Metro: Dubai Marina

Ⓔ Hotel Grosvenor House – Zwei jeweils 210 Meter hohe Türme bilden den nach dem britischen Grosvenor House benannten Komplex; das dort untergebrachte Luxushotel war bei seiner Eröffnung 2005 das erste Hotel im Bereich von Dubai Marina. West Marina Beach, Tel. 04/399 88 88, www.grosvenorhouse-dubai.com, Metro: Dubai Marina

Ⓕ The Torch – Der 79 Stockwerke zählende Wohnturm gehört zu den Architekturikonen der Dubai Marina, mit 348 Metern einer der höchsten Wohn-Wolkenkratzer der Welt.

AUTORENTIPP!

DHOW CRUISES

Leinen los! Es stimmt schon, was Segler immer wieder sagen, dass man nämlich das Wasser erst auf dem Wasser so richtig erleben kann. Und tatsächlich ist es auch im Bereich der Dubai Marina am schönsten, wenn man nicht nur von einem der Cafés auf den Jachthafen schaut, sondern die Szenerie der hier in den letzten Jahren entstandenen Skyline vom Boot aus genießt. Mittlerweile gibt es mehrere Anbieter, die mit ihren Booten, u.a. entlang der Dubai Marina Promenade, auf Kunden warten. Angeboten werden ein- oder mehrstündige *Day Cruises* (Tagesfahrten) zu festgelegten Zeiten. Reizvoll sind auch die nach Sonnenuntergang startenden Dinner Cruises, die an Bord einer traditionellen arabischen *Dau* (engl. *Dhow*) stattfinden.

Dubai Marina Cruise. Dubai Marina Promenade West (hinter Lotus Marina), Tel. 04/357 22 00, www.dubaimarinacruise.com, Metro: Dubai Marina

Die Jacht ist für viele Reiche in Dubai ein unverzichtbares Accessoire.

JUMEIRAH

Einige Blocks weiter liegt das nach wie vor von den Auswirkungen der Wirtschaftskrise getroffene Megaprojekt *The Pentominium*, eine der prominentesten Baustellen des Emirats. Entstehen soll hier ein Super-Tower mit einer geplanten Höhe von 516 Metern. Das ursprünglich avisierte Datum der Fertigstellung von 2014 wurde auf unbestimmte Zeit verschoben. Da *The Pentominium* nicht im Zentrum der Dubai Marina liegt, sind Besucher von der Baustelle nicht betroffen.

Urlaubsfeeling

Was die Gegend so besonders anziehend macht, das kann man an vielen Stellen ohne Störung genießen, nämlich die einzigartige Kombination von Wasser und Architektur. Jachten und Segelboote, das schimmernde Wasser der Marina und sich im Wind wiegende Dattelpalmen sorgen für ein beschwingtes Urlaubsfeeling. Das Herz des neuen Stadtteils ist der nahezu vier Kilometer lange und künstlich geschaffene Kanal, der von der Küste bei Mina Seyahi, im Bereich der dortigen Marina und des »Dubai International Yacht Club«, in einem großen Bogen landeinwärts gelenkt wurde, um später südlich davon wieder ins Meer zurückgeführt zu werden. Anders als der »Yacht Club« von Dubai Marina – der größten künstlich geschaffenen Marina der Welt, wie man in dem auf Superlative versessenen Dubai sagt – kann der »DIMC« genannte Club auf ein langes, erfolgreiches Bestehen zurückblicken. Vorläufer war ein bereits 1986 gegründeter »Dubai International Marine Club«, zu jener Zeit also, in der der Name Dubai international noch kaum bekannt war und der Tourismus noch in den Kinderschuhen steckte. Und natürlich sind es nicht die kleinen, am Mittelmeer anzutreffenden Segelboote, die hier ankern, sondern große und teure Boote, mitunter auch Superjachten – bis zu 80 an der Zahl – die

Dubai Marina

hier ihre Liegeplätze finden. Mina Seyahi ist auch Austragungsort der *Dubai International Boat Show*, die 2014 zum 22. Mal stattfindet. Der Name ist etwas irreführend angesichts der Boote, die hier alljährlich solvente Interessenten anziehen: Millionen Euro teure Jachten aus Italien und den USA, die weltweit zu den luxuriösesten gehören. Daneben präsentieren aber auch über 500 Aussteller das Neueste in Sachen Bootsdesign- und Ausrüstung.

Maritimes Flair

Dubai Marina, das heißt Leben mit und am Wasser. Den Bootsliebhabern und Jachtbesitzern bietet der »Dubai Marina Yacht Club (DMYC)« gleich vier unterschiedliche Jachthäfen: West Bay Marina heißt beispielsweise der am südlichen Eingang zur Dubai Marina gelegene und eher ruhige Jachthafen. Von hier aus genießt man in besonderer Weise den Sonnenuntergang. East Marina, der bislang größte Ankerplatz mit 280 Anlegestellen, erinnert an europäische Häfen. Wer es sich leisten kann, wohnt in einem der umliegenden Apartmenthäuser und hat es nur wenige Schritte zu seinem Boot – Luxus in Dubai. Bis um die 35 Meter lang sind die Schiffe, die in der Dubai Marina ankern können, nur begrenzt durch ihre Höhe: mehr als acht Meter geht wegen der Brückenkonstruktionen nicht. Mall Marina ist ein noch neuer, kleinerer Liegeplatz im Bereich der Dubai Marina Mall. Diese Shopping Mall mittlerer Größe unterscheidet sich wohltuend von vielen anderen Einkaufszentren durch die dort vertretenen Shops und die Qualität des im Erdgeschoss ansässigen Supermarkts Waitrose. Hier gibt es Delikatessen aus verschiedenen europäischen Ländern. Auch das Angebot an Cafés und Restaurants gefällt den Anwohnern augenscheinlich, denn hier herrscht Betrieb an jedem Tag der Woche.

AUTORENTIPP!

THAILÄNDISCHER FISCHMARKT

Im Bereich der Dubai Marina gibt es viele Fast-Food-Lokale. Das Restaurant »Fish Bazaar« zieht hingegen eher Gäste an, die in der Umgebung wohnen und die das Konzept mögen. Die Produkte kann man selbst von einer Theke – in diesem Fall ein hergerichtetes thailändisches Fischerboot – aussuchen, diverse frisch gefangene Fischsorten, die auf Eis gelagert sind. Die Zubereitung – *fried* (gebraten) oder *steamed* (gedünstet) – bestimmt man selbst. Unter Palmen im Freien entspricht dann die Qualität 1001 Sternen. So günstig wie in Thailand ist das Essen natürlich nicht – schließlich befindet man sich in Dubai. Als Vorspeise ist eine *Tom Yang Gum*-Suppe zu empfehlen, als Hauptgericht könnten es köstliche *Tiger Prawns* (Riesengarnelen) sein.

Fish Bazaar. Tgl. 12.30–24 Uhr, Habtoor Grand Beach Resort & Spa, Al Sufouh Road, Tel. 04/399 50 00, www.grandjumeirah.habtoorhotels.com, Metro: Dubai Marina

Infos und Adressen

ESSEN UND TRINKEN

25°55° Café Bistro. Ein weiterer Treff im Dubai Marina Yacht Club, bereits zum Frühstück schön. *Barrakuda Cevice* und *Red Snapper* gehören zu den Lunch-Klassikern. Von der Terrasse überblickt man die Boote und Jachten, nicht nur nach Sonnenuntergang ein beeindruckender Platz. Dennoch bleiben einige Paare lieber drinnen, denn nur dort dürfen alkoholische Getränke ausgeschenkt werden. Tgl. 7–24 Uhr, Dubai Marina, Yacht Club, Tel. 04/362 79 55, Metro: Dubai Marina, www.dubaimarinayachtclub.com

Die vielen Restaurants von Dubai Marina füllen sich erst gegen Abend.

32 Marina Street Kitchen. *Red Curry Chicken* und Papaya-Salat, Frühlingsgrollen und gegrillte Scampis: Beste Thai-Küche mit einem Hauch mediterraner Ausrichtung zu moderaten Preisen in der edlen Umgebung eines Luxushotels. Auch zum Frühstück geöffnet. Tgl. 7–24 Uhr, Dusit Residence Dubai Marina, Tel. 04/425 99 99, www.dusit.com, Metro: Dubai Marina

Aquara. Jeden Freitag trifft man sich hier, um einen köstlichen Brunch zu genießen, der jeden Geschmack zufriedenstellt. Tipp: Rechtzeitig einen Platz auf der Terrasse reservieren, mit fantastischem Blick auf die Marina und die Skyline. Sa–Do 19–24 Uhr, Fr 12.30–15.30, 19.30–22.30 Uhr, Dubai Marina Yacht Club, Tel. 04/362 79 00, Metro: Dubai Marina, www.dubaimarinayachtclub.com

Arabiska. Arabische *Mezze* (Vorspeisen) und andere Gerichte aus der Region, dazu internationale Klassiker. Tgl. 10–1 Uhr, Marina Walk, Tel. 04/363 93 36, Metro: Dubai Marina

Shades. Die Chill-out-Lounge im vierten Stock des Hotels The Adress ist *der* Treffpunkt für die in den umliegenden Apartments wohnenden *Residents*. Warum? Man sitzt am Pool und fühlt sich an Urlaub erinnert, gleichzeitig ist man umgeben von lichterglänzenden Wolkenkratzern und weiß, dass man sich in einer Mega-City befindet. Zu essen gibt es Tapas und mediterrane Küche, an Wochenenden unterhält ein DJ. So–Do 18–1 Uhr, Fr–Sa 18–2 Uhr, The Address Dubai Marina, Tel. 04/436 77 77, Metro: Dubai Marina, www.theaddress.com

Shakespeare & Co. Kennzeichen der jungen Café-Kette ist das äußerst fantasiereiche Interieur, das an Mary Poppins und *Alice in Wonderland* denken lässt. Von Frühstück (arabisch ebenso wie britisch) gibt es Suppen, Salate und Fingerfood, Pasta und größere Gerichte; Spezialität sind die köstlichen Desserts. Tgl. 7–1 Uhr, Marina Mall, Ebene G, Tel. 04/457 41 99, www.shakespeareandco.ae, Metro: Dubai Marina

Zafran. Klassische und moderne indische Küche in einem modern gestalteten Restaurant; ein fantastischer Ausblick auf die Marina und die umgebende Hochhaus-Skyline sowie die Außenterrasse sind die Pluspunkte. So–Do 12–24 Uhr, Fr–Sa 12–23 Uhr, Marina Mall, Ebene G, Tel. 04/399 73 57, Metro: Dubai Marina

ÜBERNACHTEN

Dusit Residence Dubai Marina. Verfügt auch über 1-Zimmer-Apartments (sowie solche mit zwei

Dubai Marina

und mehr Zimmern) und ist nicht nur bei Geschäftsleuten eine beliebte Edeladresse. 35 Stockwerke, und natürlich sind die in den obersten Etagen besonders begehrt. Dubai Marina, Tel. 04/425 99 99, www.dusit.com/dusit-residence, Metro: Dubai Marina

The Habtoor Grand. Am Jumeirah Beach und in Laufweite zur Dubai Marina gelegenes Fünfsternehotel. Zimmer mit Meerblick sind schöner als die zu den Gärten gelegenen. Al Sufouh Road, Tel. 04/399 50 00, www.grandjumeirah.habtoorhotels.com, Metro: Dubai Marina

EINKAUFEN
Marina Mall. Etwa 130 gehobene Geschäfte verteilen sich auf vier edel gestaltete Etagen; die Besonderheit ist die hervorragende Lage direkt an der Marina sowie die dazu ausgerichteten Restaurants, die das in Dubai immer populärer werdende *al fresco dining* erlauben. Im Untergeschoss befindet sich der Edelsupermarkt Waitrose, in dem auch deutsche Bio-Produkte verkauft werden. die Mall ist direkt verbunden mit dem Hotel The Address Dubai Marina. Sa–Mi 10–22 Uhr, Do–Fr 10–24 Uhr, www.dubaimarinamall.com, www.theaddress.com Metro: Dubai Marina

AKTIVITÄTEN
Road and Water Taxi Association (RTA). An Bord der *Abras* (Wassertaxis) kann man auch auf die Skyline der Dubai Marina blicken. www.rta.ae

INFORMATION
Dubai Marina. Hotels und Apartments können auch über die Marina-Website direkt gebucht werden. E-Mail: enquire@dubai-marina.com, www.dubai-marina.com

Das Designhotel »The Adress Marina« ist mit der Marina Mall verbunden.

JUMEIRAH

21 JBR Walk
Boulevard am Meer

Alle sind sich einig: Der JBR Walk ist die Lieblingspromenade der Dubaier. Angesichts der netten Straßencafés, der Palmen und verschnörkelten Laternen macht sich inmitten der Mega-City fast mediterrane Atmosphäre breit. Natürlich nicht vollständig: wenn man auf die gewaltigen Hochhäuser blickt, auf die Menschen aus allen Teilen der Erde, dann weiß man, dass man in Dubai unterwegs ist.

Eine breite Fußgängerpromenade, genannt JBR Walk, die an der Landseite der »Jumeirah Beach Residence« liegt, führt auf der dem Meer abgewandten Seite vorbei an Cafés, Restaurants und Geschäften. Da Geld in Dubai kein Thema ist, wurden bereits große, veritable Dattelpalmen zur Beschattung gepflanzt. An Donnerstagabenden staut sich auf der angrenzenden Straße der Verkehr, junge Einheimische fahren ihre nagelneuen Porsche und Ferrari spazieren, andere sind sichtlich

Apartmenthäuser oberhalb von The Walk

MAL EHRLICH

ZU FEUCHT UND ZU HEISS

In den Sommermonaten fährt man nicht nach Dubai, wenn man den Aufenthalt genießen möchte. Selbst Ende September sind Temperaturen und Luftfeuchtigkeit noch zu hoch, um den Bummel über den JBR Walk zu machen. Die Restaurants haben sich etwas einfallen lassen, das Abhilfe schaffen soll: Ventilatoren, die eisgekühlten Nebel auf die Passanten und Gäste sprühen. Originell, aber auch nicht das Wahre. Besser man macht es wie die Dubaier und sitzt gleich drinnen, wenn man keinen roten Kopf bekommen will.

JBR Walk

auf der Suche nach einem schnellen Parkplatz, um zum Strand zu gehen und den Sonnenuntergang zu genießen – ein Ritual, das immer wieder schön zu genießen ist. Am JBR Walk frönt man ganz dem hedonistischen Genuss.

Museen oder Sehenswürdigkeiten gibt es hier keine. JBR Walk, das bedeutet Flanieren zwischen den *Dubai'in* – wie sich die in Dubai lebenden Einheimischen nennen – und dazu kommen viele *Expatriates*. Es sind aber nicht nur die aus Europa und Australien und den USA stammenden Gastarbeiter, die man hier abends und an Wochenenden sieht, am JBR Walk trifft sich auch die arrivierte indische Mittelschicht, die, an großen Tischen in den Restaurants sitzend, ihre Geburtstage oder Jubiläen feiert ebenso wie die ohne Familie in den Emiraten arbeitenden Bauarbeiter, die hier am freien Tag und in besten Ausgehklamotten gekleidet zusammen mit Kollegen einen Becher Kaffee genießen. Wenn man neu ist in der Stadt und noch nicht seinen Lieblingsplatz am The Walk gefunden hat, ist es sicherlich am besten, erst einmal in Ruhe die Promenade entlangzuschlendern und sich schließlich bei der Auswahl eines möglichen Restaurants oder Cafés vom eigenen Geschmack leiten zu lassen.

Treffpunkt JBR Walk

Der JBR Walk füllt sich jeden Abend mit Beginn des Oktobers, wenn die Luftfeuchtigkeit nicht mehr bei 90 Prozent liegt und das Thermometer wieder auf Werte um die 30 Grad zurückgeht; dann kann man wieder den Aufenthalt im Freien genießen – darin ist man sich einig in Dubai. Die während der Sommermonate verwaisten Tische füllen sich dann schnell mit Besuchern bei geeistem Tee und frisch gepressten Fruchtsäften. Beliebter Treff ist das erst vor wenigen Jahren eröff-

AUTORENTIPP!

MARKT MIT MEERESBRISE

Morgens werden die Flohmarktstände aufgebaut, an denen private Händler ihre Waren feilbieten: Kleider aus Indien und Indonesien, in Öl und mit Aquarell gemalte Ansichten vom Burj Khalifa, Strohhüte, die mit Batikstoffen und Blumen verziert sind: Zu sehen und zu kaufen gibt es einiges auf dem Markt. Besonders Europäer, die für mehrere Jahre in Dubai leben, haben auf eine solche Gelegenheit lange gewartet. Bei vielen steht auch weniger die Kauflust im Vordergrund, sondern man genießt es, sich mit Freunden hier zu verabreden, mit den Kindern etwas zu unternehmen. Nachdem man ausgiebig bei den Ständen geschaut hat, geht es weiter, um in einem der Straßencafés oder in einem Hotel sich auf einen Kaffee zu treffen oder ausgiebig zu brunchen.

Marina Market. Mi 10–22 Uhr, Do–Sa 10–23 Uhr, Dubai Marina Promenade und JBR Walk, www.marinamarket.ae, Metro: Dubai Marina

JUMEIRAH

AUTORENTIPP!

FIVE O'CLOCK TEA

Das »Ritz Carlton« gab es bereits lange, bevor es den JBR Walk gab, eine entzückende Anlage im Stil eines am Mittelmeer liegenden Palastes. Heute schaut man auf Hochhäuser, wenn man das Hotel zur Straße hin verlässt, doch inmitten des Resorts fühlt man sich in ein irdisches Nirwana versetzt. Eine Oase von Stil, Ruhe und Behaglichkeit – in heißen Sommern wie an einem Nachmittag im Dezember lässt die Lobby-Lounge, deren Balkendecke, die köstlich, frisch zubereiteten Kuchen und Patisserien sowie der dort zelebrierte *Five O'Clock Tea* (Nachmittagstee) britische Lebensart aufleben. Was immer man aber auch bestellt, schmeckt köstlich, ist aber eigentlich zweitrangig: was zählt, ist in erster Linie das Erlebnis.

Ritz Carlton. Al-Sufouh Road, Jumeirah, Tel. 04/399 40 00, www.ritzcarlton.com, Metro: Dubai Marina

Treppen führen von der Promenade zu den Apartments von The Walk.

nete »Hotel Sofitel Dubai Jumeirah Beach«, dessen französische Brasserie nicht nur wegen der dort servierten modernen französischen Küche, sondern auch wegen der zum Strand von Jumeirah Beach gerichteten Terrasse so beliebt ist.

Jumeirah Beach Residence

Alternative zum Wohnen im Hotel ist – auch für einen kürzeren Aufenthalt – ein Apartmenthotel. Auch davon gibt es zahlreiche in der Umgebung. Beispielsweise in dem oberhalb vom JBR Walk befindlichen Wohnkomplex »Jumeirah Beach Residence«. Über Treppen gelangt man zu einer wahrlich gewaltigen Anlage, die angesichts ihres gleichförmigen Aussehens, der gewaltigen Ausdehnungen und mangelnden Grüns tagsüber recht steril wirkt: Im gleißenden Sonnenlicht zeigt sich die eher monotone Umgebung, untypisch für Dubai und auch ganz und gar unromantisch. Gleich drei Dutzend nahezu gleich aussehende Hochhaustürme, aufgeteilt in sechs Bereiche, die arabische Namen tragen wie *Shams* (Sonne) oder *Amwaj* (Welle), bieten Apartments für etwa

JBR Walk

10 000 Menschen, die als exklusive Adressen angepriesen werden. Doch mittlerweile entstehen entlang der Plazas, die die Hochhäuser verbinden, immer mehr urbane Oasen, kleine Cafés, Restaurants und Shops. Luxuriös und mit Strandzugang sind die in der Beach Residence liegenden Hotels, beispielsweise das Viersterne-Resort »Amwaj Rotana«. Die große Attraktivität, die die Flaniermeile besitzt, erstaunte die Planer, dabei war es eigentlich nicht verwunderlich, dass es gerade das war, was in Dubai viele vermissten, nämlich die Möglichkeit, in dieser vom Straßenverkehr dominierten Metropole zu Fuß gehen zu können, im Freien zu sitzen statt in klimagekühlten Hotels und Restaurants, in kleinen Geschäften einzukaufen statt in gigantischen Shoppingkomplexen. Reagiert wurde umgehend, und seit Ende 2012 wird The Walk noch vergrößert, sehr zur Freude der in Dubai lebenden *Residents*. Lärm, Behinderungen und Schmutz, die die Arbeiten mit sich bringen, ist man hier bereits gewohnt. Neben einer großen Zahl von unterirdischen Parkplätzen entstehen weitere Geschäfte und Restaurants in niedrigen Gebäuden.

Gourmet-Adressen

Die Restaurantszene am 1,8 Kilometer langen The Walk, wie der Abschnitt zumeist genannt wird, ist lebhaft und vielfältig, vom einfachen Fast-Food-Lokal bis zum edlen Italiener ist alles vertreten. Wenn man stets auf dem neuesten Stand sein will, lohnt es sich, die in Dubai erscheinende Zeitschrift *Time Out Dubai* zu kaufen, in der regelmäßig neue Restaurants rezensiert werden. Zum Erlebnis Jumeirah Beach Residence Walk gehört natürlich in erster Linie auch der Strand Jumeirah Beach. Den sieht man von den meisten im Erdgeschoss liegenden Cafés und Restaurants allerdings überhaupt nicht, erst wenn man sich auf Restau-

Oben: Himmelstürmende Architektur und viele Shops und Cafés prägen The Walk.
Unten: Hotel »Sofitel« am The Walk

JUMEIRAH

Oben: Gastarbeiter am Jumeirah Beach: ein paar kostbare freie Minuten genießen.
Mitte: I'm walking – besonders Europäer joggen hier auch gern.
Unten: Nach Sonnenuntergang zeigt sich Dubai nahezu romantisch.

rantterrassen im ersten Stock begibt, kann man einen Blick aufs Meer erhaschen. Dabei liegt dieses nur wenige Schritte von der Strandpromenade entfernt. Nach wie vor kostenfrei ist der Zugang zum öffentlichen Strand, der unmittelbar im Anschluss an das prächtige »Ritz Carlton-Hotel« liegt, eines der ganz wenigen Luxusresorts, das damals auf niedrige Bebauung setzte und inmitten eines riesigen tropischen Parks liegt. Hinsichtlich der Beurteilung des *Open Beach* (öffentlicher Strand) gehen die Meinungen auseinander. Da es bislang keine Infrastruktur gibt, müssen Sonnenschirme und eventuell auch Strandliegen mitgebracht werden. Während der Woche genießt man andererseits zumeist eine entspannte Atmosphäre am Strand. Anders ist es am Freitag und Samstag, wenn bereits stockender Verkehr auf einen gut besuchten Strand aufmerksam macht, nicht einfach, ein ruhiges Plätzchen zum Sonnenbaden zu finden.

Wie überall in den Vereinigten Arabischen Emiraten, so gilt auch in Dubai, dem glamourösesten und am weitesten entwickelten der Emirate, dass besonders Frauen, die sich ohne Begleitung und im Bikini am Strand sonnen, mitunter einer aufdringlichen Beobachtung ausgesetzt sind. Nicht verwunderlich in einer Kultur, in der die einheimischen Frauen stets in weite Umhänge gehüllt sind und andererseits viele indische und pakistanische Gastarbeiter ohne Ehefrau und Familie in Dubai leben müssen. Aller eventueller Belästigungen enthoben und belohnt mit einem luxuriösen Strandfeeling wird man im »Sheraton Jumeirah Beach Club«. Das Hotel, das einen kleinen Strandabschnitt am Jumeirah Beach einnimmt, besitzt einen herrlichen Poolbereich, umgeben von dichten Palmen, der gegen Entrichtung eines Eintrittsgeldes in Form einer Tagesmitgliedschaft auch für Nicht-Hotelgäste zugänglich ist.

JBR Walk

Infos und Adressen

ESSEN UND TRINKEN

Amaseena. Lokale Spezialitäten am Strand und unter orientalisch gestylten Zeltdächern, untermalt von exotischen Klängen: Romantik pur. Tgl. 19–24 Uhr, The Ritz Carlton Hotel, Al Sufouh Road, Jumeirah, Tel. 04/399 40 00, www.ritzcarlton.com, Metro: Dubai Marina

Balance-Akt im »Bob's Easy Diner«

Bazerkan. Terrasse mit Ausblick auf den Arabischen Golf, libanesische Küche mit Schischa-Service. Tgl. 8–1 Uhr, JBR Walk, Tel. 04/424 38 38, Metro: Dubai Marina

Bob's Easy Diner. Im US-amerikanischen Stil: typisches Fast-Food-Essen, das schmeckt und recht günstig ist, Burger und Sandwiches und – als absolute Kalorienbombe – schokoladige *Fudge Brownies*. Tgl. 10–23 Uhr; JBR Walk, Tel. 04/439 37 10, Metro: Dubai Marina, www.bobseasydinner.com

ÜBERNACHTEN

Amwaj Rotana. Stilvolles Viersternehotel mit Flair, beste Lage an der Flaniermeile The Walk. JBR-Walk, Tel. 04/428 20 00, www.rotana.com/amwajrotana, Metro: Dubai Marina

Sofitel Dubai Jumeirah Beach. Modernes junges Hotel der oberen Mittelklasse in bester Lage. JBR Walk, Tel. 04/448 48 48, www.sofitel.com, Metro: Dubai Marina

AKTIVITÄTEN

Ritz Carlton Spa. Unübertrefflich sind die balinesischen Anwendungen in zauberhafter Umgebung. Tgl. 8–21 Uhr, The Ritz-Carlton, Al-Sufouh Road, Jumeirah, Tel. 04/399 40 00, www.ritzcarlton.com

Sheraton Jumeirah Beach Resort. So–Do 140 Dh, Fr, Sa 220 Dh. Al-Sufouh Road, Jumeirah, Tel. 04/399 55 33, www.sheratonjumeirahbeach.com

INFORMATION

Sirius. Auf zwei Online-Portalen finden sich Ausgehtipps und beste Adressen entlang dem JBR Walk. Tgl. 8–24 Uhr, Tel. 04/364 75 00, www.jumeirah.com oder www.timeoutdubai.com

Im »Bob« herrscht Retro-Stil.

ABU DHABI

22 Sheikh Zayed Grand Mosque
Gewaltig in der Wirkung **142**

23 Abu Dhabi Corniche
Promenade am Meer **148**

24 Emirates Palace
Palast und Hotel **156**

25 Heritage Village
Besuch in der Vergangenheit **160**

26 White Fort and Cultural Foundation
Weißes Fort mitten in der Stadt **164**

27 Yas Island
Glückliches Abu Dhabi **166**

28 Saadiyat Island
Kunst auf der Insel der Glückseligen **172**

29 Falkenhospital
Ein Krankenhaus für Vögel **176**

30 Masdar City
Eine Öko-Stadt für Abu Dhabi **178**

ABU DHABI

22 Sheikh Zayed Grand Mosque
Gewaltig in der Wirkung

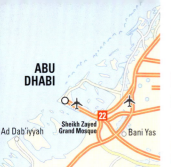

Seit ihrer Fertigstellung vor einigen Jahren kommen auch die Touristen. Warum? Diese Moschee möchte man einfach erlebt haben, sie ist gewaltig in ihren Dimensionen und ihrer Wirkung. Und das Beste ist: Dieses Heiligtum darf besichtigt werden. Moscheen sind in den gesamten VAE gewöhnlich tabu für Andersgläubige. Hier macht man zum Glück eine Ausnahme – und diese einmalige Gelegenheit sollte man nutzen.

Es ist bezeichnend für die Ausrichtung von Abu Dhabi, dass dessen früherer Herrscher nicht mit Hotels oder anderen touristischen Großprojekten auf sich aufmerksam machte, zu einer Zeit, als Dubai schon zum international bekannten Tourismusziel aufgestiegen war, sondern sich um Sakralarchitektur auf höchstem Niveau bemühte –

Vorangehende Doppelseite: Segeln vor dem Theater von Abu Dhabi: weißer Marmor in der Sheikh Zayed Grand Mosque

MAL EHRLICH

LEICHTE BEKLEIDUNG

Die *Locals* betrachten es als ein Geschenk, das man den Touristen, den Andersgläubigen macht, wenn diese die Große Moschee besuchen dürfen. Und es versteht sich von selbst, dass man die richtige Bekleidung trägt. Deshalb achte man unbedingt auf lange Hosen (bzw. Röcke) und Frauen darüber hinaus auf weite Oberbekleidung und ein leichtes Tuch für den Kopf. Alles andere ist unhöflich und zeigt schlechtes Benehmen. Und: beim Besuch sieht man von Zärtlichkeitsbezeugungen zum Partner ab und – ganz klar – auch ein klingelndes Telefon ist hier fehl am Platz.

Sheikh Zayed Grand Mosque

so entstand eine der prächtigsten Moscheen weltweit, von der es heißt, sie erfülle alle Kriterien für die Aufnahme in die UNESCO-Liste des Kulturerbes der Menschheit.

Herzensangelegenheit

Nicht irgendein weltliches Bauwerk wollte Sheikh Zayed, der Herrscher von Abu Dhabi und Präsident der VAE, mächtigste Person des Emirats und des Landes, der Nachwelt hinterlassen. Mit dem Bau einer Moschee von schneeweißer Farbe, weltweit ein Symbol für Reinheit, rückte der charismatische Führer des Emirats Abu Dhabi bis zu seinem Tode im Jahr 2004 die Prioritäten zurecht. Das Bauwerk ist aber nicht nur ein Geschenk für die Tausenden dort betenden Gläubigen, eine Gabe, die offenbart, dass die spirituelle Dimension trotz vordergründiger Verwestlichung des Lebenstils eine Herzensangelegenheit ist. Und deshalb ließ er ab 1996 mit dem Bau dieser Moschee beginnen. Sheikh Zayed konnte die Fertigstellung des Bauwerks nicht mehr erleben. Ein großer Coup war ihm dennoch geglückt, denn heute strömen auch ganze Busladungen voller westlicher Touristen in das Bauwerk, von denen die meisten noch nie in einer Moschee waren und möglicherweise vorgefertigte Meinungen über den Islam in sich tragen. Die Besucher sind berührt und beeindruckt, denn im Unterschied zu den in Dubai und Abu Dhabi so inflationär anzutreffenden und spektakulär genannten Bauwerken herrscht hier eine besondere Atmosphäre.

Höchste Baukunst

Beeindruckend sind auch die baulichen Fakten der Sheikh Zayed Moschee: Edelster weißer Marmor aus Indien, Italien und Mazedonien bestimmt die Fassade, deren Strahlen Indien-Reisende an das

AUTORENTIPP!

FOTOS IN DER MOSCHEE
Im Hof der Moschee wie auch im Innenraum kann man in der Tat außergewöhnliche Aufnahmen tätigen. Am besten, man kommt bereits kurz nach dem ersten Einlass hierher. Frauen haben zudem die Möglichkeit, sich kostenlos große schwarze Kopftücher auszuleihen und in *Abayas*, die weiten schwarzen Überwürfe, die bis zum Boden reichen und weite Schlitze für die Arme bzw. angedeutete Ärmel aufweisen, das traditionelle Gewand von heimischen Frauen in der Öffentlichkeit, zu schlüpfen. Solchermaßen verhüllt unterwegs im bedeutendsten Bauwerk Abu Dhabis zu sein, ist ein seltenes Erlebnis – und vor den schneeweißen Marmorsäulen auch als Foto ein ästhetischer Genuss.

Sheikh Zayed Grand Mosque.
Tgl. 9–22 Uhr, außer Freitagmorgen, Führungen So-Do 10, 11, 17 Uhr, Fr 17, 19.30 Uhr, Sa 10, 11, 17, 19.30 Uhr, Rashid al-Maktoum Road South, Abu Dhabi, www.szgm.ae

AUTORENTIPP!

TRAUMBLICK VON DEN TERRASSEN

Man möchte sich die Augen reiben, so unwirklich und schön erscheint der Blick auf die Märchenkulisse der Sheikh Zayed-Moschee. Deren viele Kuppeln und Minarette tauchen als beeindruckende Komposition aus 1001 Nacht auf, wenn man sich auf der dem Bauwerk gegenüberliegenden Seite der Lagune Khor al-Maqtaa im »Shangri-La-Hotel« befindet. Von hier aus hat man die richtige Entfernung, um einen Gesamteindruck zu erhalten. Und wenn man nicht gleich hier wohnt, dann muss man einkehren, beispielsweise zum Lunch oder auch (besonders romantisch) zum Dinner in einem der beeindruckenden Hotelrestaurants oder auf einen alkoholfreien Mocktail, einem eisgekühlten Fruchtsaft in einem der Shangri-La-Cafés – eine bleibende Erinnerung wird es in jedem Fall.

Shangri-La Qaryat al-Beri. Zwischen den Brücken, Abu Dhabi, Tel. 02/509 88 88, www.shangri-la.com/abudhabi

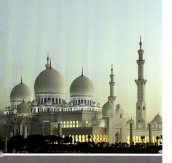

ABU DHABI

Taj Mahal erinnert. 80 Kuppeln und vier große, an den Seiten aufragende Minarette prägen das weithin sichtbare Bauwerk, mit einer Fläche von über 22 000 Quadratmetern eine der weltweit größten Moscheen. Arabische, maurische und die Stilelemente der Mogul-Architektur prägen die Große Moschee, deren Bau ein internationales Megaprojekt war: Drei Dutzend Unternehmen aus aller Welt lieferten Materialien, Know-how und Fachkräfte.

Sonnenstrahlen durchfluten jeden Teil des Gebetsraumes. Es ist bewegend sich vorzustellen, dass hier unter der gewaltigen 70 Meter hohen Kuppel in der Haupthalle 7000 Menschen ins Gebet versunken sind, alle weltlichen Belange für diese Zeit zurückgedrängt werden. Die Männer knien nieder auf einem gewaltigen (mit seiner Fläche von 7000 Quadratmetern schon gigantisch zu nennenden) handgeknüpften iranischen Teppich. Darüber erhebt sich ein Swarovski-Kronleuchter, der gebildet wird von über einer Million Kristallen und mit einem Durchmesser von zehn Metern. Die in Richtung Mekka gerichtete Quibla-Wand trägt in kufischer Schrift die 99 Namen Gottes, Synonyme für Allah, wie beispielsweise *As-Salam* (Friede) oder *Ar-Rahman* (der Mitgefühlvolle) bzw. *Al-Wasi* (der alles Umfassende) – 99 Bezeichnungen, die vom Gläubigen so oft wie möglich rezitiert werden, um eine Verbindung zu Allah zu schaffen. Warum 99? Ein Symbol für die Eigenschaften, die göttliches Wirken für Menschen erfahrbar macht. Die Zahl 100 jedoch steht für den einen, unaussprechlichen Namen (bzw. die Erfahrung) Allahs, unaussprechlich deshalb, weil als transzendente Erfahrung vom Verstand her nicht zu fassen. Entlang der Innenwände sind 80 sogenannte Iznik-Platten (Keramikfliesen) angebracht, die von einem türkischen Kalligrafen gefertigt wurden und die Koranverse wiedergeben. Weiblichen Gläubigen sind

zwei kleinere – mit Platz für je 1500 Personen – Gebetshallen vorbehalten; Grund hierfür ist zum einen die in den VAE übliche Trennung von Frauen und Männern in der Öffentlichkeit, zum anderen die Tatsache, dass Männer dazu verpflichtet sind, das Freitagsgebet in der Moschee zu halten, während es Frauen auch möglich ist, zu Hause in den eigenen vier Wänden zu beten.

Was für ein Innenhof

Nicht minder beeindruckend als die Innenräume der Moschee ist der übliche Dimensionen übersteigende Innenhof. Eine mit handgefertigten weißen Marmormosaiken bedeckte Fläche von über 17 000 Quadratmetern, auf der weitere 10 000 bis 15 000 Gläubige ihren Platz finden. Halbedelsteine in allen Farben des Regenbogens finden sich in den Bodenplatten, angeordnet zu fantasievollen Mustern und Ranken. Begrenzt wird der Innenhof von Reihen von ebenfalls schneeweißen und intarsierten Säulen, über 1000 an der Zahl.

Oben: Der gewaltige Innenhof kann Tausende von Gläubigen aufnehmen.
Unten: Gebetsraum im Inneren der Moschee

ABU DHABI

Für den Besuch der Sheikh Zayed Grand Mosque gibt es wohl nur einen Ratschlag: Man sollte sich hier am besten allein umschauen, um ganz die Atmosphäre zu spüren, die von diesem Bauwerk ausgeht. Normalerweise reduzieren die Erbauer von Moscheen die verschwenderische Pracht, die sich im Äußeren der Bauwerke zeigt, im Inneren beträchtlich, um nicht abzulenken vom Wesentlichen. Denn die Essenz drückt sich nicht dadurch aus, dass reiche Gönner ihre Mildtätigkeit demonstrieren, indem wertvolle Statuen angeschafft werden – was dem im Koran geäußerten Abbildungsverbot ohnehin zuwiderlaufen würde, oder prunkvolle Gemälde anfertigen lassen – im Gegenteil, je weniger äußerer Reichtum zur Schau gestellt wird, so die Auffassung, desto leichter gelingt es dem Gläubigen, sich dem Gebet zuzuwenden. Auch in der Sheikh Zayed Grand Moschee wird diesen Vorschriften Genüge getan, und dennoch offenbart das grandiose Bauwerk Großzügigkeit und religiöse Hingabe des Erbauers.

Mausoleum

Übrigens: Sheikh Zayed, von dem es heißt, dass er nicht weniger als 350 Millionen Euro aus seinem privaten Vermögen zum Bau der Moschee beisteuerte, fand seine Ruhestätte neben der Moschee in einem der Öffentlichkeit nicht zugänglichen Mausoleum. Die täglich angebotenen englischsprachigen Führungen durch die Grand Mosque sind kostenlos und äußerst informativ. Während einer Dreiviertelstunde bekommen die Besucher Einblick in islamische Architektur, Kunst und Kultur. Man kann Fragen stellen zu dem, was man in der Moschee sieht, oder ganz allgemein zu Themen, die einem am Herzen liegen. Nach der Besichtigung bietet sich der Besuch eines Terrassen-Cafés im »Shangri La-Hotel« direkt gegenüber an.

Oben: Ein Meer von Säulen in der Sheikh Zayed Grand Mosque
Mitte: Florale Ornamente sind erlaubt.
Unten: Frauen auf dem Weg in die Moschee

Sheikh Zayed Grand Mosque

Infos und Adressen

ESSEN UND TRINKEN
Noodle House. In diesem Flagshiprestaurant der ostasiatischen Küche werden feinste Nudelgerichte serviert. Sa–Mi 12–23 Uhr, Do, Fr 12–1 Uhr; Souk Qaryat al-Beri, zwischen den Brücken, Bain al-Jessrain, Abu Dhabi, Tel. 02/558 16 99, www.thenoodlehouse.com

Ushna. Beste nordindische Küche im romantischen Ambiente mit Blick auf die Lagune. Tgl. 12.30–18, 19–23.30 Uhr; Souk Qaryat al-Beri, zwischen den Brücken, Bain al-Jessrain, Abu Dhabi, Tel. 02/558 17 69

ÜBERNACHTEN
The Fairmont Bab al Bahr. Das »Tor zum Meer« ist ein modernes Bauwerk aus Glas und Chrom, Strandblick von allen Zimmern. Zwischen den Brücken (nahe Al Maqta'a Bridge), Bain al-Jessrain, Abu Dhabi, Tel. 02/654 30 00, www.fairmont.com/babalbahr

Traders Qaryat Al Beri. Zwischen dem Fairmont Hotel und dem Shangri-La liegt an der Lagune gegenüber der Sheikh Zayed Grand Mosque ein hervorragendes (zur Shangri-La-Kette gehörendes)

Ein Palast des Glaubens

Vier-Sterne-Hotel, das zeitgenössisches luxuriöses Design, arabische Elemente und moderne Kunst zur Synthese führt. Top sind die Zimmer mit Zugang zum Traders Club, damit zu diversen Annehmlichkeiten und der täglichen Cocktailstunde. Khor al Maqta, Qaryat Al Beri, Abu Dhabi, Tel. 02/510 88 88, www.shangri-la.com/abudhabi/traders

EINKAUFEN
The Souk at Qaryat Al-Beri. Gelungene Kopie eines traditionellen arabischen Suks, edle Geschäfte, kleine Läden für Souvenirs und stimmungsvolle Cafés und Restaurants. Sa–Do 9–21 Uhr, Fr 15–22 Uhr, Qaryat al-Beri, zwischen den Brücken, Bain al-Jessrain, Abu Dhabi, Tel. 02/558 16 70, www.soukqaryatalberi.com

INFORMATION
Tourist Information. Al Maqta'a Palace, Al Magtaa Bridge, Tel. 02/444 04 44, www.visitabudhabi.ae

Waschung an der grünen Quelle Allahs.

ABU DHABI

23 Abu Dhabi Corniche
Promenade am Meer

Die Corniche ist Abu Dhabis Prachtstraße am Meer und führt fast acht Kilometer entlang der Nordküste der Stadt. Nur zu verständlich, dass die Meerespromenade *der* Ort ist für Spaziergänger und Jogger. Hier genießen sie eine erfrischende Meeresbrise und einen beeindruckenden Blick auf die Skyline der Metropole mit ihren luxuriösen Hotelbauten und Hightech-Wolkenkratzern, die jedoch eine bestimmte Höhe nicht überschreiten dürfen.

Dank ausgedehnter Grünanlagen wähnt man sich an vielen Stellen der Meerespromenade in einem Park am Meer, obwohl gleich daneben die sechsspurige und viel befahrene Stadtstraße verläuft. Alles ist makellos gepflegt, und man entdeckt kaum ein welkes Blatt bei den vielen Blumen und Stauden, die parallel zum jeweiligen Klima von einer Hundertschaft von Gärtnern passend zur neuen Jahreszeit ausgewechselt werden. Zwei Wäch-

Oben: Am Etihad Square in Abu Dhabi
Unten: Abu Dhabi Corniche: zwischen Meer und Wolkenkratzern

MAL EHRLICH

GAFFER AM OPEN BEACH
Alleinreisende Frauen genießen in den Emiraten hohe Sicherheit und können sich überall unbehelligt bewegen, wenn sie einige wichtige Bekleidungs- und Verhaltenstipps berücksichtigen. Unangenehm kann es aber werden, wenn Frauen allein im Bikini am Strand liegen. Aufmerksame bis zudringliche Blicke erntet man als Frau immer, mitunter folgen neugierige Fragen und aufdringliche Anmache. Besser, man weicht gleich aus auf hoteleigene Strände oder geht in Begleitung eines männlichen Geleitschutzes zum öffentlichen Strand.

Abu Dhabi Corniche

tern gleich flankieren die beiden Luxushotels »Sheraton« im Osten und »Hilton« im Westen die Abu Dhabi Corniche, für nicht wenige Bewohner das Wahrzeichen ihrer Stadt.

Lange Zeit prägten etwas in die Jahre gekommene Denkmäler wie überdimensionale arabische Kaffeekannen und der sogenannte Clock Tower, ein Uhrturm, die Szenerie. Nach einer aufwendigen Neugestaltung der Corniche erstrahlt heute alles im zeitgemäßen Look und bildet den geeigneten Rahmen für die gewaltige neue Skyline von Abu Dhabi. Heller Granit und dunkler Marmor sind mittlerweile das Parkett, auf dem Spaziergänger, Skater, Radfahrer und Jogger sich bewegen auf Abu Dhabis schönster Fitnessmeile.

Von Ost nach West

Am östlichen Ende der Corniche liegt nicht nur das »Sheraton«, sondern dahinter trifft man auch auf den iranischen und afghanischen *Suk*, benannt nach der Herkunft der Händler, die hier ihre Waren verkaufen: Dinge des täglichen Bedarfs, Elektronika, Schuhe und Teppiche. Reizvolle Fotomotive bieten der Gemüse- und Fischmarkt sowie der alte *Dau*-Hafen. Hier hat man die immer seltener werdende Gelegenheit, jene traditionellen Segelschiffe zu sehen, mit denen die Perlentaucher in früheren Jahrhunderten einst wochenlang auf dem Meer unterwegs waren. Noch heute werden die ganz aus Holz gefertigten und bis zu 60 Meter langen Boote in Handarbeit hergestellt und auch von den lokalen Fischern nach wie vor gern genutzt. Manchmal ergibt es sich, dass man in einer der *Dau*-Werften den Handwerkern – die zunehmend aus asiatischen Ländern stammen – bei der Arbeit zusehen kann. Auch die kommerzielle Nutzung der recht urtümlich aussehenden Segelschiffe hat zugenommen. So wurden einige

AUTORENTIPP!

PICKNICK AM CORNICHE BEACH

Zur hohen Lebensqualität der Bewohner trägt nicht zuletzt der 2008 eröffnete Corniche Beach bei, an der westlichen Seite der Promenade gelegen. Aufgeschütteter Sand schuf einen makellosen Strand, der das ganze Jahr über penibel gepflegt wird, und die passende Infrastruktur sorgt jeden Monat für Zigtausende zufriedene Besucher. Der insgesamt 4 Kilometer lange Strand der Westseite der Corniche gliedert sich in drei Abschnitte, nämlich einen kostenpflichtigen Bereich, der jeweils für Familien und Singles zugelassen ist, sowie den anderthalb Kilometer langen öffentlichen Strand, der Einheimische wie Touristen zum Picknicken einlädt.

Abu Dhabi Corniche Beach Park.
1100 Parkplätze innerhalb von 5 Gehminuten zum Strand.
Tgl. 8–20 Uhr, Eintritt für 10 Dh (2 €).
Der öffentliche Bereich ist kostenlos.

ABU DHABI

zu schwimmenden Restaurants umgebaut, und man hat, wie auch in Dubai, die Möglichkeit, an einer *Dinner Cruise* (Kreuzfahrt mit Abendessen) teilzunehmen.

Im Bereich der Perlenfischerei kann Abu Dhabi auf eine lange und glanzvolle Geschichte zurückblicken. Das Emirat entwickelte sich über die Jahrhunderte zu einem der bedeutendsten Zentren des Perlenhandels. Für eine lange Epoche galten die Perlen aus den Gewässern des Arabischen Golfs als schönste und weltweit begehrteste. Dabei war es all die Jahre eine überaus gefährliche Methode, mit der die Männer die Perlen ans Tageslicht brachten. Erst als in Japan ab 1930 japanische Zuchtperlen entwickelt wurden, verlor die Perlenfischerei ihre überragende wirtschaftliche Bedeutung. Doch nach wie vor genießt dieser Wirtschaftszweig im Bewusstsein der Menschen am Arabischen Golf große Bedeutung. Deutlich wird dies u.a. auch daran, dass Schulen den Namen von Perlen tragen oder das z.B. die Business Class der nationalen Fluggesellschaft Etihad den Namen Pearl Class trägt oder das Abu Dhabi Filmfestival regelmäßig den *Black Pearl Career Excellence Award* an besonders erfolgreiche Filmschaffende verleiht.

Entlang des Ostrings erstreckt sich eine weitere, etwas weniger spektakuläre und 4,5 Kilometer lange Corniche, die jedoch auf jeden Fall einen Tagesausflug wert ist: Im Rahmen einer weitreichenden Renaturierung der Meereslandschaft ist ein naturbelassener Mangrovensumpf wieder erstanden. Auf einem rund fünf Kilometer langen Panoramaweg kann man Ausblicke auf die Skyline von Dubai genießen und fühlt sich doch mitten in einer inspirierenden Umgebung, weit entrückt vom hektischen Treiben und dem Verkehrslärm in der City.

Oben: Edle Wolkenkratzer entlang der Abu Dhabi Corniche
Mitte: Perlenfischerei hat in Abu Dhabi eine lange Tradition,
Unten: Zahlreiche kleine Gärten und Parkanlagen prägen die Corniche.

Abu Dhabi Corniche

Joggen entlang der Corniche

Man startet am besten morgens in aller Frühe und gesellt sich, ausgestattet mit Turnschuhen und einer Flasche Wasser, zu den anderen Joggern, die auf der sechs Kilometer langen Corniche unterwegs sind. Ob Einheimische, Geschäftsreisende oder Urlauber – jeder, der die Morgenluft vor Erwachen der Stadt genießen will, findet hier nicht nur genügend Raum zum Atmen, sondern kann auch die Stille zwischen Meeresbrandung und prächtigen Hotelfassaden so richtig genießen. Ausgangspunkt ist der Osten der Corniche, da man auf diese Weise, direkt auf einige architektonische Highlights zusteuert und beispielsweise das »Emirates Palace Hotel« lange Zeit vor sich sieht.

Ⓐ **Sheraton Abu Dhabi Hotel & Resort** – Das Luxushotel ist der geeignete Startpunkt, da die Corniche weiter östlich noch nicht fertiggestellt ist und es dort von Baustellen wimmelt. Hier geht die nach Süden führende mehrspurige Salam Street (8th Street) in die Corniche Road East über. Tel. 02/677 33 33, www.sheraton.com/abudhabi, Corniche Road East

Ⓑ **Etihad Square** – Die Grünanlagen werden unterbrochen vom großen, lang gestreckten Platz mit diversen Denkmälern und einer kleinen, weißen Moschee. Weiter nach Süden gelangt man zu dem von dem Stararchitekten Sir Norman Foster entworfenen World Trade Center, der den alten Central Market ersetzt. Ab Etihad Square wird die Promenade Corniche Road West genannt.

Ⓒ **Baynunah Towers** – Eine der älteren Landmarken der Corniche sind die Hochhäuser mit der blauen Glasfassade.

Ⓓ **Corniche Beach** – Vorbei an üppigen und gepflegten tropischen Grünanlagen passiert man die Eingangstore zum öffentlichen, sehr gepflegten Strand mit touristischer Infrastruktur.

Ⓔ **Breakwater** – Eine breite Dammstraße zweigt ab zum künstlich geschaffenen Wellenbrecher-Areal, auf dem die Marina Mall, die Heritage Village und das Theater liegen.

Ⓕ **Emirates Palace Hotel** – Bereits einige Kilometer entfernt sieht man beim Joggen das majestätische Palasthotel. Corniche Road West, Ras Al Akhdar, Abu Dhabi, Tel. 02/690 79 99, www.kempinski.com/en/abudhabi

Ⓖ **Etihad Towers** – Die steil in die Höhe ragenden Wolkenkratzer sind ein neues Wahrzeichen der Stadt.

AUTORENTIPP!

BRUNCH AM FREITAGMITTAG

Die Corniche ist 7,7 Kilometer lang. Grund genug, unterwegs eine Pause zu machen und etwas Kühles zu trinken. Wenn man seinen Spaziergang an einem Freitagmittag – dem arbeitsfreien Tag in den Emiraten – unternimmt, herrscht in den zahlreichen Cafés und Restaurants am Meer eine besondere, relaxte Stimmung. Europäische Expatriates sitzen bei einem Latte Macchiato oder einem Lime Juice mit Kollegen zusammen, einheimische Familien bestellen die Karte rauf und runter – man fühlt sich an die französische Riviera erinnert, nur dass die Preise hier erfreulicherweise um einiges niedriger sind als in Nizza oder Cannes. Am besten, man entscheidet vor Ort, welchen der so nett im Beach Club-Stil gestylten Orte man aufsucht, und neben diversen Cafés gibt es auch mediterrane Restaurants, die vorzügliche Gerichte anbieten.

Der Lemon Mint ist als Erfrischung beliebt in den Emiraten.

ABU DHABI

Architektonische Wahrzeichen

Von außergewöhnlicher Architektur sind die fünf im postmodernen Stil erbauten Etihad Towers, die zwischen 234 und 305 Meter hoch sind und prestigeträchtige Firmen und Luxusapartments beherbergen. In den unteren Etagen sind die fünf aus Glas und Stahl errichteten Architekturikonen durch eine Podium genannte Konstruktion miteinander verbunden. Hier befindet sich auch der Shopping-Komplex Avenue at Etihad Towers, doch bei Geschäften wie Givenchy, Jaeger-Le-Coultre, Tom Ford und Hèrmes teilen sich die Besucher in zwei Gruppen. Während die einen eher fassungslos-amüsiert die Preise registrieren, halten andere ein Dutzend Einkaufstüten mit den Logos der Shops in der Hand. Anschließend trifft man sich im »Fauchon«, Kopie des in Paris ansässigen Traditionscafés und Delikatessengeschäfts.

Die Etihad Towers sind auch die Adresse des Luxushotels »Jumeirah al Etihad Towers«, dessen Lobby bereits einen Besuch wert ist. Aufgrund der umfangreichen Baumaßnahmen im Eingangsbereich kann es zum Teil noch zu Beeinträchtigungen kommen, wenn man sich dem Hotel zu Fuß nähern will, sodass sich die Anfahrt mit dem Taxi empfiehlt. Welch ein gewaltiger Kontrast: Nachdem man die niedrig gehaltene Vorfahrt des Eingangsbereichs passiert hat und durch die Tür getreten ist, befindet man sich in einem gewaltigen, von Sonne erfülltem Foyer mit einer beeindruckenden Höhe und blickt durch meterhohe Glasscheiben auf das Meer. Ein gelungener Effekt. Im Tower 2 befindet sich ein Aussichtsdeck mit Café in 300 Metern Höhe im 74. Stockwerk.

Die sogenannten Baynunah Towers – zu erkennen an der gläsernen, blau schimmernden Fassade – gehören zu den älteren Wahrzeichen der Stadt,

Abu Dhabi Corniche

zwei parallel zueinander erbaute und 1993 eröffnete Hochhäuser, mit je etwa 160 Metern Höhe, viele Jahre lang die höchsten Gebäude Abu Dhabis. Den Einheimischen sind die Türme u.a. deshalb wohlbekannt, weil hier einst die erste Konferenz der GCC (Gulf Cooperation Council-)Staaten tagte. Heute befindet sich in einem der Türme das »Bayunah Hilton Towers Hotel«, in dem Apartments untergebracht sind.

Kaffee und Kuchen

Zu den Klassikern der hiesigen Hotellerie gehört seit über drei Jahrzehnten das »Hilton Hotel«, gelegen an der Abzweigung zum künstlich angelegten Breakwater (Damm) vor der Corniche. Als eines der ersten Hotels im Emirat avancierte das Hotel schnell zum gesellschaftlichen Zentrum von Abu Dhabi, d.h., in den dortigen Cafés trafen sich die in weiße Dischdaschas gekleideten einheimischen Männer, um bei »Kaffee und Kuchen« anliegende Geschäftsangelegenheiten zu besprechen, und um die internationale Atmosphäre mit Urlaubern aus Europa und Asien zu genießen. In den bis zu 2000 Personen fassenden Veranstaltungsräumen wurden bereits Tausende von traditionellen Hochzeiten ausgerichtet – kein Wunder, dass das äußerlich etwas in die Jahre gekommene Hotel zu den Landmarken der Stadt gehört.

Eine Besonderheit ist der zum »Hilton« gehörende, 380 Meter lange Privatstrand mit weißem, top gepflegten Sand und dem Blick auf Breakwater und die Skyline von Abu Dhabi. Tatsächlich liegt dieser »Hiltonia Beach Club« an der schönsten Stelle der weit geschwungenen Bucht von Abu Dhabi – ein herrlicher Ort, um sich ungestört zu erholen oder den Tag im Beach Restaurant zu beenden und dem Rauschen der Wellen zu lauschen, die sanft ans Ufer schlagen.

AUTORENTIPP!

ARABISCHE NÄCHTE

Welches ist das schönste Hotel Abu Dhabis? An dieser Frage scheiden sich die Geister, wenn es jedoch um die Suche nach dem sympathischsten Wohlfühl-Hotel geht, dann ist der Fall schnell klar: Es ist das »Sheraton Abu Dhabi Hotel & Resort«. Das bereits seit Jahrzehnten existierende Hotel ist nicht zu abgehoben, statt hypermodernem Design gibt es hier schön gestaltete Zimmer mit Balkon, von denen aus man auf die Bucht und auf Palmen blickt – die Stadt scheint sehr weit entfernt, obwohl man nur das Hotel verlassen muss, um sich auf der Corniche zu befinden. Es gibt ein Dutzend Restaurants, Bars und Cafés. Die »Beach Bar« im Sheraton-Hotel empfinden viele als so chillig, dass sie oft dort hängen bleiben.

Sheraton Abu Dhabi Hotel & Resort. Tel. 02/677 33 33, www.sheraton.com/abudhabi, Corniche Road East

Luxuriöser Strandkorb im »Hilton«

Infos und Adressen

SEHENSWÜRDIGKEITEN

Etihad Towers Observation Deck. Die in 300 m Höhe gelegene Aussichtsterrasse ist der höchste Punkt in Abu Dhabi. Das dazu gehörende Café bietet sich an für einen stilvollen *High Tea* (Nachmittagstee). Tgl. 10–18 Uhr, Eintritt 75 Dh, Kinder bis 6 Jahre frei. Etihad Towers, Tower 2, Corniche Road West

ESSEN UND TRINKEN

Al-Fanar. Das Drehrestaurant auf dem Dach des »Le Meridien« bietet französische Küche und erlaubt aus 120 m Höhe einen umfassenden Blick auf die Stadt und den Arabischen Golf. Reservierung empfohlen. Tgl. 19–23.30 Uhr, Fr 12.30–15.30 Uhr. Hotel Le Meridien, 25. Etage, Sheikh Khalifa Street, Tel. 02/674 20 20, www.alfanarabudhabi.com

Restaurant Brasserie Angelique im Hotel »Jumeirah at Etihad Towers«

Bocca. Hummer-Tagliatelle und Gnocchi in Sahnesauce: Das italienische Familienrestaurant serviert Pasta-Klassiker, Pizzen und Fleischgerichte. Tgl. 12–23 Uhr, Hilton-Hotel, Corniche Road West, Tel. 02/681 19 00, www.hilton.de

Café du Roi. Günstiges und bei Einheimischen wie *Expatriates* sehr beliebtes Café, hier isst man Cheese Sandwiches und Croissants, trinkt Cappuccino XL. Tgl. 7–24 Uhr, Mezzanine, Al-Hana Tower, Corniche Road West, Al-Khalidya, Tel. 02/681 50 96

Fauchon at Avenue at Etihad Towers. Hier kauft oder isst man die berühmten französischen Éclairs und trinkt dazu einen *Café au lait* (Kaffee mit Milch). Tgl. 8–1 Uhr, Avenue at Etihad Towers, Etihad Towers, Corniche Road West, Tel. 02/667 28 91, www.avenueatetihadtowers.ae

Fishmarket. Der Klassiker und immer wieder schön: Man sucht sich selbst Fisch und Meeresfrüchte, Gemüse und Salate aus und bestimmt die Zubereitung je nach individuellem Geschmack. Tgl. 12.30–16, 19–23 Uhr; Hotel Inter Continental, Al-Baynunah Street, Tel. 02/666 68 88, www.dining-intercontinental-ad.ae

La Mer Seafood. Elegantes Fischrestaurant, zurückhaltende maritime Gestaltung mit großen Fenstern zum Meer, hervorragende Küche, wiederholt als bestes Seafood-Restaurant der Stadt bewertet. So–Do 12–15 Uhr, tgl. 19–24 Uhr, Hotel Sofitel Abu Dhabi Corniche, Corniche Road East, Tel. 02/813 77 77, www.sofitelcom.com

ÜBERNACHTEN

Al-Ain Palace. Nettes Mittelklassehotel in bester Corniche-Lage und nur 20 Min. vom Flughafen entfernt. Nicht nur von außen sehr beeindruckend, beherbergt es auch ein preisgekröntes Restaurant. Corniche Road East, Tel. 02/679 47 77, www.alainpalacehotel.com

Hilton Abu Dhabi mit Hiltonia Beach Club. Nach wiederholten Renovierungsarbeiten überzeugt das äußerlich weniger attraktive Haus durch gediegene Wohlfühlatmosphäre. Pluspunkt ist zudem der herrliche Hiltonia Beach Club, für Hotelgäste kostenlos. Corniche Road West, Tel. 02/681 19 00, www.hilton.de

Jumeirah at Etihad Towers. Auch wer hier nicht wohnt, sollte einmal die gewaltige Lobby-Lounge besuchen und dort einen Kaffee trinken, der stilvoll zelebriert wird. Corniche Road West, Tel. 02/811 55 55, www.jumeirah.com

Abu Dhabi Corniche

Luxus im »Jumeirah at Etihad Towers«

Sofitel Abu Dhabi Corniche. Das im sogenannten Capital Plaza Complex untergebrachte Fünfsternehotel (günstiger als andere Häuser dieses Segments) bietet Luxus und perfekten Service für Gäste, die keine direkte Strandlage erwarten. Großzügiger Pool-Bereich. Corniche Road East, Tel. 02/813 77 77, www.sofitelcom

EINKAUFEN

Avenue at Etihad Towers. Sa–Do 10–22 Uhr, Fr 15–23 Uhr, Etihad Towers, Corniche Road West, www.avenueatetihadtowers.ae

AKTIVITÄTEN

Abu Dhabi Dhow Cruise. Eine Fahrt entlang der Corniche mit einer *Dau*. Freitags und samstags werden Lunch Cruise (13–15 Uhr inkl. Mittagessen) und Sunset Cruise (17–19 Uhr, zum Sonnenuntergang) angeboten und täglich Dinner Cruise (21–23 Uhr inkl. Abendessen). Buchung unter www.abudhabidhowcruise.com

FunRideSports. Tgl. 6.30–24 Uhr; an vier Stellen der Corniche lassen sich Fahrräder mieten, das Zentrum findet sich vor dem Hiltonia Beach Club. 30 Dh/Std. Tel. 02/445 58 38, www.funridesports.com

AUSGEHEN

Tequilana Discotheque. Auch in Abu Dhabi beschränkt sich das Nachtleben hauptsächlich auf Hotels, wo Alkoholausschank erlaubt ist. Das Mindestalter für Diskothekenbesucher ist 21 Jahre und wird anhand des Reisepasses kontrolliert. So–Fr 22–3.30 Uhr, Hilton-Hotel, Corniche Road West, Tel. 02/681 19 00, www.hilton.de

Es lohnt sich, einmal einen Blick zu werfen in die Lobby des »Jumeirah at Etihad Towers«.

ABU DHABI

24 Emirates Palace
Palast und Hotel

Nicht etwa die himmelstürmende Skyline von Abu Dhabi ist der eigentliche Hingucker, wenn man entlang der Corniche läuft, sondern ein gewaltiges, schlossähnliches Bauwerk. Wie magisch zieht es die Blicke auf sich: Einen solchen Hotelpalast der Superlative hat man noch nicht gesehen. Tatsächlich hat der »Emirates Palace« aber noch viel mehr Funktionen jenseits von Pomp und Prestige.

Die Vorfahrt durch den Nebeneingang zum Hotel ist beeindruckend, vorbei an mehr als 200 Wasserspielen nähert man sich dem Schloss. Dann öffnen in prächtige und vom italienischen Modedesigner Armani entworfene Uniformen gekleidete Angestellte die Wagentüren, und man tritt ein in den Palast. Eine Komposition aus elfenbeinfarbenem und ockergelbem Marmor und Säulen, wohin man auch blickt. Weitere Entdeckung: Im Inneren des Palastes duftet es nach einer Mischung aus orien-

Oben: Großartiges »Emirates Palace Hotel«
Unten: Auch innen ein Palast: das von Kempinski unterhaltene »Emirates Palace Hotel«

> ### MAL EHRLICH
> **PALAST DER VERSCHLUNGENEN WEGE**
> Das »Emirates Palace« besitzt einen 1,3 Kilometer langen Privatstrand, weiß und feinsandig, sowie gewaltige Swimmingpools. Für einen entspannten Badeurlaub ist das Hotel aber nur bedingt die richtige Adresse. Aufgrund der riesigen Dimensionen des Bauwerks hat man lange, z.T. unübersichtlich wirkende Flure zurückzulegen. Ist man gar mit Kindern unterwegs, kann der Gang zum Pool zur Expedition werden, und wenn die Kleinen etwas im Zimmer vergessen haben, ist der Weg zurück eine nervige Angelegenheit.

Auditorium des »Emirates Palace Hotel«

talischen Gewürzen und Rosen. Ein satter Goldglanz überzieht viele Einrichtungsgegenstände, und auch die Decken sind blattvergoldet.

Der Beginn einer neuen Ära

Für den Herrscher von Abu Dhabi, Sheikh Khalifa Bin Zayed al-Nahyan, der nach dem Tod seines Vaters Sheikh Zayed am 2. November 2004 Emir von Abu Dhabi wurde und Präsident der VAE, war die Eröffnung des Bauwerks eine Sternstunde, gleichbedeutend mit dem Beginn einer neuen Ära. Diese wurde praktisch mit seinem Regierungseintritt eingeläutet, als per Dekret der neue Status Abu Dhabis als Tourismusdestination beschlossen und eine eigene Tourismusbehörde, die Abu Dhabi Tourism Authority (ADTA), ins Leben gerufen wurde. Nach einer eher gemächlichen Anlaufphase erwachten die Verantwortlichen um die Jahrtausendwende, als in Dubai das »Burj Al Arab« eröffnet wurde und weltweit für Aufmerksamkeit sorgte. Abu Dhabi, das wesentlich größere und auch reichere Emirat, wollte nicht nachstehen. Man entschloss sich daher zur Errichtung eines Palastes, der alle bisherigen baulichen Dimensionen übersteigen sollte, und europäische wie auch arabische Gestaltungsmerkmale architektonisch vereint. Kein Wunder, dass die geschätzten Baukosten wohl um die 1,5 Milliarden Euro lagen.

AUTORENTIPP!

SAADIYAT ISLAND EXHIBITION
Ein Besuch des »Emirates Palace« lohnt sich auch aus kulturellen Gründen, und man ist nicht verpflichtet, hier einen teuren Emirates-Cappuccino, einen mit Blattgoldpulver bestäubten Cappuccino (wie er im »Le Café« serviert wird) zu trinken, wenn man ein knappes Budget hat. Die frei zugängliche Dauerausstellung im »Emirates Palace« über die Bauprojekte auf Saadiyat Island ist unbedingt sehenswert, und man kann gleich nach Betreten des Palastes danach fragen. Anhand von Modellen sieht man hier, welche Museumsbauten gegenwärtig auf Saadiyat Island entstehen. Man sieht, wie das Guggenheim-Museum von Frank Gehry aussehen wird und erfährt einiges über das Projekt Louvre für Abu Dhabi. Und ganz nebenbei erhält man bei einem Besuch der Ausstellung auch einen ersten Eindruck vom »Emirates Palace«.

Emirates Palace. Tgl. 10–22 Uhr, Gallery One, Tel. 02/690 82 07, www.kempinski.com/de/abudhabi

ABU DHABI

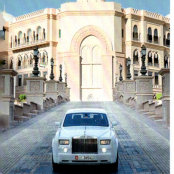

Oben: Stilvoll anreisen, stilvoll abreisen …
Mitte: Im Spa-Bereich des Hotels
Unten: Room Service auf die Spitze getrieben

Wie im Petersdom

Und so misst das Bauwerk vom West- zum Ostflügel bald einen Kilometer. Die über dem Zentrum errichtete und von zahlreichen kleineren Kuppeln umgebene Hauptkuppel weist einen Durchmesser von 42 Metern auf. Zum Größenvergleich: die Kuppel des Petersdomes in Rom ist mit 42,34 Meter kaum größer. Acht Fenster lassen die Strahlen der Sonne ins Innere eindringen, direkt ins Atrium, von dem aus die beiden Hotelflügel abzweigen. Staatsgästen ist der Haupteingang vorbehalten, der durch einen gewaltigen Torbogen, höher als der Pariser Arc de Triomphe (Triumphbogen) führt. Tatsächlich fungiert der Palast nämlich auch als Gästehaus der VAE-Regierung. Neben den Regierungsoberhäuptern des Gulf Cooperation Council (GCC) logierte hier auch schon Bundeskanzlerin Angela Merkel. Als bedeutendstes Konferenzzentrum der Region hat sich der »Emirates Palace« einen Namen gemacht, parallel zur Entwicklung Abu Dhabis zur Finanzmetropole.

Orientierungskurs im Hotel

Besucher wie Gäste des von Kempinski betriebenen Hotels haben anfangs mit der Orientierung zu kämpfen angesichts der überall durchgängig gleich aussehenden Prachtentfaltung und der eher diskret verteilten Hinweisschilder. Es heißt, dass einige der insgesamt über 2000 Angestellten des Hauses anfangs einen zweitägigen Orientierungskurs absolvieren, um nicht in Verlegenheit zu geraten, wenn sie nach dem Weg gefragt werden. Wiederholt war das »Emirates Palace« Schauplatz für Dreharbeiten von Filmcrews aus aller Welt. Auch Modeshootings, Kulturevents und Konzerte finden hier statt. Kulturelles Highlight sind die während des alljährlichen Filmfestivals die hier ausgerichteten Premierenfeiern. Dann trifft hier Bollywood auf Hollywood.

Emirates Palace

Infos und Adressen

ESSEN UND TRINKEN

Diwan l'Auberge. Arabische Küche vom Feinsten, dazu dezente Livemusik und ein edles Ambiente. Den Diwan kennt in Abu Dhabi jeder Einheimische. Schön, wenn man hier nicht auf die Preise achten muss. Tgl. 12–24 Uhr, Tel. 02/690 79 99

Étoiles. Der Name steht für das Trio aus Restaurant, Club und Lounge; und wenn man nach Sonnenuntergang den Sternenhimmel sieht und das nahe Meer ahnt, genießt man die edle Atmosphäre umso mehr. Restaurant So–Fr 19–22.30 Uhr, Bar Mo–Fr 23–3 Uhr, Club So–Fr 19–23.30 Uhr, Tel. 02/690 79 99

Marina des »Emirates Palace«

ÜBERNACHTEN

Kempinski Emirates Palace Hotel. Corniche Road West, Ras Al Akhdar, Tel. 02/690 79 99, www.kempinski.com/en/abudhabi

EINKAUFEN

Barakat Gallery. Eher zum Schauen als zum Erwerben sind die seit Generationen in Besitz der Barakat-Familie stammenden Kunstobjekte aus Ägypten und dem Mittelmeerraum, Ostasien, Afrika und Zentralamerika, z.T. über zwei Jahrtausende alt. Tgl. 10–22 Uhr; Ostflügel des Emirates Palace, Tel. 02/690 89 50, www.barakatgallery.com

Die Suiten verfügen über eigene Esszimmer.

Le Café. Earl Grey oder doch lieber Darjeeling? Der traditionelle *High Tea* wird von 14–18 Uhr serviert. Davor oder danach können Neugierige schon mal einen Camel Burger (Hamburger aus Kamelfleisch) probieren. Tgl. 6.30–1 Uhr, Tel. 02/690 79 99

Le Vendôme. Frühstücken wie ein Kaiser – in diesem Büfettrestaurant wird es endlich wahr. Das Ambiente ist drinnen wie auf der Terrasse eines Palastes würdig, und Qualität und Auswahl der Speisen entsprechen dem überaus hohen Standard des Hauses. Tgl. 6.30–11 Uhr, Tel. 02/690 79 99

Nur für Hotelgäste

ABU DHABI

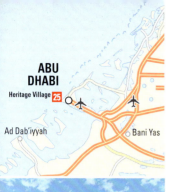

25 Heritage Village
Besuch in der Vergangenheit

All das, was das Leben in der Wüste in früheren Jahrhunderten überhaupt erst ermöglichte und typisch war für die Region, findet sich heute in einem nachgebauten Dorf: Ein Zebu-Ochse fördert Wasser aus einem Brunnen ans Tageslicht, zwei Kinder reiten auf einem Esel, ein Töpfer fertigt bauchige Krüge und Töpfe. Und vom Café des Freilichtmuseums blickt man auf das Meer und die Skyline von Abu Dhabi – welche Kontraste!

Ein Freilichtmuseum mögen auch diejenigen Besucher, die ansonsten lieber einen großen Bogen um kulturelle Einrichtungen machen. Und das Heritage Village von Abu Dhabi ist besonders gelungen. Hier zeigt man nicht nur den Touristen, sondern auch den jungen Einheimischen und deren Kindern, wie es in Abu Dhabi noch vor wenigen Jahrzehnten ausgesehen hat. Der überaus große Erfolg des Heritage Village erklärt sich aber nicht nur aus der gelungenen Umsetzung des Konzeptes,

Oben: Heritage Village
Unten: Orientteppiche bedecken den Wüstenboden in traditionellen Zelten in Abu Dhabi.

MAL EHRLICH
NEVER ON A FRIDAY

Man muss es wirklich mögen, um sich dem auszusetzen: Freitags in die Marina Mall bedeutet eine Übung in Geduld. Der sehr große Parkplatz ist voll, nach Parkplätzen suchende Autos kurven umher, andere wollen den Ort wieder verlassen. In den Cafés bekommt man keinen freien Tisch, und das schmutzige Geschirr vom Vorgänger wird nicht abgeräumt. In den Shops sieht es etwas besser aus, im Carrefour-Supermarkt ist der Teufel los. Besser, man kommt wieder an einem anderen Tag.

Heritage Village

sondern auch aus der landschaftlich so schönen Lage an dem der Corniche gegenüberliegenden künstlich geschaffenen Wellenbrecher, genannt Breakwater. Von hier aus genießt man hervorragende Panoramablicke auf die sich ständig vergrößernde Stadt, und die Skyline von Abu Dhabi erscheint besonders großartig.

Barasti-Hütten und Beduinenzelte

Gleich nachdem man durch ein gewaltiges, von zwei Türmen flankiertes Holztor getreten ist und man sich innerhalb der umfassenden Lehmmauer befindet, hat man die Gegenwart hinter sich gelassen. Bald zwei Dutzend unterschiedliche Themenbereiche vermitteln einen überaus authentischen Eindruck vom Leben in früheren Jahren. Barasti-Hütten, in denen einst kinderreiche Familien lebten, prägen die Oasensiedlung. Deutlich zu sehen ist die einfache und doch kunstvolle Art, mit der getrocknete Palmwedel miteinander verflochten wurden, um Schutz vor Sand und Sonne zu bieten. Nicht weit entfernt wurden Beduinenzelte aufgebaut, aus Ziegen- und Kamelhaar gewebt. Drinnen erkennt man einige Küchenwerkzeuge, Sitzkissen und sogar Teppiche. Geht man weiter, trifft man auf Hütten, in denen Frauen altertümliche Haushaltsgeräte, Spazierstöcke, Weihrauch und andere Dinge verkaufen, die den Bewohnern in dieser Region noch vor einer Generation bedeutsam waren. Außerdem erfährt man, wie kunstvoll in dieser so wasserarmen Region Landwirtschaft betrieben wurde und wie die noch heute in Gebrauch befindlichen Falaj-Bewässerungskanäle funktionieren. Das System, mit dem Wasser aus Gebirgen oder Oasenquellen oberirdisch und kilometerweit in offenen Kanälen zu den Feldern geleitet wurde, ist über tausend Jahre alt. Dabei wird kein Tropfen vergeudet.

AUTORENTIPP!

ARABISCHE MEZZE

Wenn Einheimische essen gehen, dann bestellen sie am liebsten ihre gewohnten Gerichte. Doch hier stimmt auch die Atmosphäre: In dem urigen Gartenrestaurant »Breakwater Local Café« sitzt man entspannt im Freien und genießt den Blick auf die Abu Dhabi Skyline. Darüber hinaus werden hier die mittlerweile auch bei einheimischen Frauen beliebten Schischas (Wasserpfeifen) für 15 bis 20 Dirham serviert. Man(n) und Frau genießen einige Züge aus der Schischa, es wird viel und lange telefoniert und am Fruchtsaft genippt. Besonders gut schmecken hier auch *Hummus* (Kircherbsenpüree) und arabische Pizzas. Neben den *Locals* sind auch viele in Abu Dhabi lebende *Expatriates* hier, die ihren Feierabend bzw. das Wochenende genießen oder ihren Besuch hierher ausführen.

Breakwater Local Café. Breakwater, vor dem Heritage Village, tgl. 16–23 Uhr, Tel. 02/666 20 85

ABU DHABI

Kunstvolle Handarbeit

Ganz in der Nähe liegt das sogenannte Handicraft Centre, wo Seifensieder, Glasbläser, Töpfer und Lederwarenhersteller an der Arbeit sind und man in kleinen Shops Gewürze und Henna erstehen kann. Besonders angesagt bei den Einheimischen ist ein Besuch im Heritage Village an Freitagen und in den späten Nachmittagsstunden gemeinsam mit ihren Kindern. Auch als ausländischer Besucher sollte man dann hierherkommen, denn es trägt doch wesentlich zur Atmosphäre bei, wenn man sich inmitten von Einheimischen bewegt, statt allein mit anderen Touristen über die Wege zu laufen. An Feiertagen finden darüber hinaus regelmäßig kulturelle Veranstaltungen statt, Männer führen alte Tänze auf, es wird musiziert und gesungen. Höhepunkt ist natürlich der 2. Dezember, wenn der Tag der Staatsgründung (1971) gefeiert wird. Einen Besuch wert ist abschließend das »Al Asalah Heritage Restaurant«, das sich zum Strand (baden leider nicht erlaubt) öffnet mit herrlichem Blick auf die Skyline von Abu Dhabi.

Zeltarchitektur für die Shopping Mall

Nach Verlassen des Heritage Village lockt das 21. Jahrhundert in Form der edlen Marina Mall zum Geldausgeben. Tatsächlich ist diese Shopping Mall mit ihrer auffälligen Zeltdacharchitektur schon von Weitem sichtbar, und auch der dazugehörende, über 100 Meter hohe Aussichtsturm mit Café-Restaurant zieht Besucher an. Wer in Abu Dhabi ansässig ist, schätzt besonders den im Untergeschoss liegenden Carrefour-Supermarkt mit seiner gewaltigen Auswahl an Obst, Gemüse, Käse und Lebensmitteln aus allen Teilen der Welt. In den oberen Etagen trifft man auf das in den Emiraten übliche Sortiment an Luxusboutiquen, Cafés und Restaurants sowie einem Food Court.

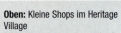

Oben: Kleine Shops im Heritage Village
Mitte: Henna-Malereien schmücken traditionell die Handinnenflächen.
Unten: In der Regel bedecken nur Beduinen-Frauen ihr Gesicht.

Heritage Village

Infos und Adressen

ESSEN UND TRINKEN

Al Asalah Heritage Restaurant. Eine Hommage an die lokale Küche. Neben köstlichen *Mezze* (kalte Vorspeisen) serviert man Fangfrisches aus dem Meer, Steaks und Gemüse vom Grill, das Ganze in gepflegter Atmosphäre mit rustikal-arabischer Note und zu moderaten Preisen. Tel. 02/681 21 88 oder 02/681 59 18, E-Mail: alasalah@mail.com

Café Moka. Hier gibt's fast alles: asiatische und mexikanische Küche, orientalische Spezialitäten und Pizza & Pasta. Tgl. 9–24 Uhr, Marina Mall, Breakwater, Tel. 02/681 23 55

Sightseeing-Bus vor der Marina Mall

Colombiano. Donnerstagsabend herrscht Hochbetrieb, wenn eine Band heiße Latino-Rhythmen zum Besten gibt – das alles in beachtlicher Höhe von 124 Metern. Tgl. 9–1 Uhr, Marina Tower, neben Marina Mall, Tel. 02/681 55 33

Havana Café. Seit jeher beliebt wegen des schönen Ausblicks auf Meer und Stadt: Hier trifft man sich zu einer Schischa mit Erdbeergeschmack, deren Duft die Terrasse erfüllt. Tgl. 8–23 Uhr, Breakwater (gegenüber Marina Mall), Tel. 02/672 44 00

Marina Café. Immer wieder schön: einen Kaffee oder frisch gepressten Saft zu sich nehmen, während man auf die Bucht und die Corniche schaut. Tgl. 16.30–1.30 Uhr, Breakwater, Tel. 02/681 64 40

EINKAUFEN

Marina Mall. Abu Dhabis schönste und größte Mall. Sa–Mi 10–22 Uhr, Do 10–23 Uhr, Fr 14–23 Uhr, Breakwater, Tel. 02/681 83 00, www.marinamall.ae

AUSGEHEN

Abu Dhabi Theater. Auch während des Tages lohnt sich ein Spaziergang zum architektonisch auffälligen hübschen Theater am Ende von Breakwater. Tel. 02/681 88 21, www.abudhabitheater.com

INFORMATION

Heritage Village, Breakwater, Eintritt frei Tel. 02/681 44 55, Sa–Do 9–14, 17–21 Uhr

Shopping in Abu Dhabi ist ebenso luxuriös wie in Dubai.

ABU DHABI

26 White Fort and Cultural Foundation
Weißes Fort mitten in der Stadt

Historisches Wahrzeichen: Das Qasr al-Hosn ist nicht nur das älteste Bauwerk der Stadt, sondern verkörpert auch die Geschichte des Emirats, von den bescheidenen Anfängen als Beduinensiedlung zur reichen Erdöl-Metropole. Über zwei Jahrhunderte lang lebten hier die Herrscher Abu Dhabis, und um die Entstehungsgeschichte der mächtigen Festung ranken sich viele Legenden.

Das wegen seiner strahlend weißen Farbe White Fort genannte und von den Briten auch als The Old Fort bezeichnete Qasr al-Hosn wurde an einer bedeutsamen, nahezu mystischen Stelle erbaut. Es soll im Jahr 1761 gewesen sein: Eine Gruppe von Beduinen vom Stamm der Bani Yas und aus der Oase Al-Liwa stammend befand sich auf der Jagd, als ihnen eine außergewöhnlich erscheinende Gazelle begegnete. Die Männer verfolgten das schöne Tier, das sie zur Spitze einer Insel und zu einer Süßwasserquelle führte – ein natürliches Wunder in dieser wasserarmen Wüstenregion.

Geburtsstunde von Abu Dhabi

Clan-Chef Sheikh Dhiyab Bin Isa (1761–93) ließ daraufhin einen Wachturm aus Lehm erbauen und nannte den Ort Abu Dhabi, nämlich »Vater der Gazelle«. Unter seinem Sohn Shakhbout Bin Dhiyab (1793–1816) wurde schließlich der gesamte Sitz des Stammes von der Oase Liwa hierher verlegt und eine Festung aus Stein erbaut, die seinen Familienmitgliedern als Wohnsitz diente. Für mehr als 200 Jahre lang sollte die mächtige und gut be-

Traditionelle Architektur im Bereich des Forts

White Fort

festigte Palastanlage politisches Zentrum der Macht von Abu Dhabi bleiben, zunächst umgeben von Wüste, so weit man blicken konnte, anschließend von niedrigen Lehmhäusern, die im 21. Jahrhundert modernen Bürohochhäusern wichen. Erst mit dem Ende der Regierungszeit von Sheikh Shakhbout Bin Sultan (1928-66) wurde das Fort mit den vier wuchtigen Ecktürmen verlassen, eine Ära, die gekennzeichnet war durch den Niedergang der Perlenfischerei aufgrund billiger japanischer Zuchtperlen.

Schwarzes Gold

In dieser Schicksalszeit, die die Golfküste vorübergehend in Armut stürzte, fiel die Entdeckung von Erdöl, und es war im Jahr 1939, als Sheikh Shakhbout Bin Sultan im Qasr al-Hosn mit der British Petroleum Company (BP) einen Vertrag über Bohrungen und Förderung des Erdöls schloss. Das Fort wurde aufwendig saniert und elektrifiziert, eine gewaltige Neuerung und Zeichen des Fortschritts in der gesamten Region. Mit der Ernennung von Abu Dhabi als Hauptstadt der VAE wurde Qasr al-Hosn unter Sheikh Zayed Bin Sultan (1918-2004) bis 1990 zum Verwaltungssitz ernannt. Die Wiedereröffnung des Bauwerks wird von allen in Abu Dhabi mit Spannung erwartet.

Cultural Foundation

Gegenüber dem Weißen Fort liegt die Cultural Foundation, Herz des kulturellen Lebens in Abu Dhabi und Zentrum von zahlreichen kulturellen Veranstaltungen. Auffällig ist das in strahlendem Weiß leuchtende Bauwerk, das in den 1980er-Jahren im arabischen Stil mit Arkadengängen und Galerien errichtet wurde und dessen Gärten mit ihren Schatten spendenden Bäumen und den üppig blühenden Gewächsen Besucher erfreuen.

Infos und Adressen

SEHENWÜRDIGKEITEN
Cultural Foundation. In permanenten Ausstellungen sind Exponate aus der Frühgeschichte des Emirates wie aus der Ära vor dem Erdölboom zu sehen. Abu Dhabi Culture & Heritage Centre, So-Do 8-15 Uhr, 17-20 Uhr, Fr 17-20 Uhr, Sa 9-12, 17-20 Uhr, Sheikh Zayed 1st Street, Tel. 02/621 53 00

ESSEN UND TRINKEN
Golden Fork. Philippinische und chinesische Küche, dazu internationale Klassiker zu niedrigen Preisen, freundlicher Service. Inzwischen zählt die renommierte Gastronomiekette landesweit 18 Restaurants und zwei Bäckereien. Tgl. 9.30-24 Uhr, Sheikh Zayed First Street, Tel. 02/627 15 83, www.goldenforkgroup.com

ÜBERNACHTEN
Cristal. Das Hotel der auf der Arabischen Halbinsel renommierten Kette bietet weiträumige, äußerst gepflegte Zimmer mit Flachbildfernsehen, Tee- und Kaffeezubereitung sowie modernen Bädern, mehreren Spezialitäten-Restaurants, u.a. auch ein beliebtes Grillrestaurant im obersten Stockwerk. Muroor Road (4th Street), Tel. 02/652 00 00, www.cristalhospitalty.com

INFORMATION
Tourism Campus. Khalifa Park, Tel. 02/444 04 44, www.tcaabudhabi.ae

ABU DHABI

27 Yas Island
Glückliches Abu Dhabi

Das Emirat besitzt gleich mehrere stadtnahe Inseln, die für den Tourismus erschlossen sind. Auf Yas Island, südöstlich von Abu Dhabi-Stadt und mit einem Highway und Brücken mit dem Festland verbunden, dreht sich alles um den Motorsport. Und mit der Austragung des ersten Formel 1 Etihad Airways Abu Dhabi Grand Prix ist der Yas Marina Circuit weltweit bekannt geworden.

Der Eröffnung der ersten Formel-1-Rennstrecke der VAE gingen vierjährige Planungen voraus, und 2007 konnte mit dem Bau der 5,5 Kilometer langen Bahn begonnen werden. Besonderheit des Yas Marina Circuit ist die Tatsache, dass die Formel-1-Rennen erst am späten Nachmittag starten und mit beginnender Dunkelheit gewaltige Flutlichtmasten die Strecke taghell ausleuchten. Architektonisches Highlight der Rennstrecke ist der Yas Tower. Hier sitzen VIPs aus aller Welt, umgeben

Oben: Ferrari World aus der Luft betrachtet.
Unten: Traumauto für Ferrari-Fans

> ### MAL EHRLICH
> **FERRARI WORLD FÜR WAHRE FANS**
> Mitunter wird der Freizeitpark über alle Maßen gelobt, werden in den Medien seitenlang die einzelnen Attraktionen beschrieben. Tatsächlich ist der Hype, der um Ferrari World gemacht wurde und wird, zum großen Teil regelrecht übertrieben. Der Themenpark ist generell einen Besuch wert, echte Rennsport- und Ferrarifans werden hierher pilgern und sich im »Logo Shop« eindecken. Auch Jugendliche lieben die schnellen Fahrten; doch dem durchschnittlichen Besucher, der mit großen Erwartungen kommt, ist ein Besuch nur bedingt zu empfehlen.

Yas Island

von den Emiren und Herrschern der Region, um einen unübertrefflichen Einblick auf die 1,7 Kilometer lange Gerade der Strecke zu erhalten.

Ferrari World & Co.

Im Anschluss an die Rennen gibt es gewöhnlich ein großes Konzert, 2012 trat beispielsweise Eminem vor den insgesamt 50 000 Zuschauern aus aller Welt in der »du Arena« von Yas Island auf. Untrennbar verbunden mit der Formel 1 ist das Hotel »Yas Viceroy«, dessen zwei Gebäudeflügel die Rennstrecke überpannen, eine futuristische High-Tech-Konstruktion, die sich wie ein gerade gelandetes Ufo über die Rennbahn legt. Besonders nachts ist der Eindruck unbeschreiblich, wenn unzählige Leuchtdioden das freitragende Dach in ein Lichtermeer verwandeln.

Ebenfalls auf Effekte setzt Ferrari World. Der 20 Hektar große Themenpark outet sich bereits aus der Ferne bzw. aus der Luft, nämlich beim Landeanflug auf Abu Dhabi, mit seinem feuerroten Dach, auf dem das Ferrari-Logo prangt, ein galoppierendes Pferd. Drinnen geht es nicht weniger rasant zu, und die Achterbahn Formula Rossa gilt als schnellste der Welt. Besucher sitzen in einem Ferrari-Modell und erleben Beschleunigungsgeschwindigkeiten, die ihnen die Haare zu Berge stehen lassen. Im G-Force wiederum wird man über das Zeltdach hinaus ins Freie auf einen 62 Meter hohen Turm gehievt, um anschließend in nahezu freiem Fall in die Tiefe zu stürzen.

Bella Italia

Mehrere Restaurants und Cafés stimmen das Loblied an auf die gute italienische Küche. Von »Mamma Rosella« heißt es gar, dass es hier die beste Pizza der Emirate gibt, die – natürlich –

Oben: Futuristische Formen des »Yas Viceroy«-Hotels
Mitte: Golfplatz auf Saadiyat Island
Unten: Im Dunkeln wie ein Raumschiff illuminiert: «Yas Viceroy»-Hotel

AUTORENTIPP!

FAJITAS & CO. IM AMERIGOS
In Abu Dhabi und auch auf Yas Island gibt es ungezählte Möglichkeiten, viel Geld beim Restaurantbesuch auszugeben. Wer auf *Wagyu Beef* (vom japanischen Wagyu-Rind) und Golfplatz- oder Marinablick verzichten kann und dennoch nett im Freien sitzen mag und gute, unprätentiöse mexikanische Küche zu schätzen weiß, wird hier glücklich. Restaurantkritiker der Zeitschrift *Timeout Abu Dhabi* loben die stilvolle und schmackhafte Küche in höchsten Tönen. Anders als viele Lokale, die mexikanische Tex-Mex-Küche (mit Fast-Food-Qualität) anbieten, kann man hier auch ausgefallene Gerichte bestellen. Köstlich sind hier die typische Guacamole (Avocadocreme) und als Dessert die Mousse au Chocolat – danach kann man bei einem Drink am Pool so richtig schön chillen.

Amerigos. Hotel Park Inn, Yas Plaza, tgl. 12–16, 18–23 Uhr,
Tel. 02/656 22 22, www.parkinn.com

ABU DHABI

napoletanischen Ursprungs ist. Rezepte und Zubereitung stammen von »Mamma Rosella« in Maranello, der Heimat von Ferrari in der Emilia Romagna, und es heißt, dass hier bei Lasagna und Pizza schon so manche emiratische Familie eine Reise in dieses Sehnsuchtsziel geplant hat.

Golfen am Meer

Auch einen Golfplatz besitzt Yas Island: Yas Links, ein an der Westküste der Insel ganz in der Nähe der Formel-1-Rennstrecke liegender 18-Loch-Platz, von dem Besucher mit Handicap sagen, dass er sich hervorragend spielen lässt und mit tollen Fairways und einigen wenigen Bunkern begeistert. Dank perfekter Pflege und der einmalig schönen Lage am Wasser kommen auch viele Nicht-Golfer hierher, um im andalusisch designten Clubhaus samt Restaurant die Abendstunden zu genießen. Hier macht Yas Island einen auch landschaftlich ganz anderen Eindruck als im Bereich der Rennstrecke und begeistert mit einem durchweg ruhigen Ambiente, einer Stimmung, die manche an ein Schottland der Wüste denken lässt.

Neben teuren Rennwagen und Golf auf Top-Niveau ist es auch die vom britischen und 1782 gegründeten Unternehmen Camper & Nicholson betriebene Yas Marina, die Besitzer von Superjachten aus aller Welt sowie auch viele Besucher anzieht. Die Marina, die 134 Liegepätze für Jachten bis zu 90 Metern besitzt, ist auch außerhalb der Saison, wenn weniger Betrieb herrscht, ideales Ziel zum Betrachten der Megajachten aus nächster Nähe. Tatsächlich setzt das Emirat Abu Dhabi verstärkt auf die Etablierung von Häfen und plant gleich die Schaffung meherer Dutzend neuer Marinas, die bis 2018 fertiggestellt sein sollen und damit die Bedeutung des Emirats als erste Destination für Jacht- und Segelsport begründen werden.

Yas Island

Mit dem Fahrrad über Yas Island

Viele Straßen und Wege der Insel Yas verfügen über gesonderte Fahrradwege. Zwei Veranstalter, nämlich Funride Sports und Noukhada, vermieten Fahrräder auf Yas Island und bieten auch geführte Radtouren an.

Funride Sports – Mushrif Mall, 3. Etage, Abu Dhabi, Tel. 02/445 58 38, www.funridesports.com

Noukhada – Ausgangspunkt: Ausgabe der Fahrräder von Funride Sports im Crowne Plaza Hotel an der Golf Plaza. Nur auf Anfrage und gegen Online-Reservierung. Tel. 02/656 30 00, www.noukhada.ae, Länge: 5 km, Geführte Tour: Sa–Do 9.30–11 Uhr, 9 km, und 18.30–19.30 Uhr (Nacht-Tour), jeweils 100 Dh

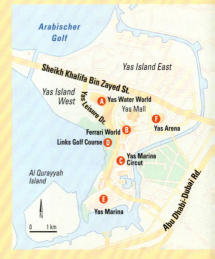

Ⓐ **Yas Water World** – Der Wasserpark von Abu Dhabi vereint futuristisches Hightech-Design mit Kopien arabischer Forts. Yas Island, nahe Ferrari World, Fr–Mi 10–19 Uhr, Do 10–16 Uhr, Tel. 02/414 20 00, www.yaswaterworld.com

Ⓑ **Ferrari World** – Im gewaltigen Indoor-Themenpark dreht sich alles um die roten Flitzer – hier darf man sich einmal fühlen wie Sebastian Vettel. Di–So 11–20 Uhr, Eintritt 255 Dh, Kinder unter 150 cm 175 Dh, www.ferrariworldabudhabi.com

Ⓒ **Yas Marina Circuit** – Auch außerhalb der Veranstaltungen zur Formel 1 gibt es auf der Rennbahn und außerhalb zahlreiche Rennen und andere Aktivitäten (siehe Infos & Adressen, S. 171).

Ⓓ **Links Golf Course** – Von Kyle Phillips angrenzend an das Meer gestalteter Kurs. Tel. 02/810 77 77, www.yaslinks.com

Ⓔ **Yas Marina** – Der noch im Wachstum begriffene Jachtclub besitzt bereits einige gute Restaurants und plant weitere Cafés und Shops.

Ⓕ **Yas Arena** – heute »du Arena« – Rolling Stones und Rihana – immer wieder finden hier große Konzerte statt, Höhepunkt sind die Veranstaltungen während der Formel 1.

In der Marina von Yas Island tummeln sich die Jachten der Superreichen.

AUTORENTIPP!

CIRCUIT

Karts, das sind offene, einsitzige Fahrzeuge mit Elektro- oder Verbrennungsmotoren, in der Profiversion bis zu 200 Stundenkilometer schnell. Michael Schumacher wie Sebastian Vettel starteten ihre Karriere auf entsprechenden Kart-Bahnen in frühem Alter und machten das Autorennen dort populär. Mittlerweile erfreut sich der Sport hoher Popularität, und es gibt unzählige Kart-Bahnen. Etwas ganz Besonderes ist es für Rennsportfreunde hingegen nach wie vor, dieses Hobby auf einer richtigen Formel-1-Rennstrecke auszuüben, und es soll immer wieder Besucher geben, die in erster Linie nach Abu Dhabi kommen, um hier einmal so richtig ihrer Leidenschaft zu frönen. Die Karts, mit denen geschwindigkeitsbegeisterte Jugendliche und Erwachsene unterwegs sind, fahren bis zu 70 Stundenkilometer, für Kinder gibt es langsamere Versionen.

Yas Kart Zone. Di–So 14–22 Uhr, Erwachsene 110 Dh, Jugendliche 85 Dh, Kinder 55 Dh, Turnschuhe sind Pflicht, Tel. 02/659 98 00, www.yasmarinacircuit.com

ABU DHABI

Ein Heidenspaß für Kinder: Yas Waterworld

Auf einen Bellini

Mit der Etablierung anspruchsvoller Restaurants wurde ein weiteres Element geschaffen, Besucher aus aller Welt hierher zu ziehen. Dabei ist es besonders das »Restaurant Cipriani«, das zum Symbol des neuen Abu Dhabi wurde. Der Ableger des legendären Cipriani in Venedig, wo in »Harry's Bar« der Inhaber Guiseppe Cipriani aus Prosecco und püriertem Pfirsich den »Bellini« kreierte, ist ein besonders schöner Ort zum Genießen. Mediterrane Beach-Club-Atmosphäre und der gleichzeitige Blick auf die Marina und das »Yas Viceroy Hotel« sind kaum zu überbieten.

Yas' Ruf als Ferienziel trägt auch Yas Waterworld Rechnung, ein 15 Hektar großer und 2013 eröffneter Wasserpark, Abu Dhabis Pendant zu Aquaventure in Dubai, eine Mischung aus Spaß und Kultur, schnellen und hohen Wasserrutschen und arabischer Folklore, die in Form von Burgen, Forts und einer Märchengeschichte, der *Legende der verlorenen Perle*, bei jungen Besuchern punktet. Noch im Bau befindlich sind einige der geplanten luxuriösen Apartmentanlagen, die so verheißungsvolle Namen tragen wie Northern Marina Villas oder Beachfront Villas. Scheich Khalifa Bin Zayed al-Nahyan plant, weitere 100 Milliarden Dirham bis 2030 auf der Insel zu investieren.

Yas Island

Infos und Adressen

ESSEN UND TRINKEN
Cipriani. Ableger des weltberühmten italienischen Restaurants, in dem der legendäre Bellini-Cocktail kreiert wurde. Der schmeckt auf einer der beiden Schiffsdeckterrassen mit Blick auf die Yas Marina hier ebenso gut wie in Venedig. Di–Do 17–24 Uhr, Fr–Sa 12–24 Uhr; Yas Yacht Club, Yas Marina, Bldg. 1, Tel. 02/657 54 00, www.cipriani.com

Mamma Rosella. Beste Pizzeria auf Yas Island und vielleicht sogar in den VAE. Ferrari World Abu Dhabi Yas Island, Tel. 02/496 80 00, www.ferrariworldabudhabi.com

ÜBERNACHTEN
Hotel Yas Viceroy. Wer während des Formel-1-Rennens übernachten will, sollte ein halbes Jahr im Voraus reservieren. Hier tummeln sich die Rennprofis. Yas Marina, Tel. 02/656 00 00, www.viceroyhotelsandresorts.com

Park Inn. Von Radisson betriebenes Mittelklassehotel, das mit seinem Ausblick auf die Formel-1-Strecke Rennsportfans erfreut. Yas Plaza, Tel. 02/656 22 22, www.parkinn.com

AKTIVITÄTEN
Yas Links. Der Golfplatz bietet überwältigende Ausblicke aufs Meer. Neben dem 18-Loch-Kurs

Und immer wieder ein besonderes Ereignis: Rennen in Abu Dhabi

steht auch noch der 9-Loch-Academy-Course zur Verfügung. Tel. 02/810 77 77, www.yaslinks.com

VERANSTALTUNGEN
Yas Marina Circuit. Neben dem im November stattfindenden Formel-1-Rennen finden das ganze Jahr über weitere Rennen statt, wie z.B. während der *Ferrari Racing Days*. Auch kann man Fahrtraining absolvieren oder sich auf der Kart-Bahn versuchen. Führungen Di–Sa 10 und 14 Uhr, Eintritt 120 Dh, www.yasmarinacircuit.com

INFORMATION
Internetportal, immer auf dem neuesten Stand. www.yasisland.ae

Einer der besten Wasserparks der VAE: Yas Waterworld

ABU DHABI

28 Saadiyat Island
Kunst auf der Insel der Glückseligen

Die Berliner Museumsinsel könnte Pate gestanden haben – doch Abu Dhabi wäre nicht Abu Dhabi, wenn man nicht im Megaformat planen würde. Museen, von internationalen Stararchitekten erbaut, werden ihre Ableger bis voraussichtlich 2017 an den Golf bringen: das Louvre Abu Dhabi von Jean Nouvel und das Guggenheim-Museum Abu Dhabi nach einem Entwurf von Frank Gehry. Bis dahin genießt man die herrlichen weißen Dünenstrände als Tagesbesucher oder in einem der Luxushotels.

Frank Gehry entwirft das Guggenheim Museum, Jean Nouvel einen Ableger des Pariser Louvre, Sir Norman Foster das Sheikh-Zayed-Nationalmuseum, Tadao Ando ein Maritime-Museum und Zaha Hadid einen Konzertsaal – internationale Stararchitekten arbeiten an der Transformation von Saadiyat Island zu einer »Kulturinsel«. Dieses Kunstareal der Insel der Glückseligen soll nach seiner endgültigen Fertigstellung Abu Dhabis Bedeutung als Touristenziel noch einmal enorm steigern. Auf Saadiyat, der 27 Quadratkilometer großen und nur 500 Meter von Abu Dhabi-Stadt entfernten Insel, verfolgt das Emirat deshalb das zurzeit ehrgeizigste Projekt, ein Projekt, das Kulturliebhaber aus aller Welt anziehen soll.

Oben und **unten:** So wird er einmal aussehen, der Louvre von Abu Dhabi- und Kunstliebhaber aus der ganzen Welt anziehen.

Von Frank Gehry geplant

Für viele Jahre waren Modelle das Einzige, was ahnen ließ, wie die gewaltigen Museen einmal aussehen werden, die ab 2015 die ersten Besucher

Saadiyat Island

Von Insel zu Insel fahren

Eine alternative Anfahrt nach Abu Dhabi-Stadt führt über die Inseln Yas Island und Saadiyat Island, die über zahlreiche Sehenswürdigkeiten und touristische Einrichtungen verfügen. Die Route ist sehr abwechslungsreich.

Ⓐ Yas Island East – Von der Autobahn E10, die von Norden (Dubai) kommt, biegt man bei Yas Island East nach Westen (E12) ab.

Ⓑ Yas Gateway Park – Über eine Autobahnbrücke fährt man auf die Insel Yas und durch den Park.

Ⓒ Yas Leisure Drive – Hier empfiehlt sich die Ausfahrt und eine Tour über den Yas Leisure Drive (an IKEA vorbei), eine Abfolge von kleineren Straßen, die zu mehreren Sehenswürdigkeiten der Insel (Yas Waterworld, Ferrari World, Yas Marina Circuit, Yas Marina; siehe Infos & Adressen, Kap. 27, S. 169) führt.

Ⓓ Yas Island West – Zurück auf der Autobahn (Khalifa Bin Zayed Hwy.) führt die Strecke durch Yas Island West und später über zwei lange Brücken und die Insel Bisrat Fahid Island nach Saadiyat Island.

Ⓔ Saadiyat Beach – Auch auf dieser Insel gibt es viel zu sehen und zu entdecken. An seiner Nordküste liegt der unter Naturschutz stehende 9 km lange Saadiyat Beach mit Schildkrötennestern und dem neueren Hotel St. Regis mit vier exklusiven Restaurants sowie dem Monte Carlo Beach Club (siehe Infos & Adressen, S. 175). Das Park Hyatt ist ein edel gestaltetes Luxushotel im arabischen Stil mit Palmengärten, einer 50 m langen Poolanlage und Zimmern mit Balkon ab 50 m². Saadiyat Beach District, Sheikh Khalifa Bin Zayed Hwy., Tel. 02/407 12 34, www.abudhabi.park.hyatt.com

Ⓕ UAE Pavillon Expo 2010 – Neben dem nachts illuminierten Kulturzentrum Manarat al-Saadiyat (siehe Autorentipp, S. 174) liegt der UAE Pavillon. Die äußere Hülle ist zwei verschmolzenen Sanddünen nachempfunden, die symbolisch für die sieben Emirate stehen. Tgl. 10–20 Uhr, Tel. 02/643 57 08, E-Mail: manaratalsaadiyat@tdic.ae, www.tdic.ae

Ⓖ Khalifa Bridge – Über die Brücke führt der Weg zehnspurig in den Nordosten von Abu Dhabi-Stadt.

Guggenheim Museum vor seiner Realisierung

AUTORENTIPP!

MANARAT AL-SAADIYAT
Einen hervorragenden Eindruck von der Entwicklung Abu Dhabis zur Kulturmetropole erhält man in dem Manarat al-Saadiyat genannten Zentrum. Auf 15 400 Quadratmetern sind verschiedene Galerien untergebracht. Wechselnde Kunstausstellungen – Leihgaben der großen Museen der Welt sowie Werke arabischer Künstler – bereiten auf die Eröffnung des Guggenheim Museums vor (voraussichtlich 2015). Daneben wurde ein interaktives Besucherzentrum eingerichtet, das die bisherige Entstehungsgeschichte von Saadiyat vermittelt. Unter den Sonnensegeln des Restaurants »Fanr« genießt man die gute mediterrane Küche und die von Landschaftsarchitekten geschaffene Wüstenvegetation.

Manarat al-Saadiyat. Tgl. 10–22 Uhr, Tel. 02/657 58 00, www.saadiyatculturaldistrict.ae

Fanr. So–Mi 10–22 Uhr, Do–Sa 10–24 Uhr. Manarat al-Saadiyat, Tel. 02/657 58 88, www.fanr restaurant.ae

empfangen sollen. Zum Beispiel das Guggenheim Museum Abu Dhabi, eine Dependance des weltberühmten New Yorker Museums für zeitgenössische Kunst. Auf den ersten Blick sieht das Modell so aus, als ob Kinder ihre hölzernen Spielklötzchen übereinandergeworfen hätten und diese, statt zu Boden zu fallen, aneinandergelehnt stehen geblieben wären. Tatsächlich hat Frank Gehry höchstpersönlich designt.

Kunstsinniges Abu Dhabi

Bereits heute genießt Kunst in Abu Dhabi hohe Wertschätzung – und weil man nicht nur aus dem Ausland importieren will, arbeitet man daran, ein eigenes Netzwerk aus Künstlern, Kritikern und Kuratoren zu etablieren. Und Saadiyat Island wird deren Dorado. So wurde 2011 die *Abu Dhabi Art Fair* ins Leben gerufen, eine Messe der Gegenwartskunst, die trotz ihres zarten Alters bereits erfolgreich agiert.

Von einer gewaltigen Betonkuppel gekrönt wird der von Jean Nouvel entworfene Louvre Abu Dhabi im futuristisch-arabischen Stil. Das Projekt, das auf weltweite Diskussion stieß, sieht vor, dass über einen Zeitraum von drei Jahrzehnten, während der das Museum den Namen »Louvre« tragen darf, Leihgaben aus Frankreich nach Abu Dhabi gelan-

Saadiyat Island

gen, eine künstlerische Beratung und Konzeptentwicklung des Louvre erfolgt, die darüber hinaus zahlreiche Sonderausstellungen initiiert. Für Frankreich nicht nur ein lukratives Geschäft – Abu Dhabi soll 400 Millionen Euro bezahlt haben – sondern auch ein äußerst umstrittener Deal, der sogar in einem Staatsvertrag rechtlich abgesichert werden musste. Als Eröffnungsdatum ist bislang 2015 vorgesehen. 2016, so der Masterplan, ist das Sheikh Zayed National Museum dann fertiggestellt; es wird in einem 15 000 Quadratmeter großen Bauwerk, Leben und Wirken des ersten Staatspräsidenten zeigen.

Ein Pavillon von der Weltausstellung

Für Besucher zugänglich ist bereits der UAE Pavillon, der für die Weltausstellung 2010 in Shanghai von Sir Norman Foster entworfene Pavillon, ein avantgardistisches Bauwerk aus Stahl, das zum einen durch seine rot-gold leuchtende Farbe, zum anderen durch die außergewöhnliche und symbolträchtige Form (sieben stilisierte Sanddünen als Entsprechung der sieben Emirate), bereits in China für Aufmerksamkeit sorgte. Mit der Eröffnung mehrerer Luxushotels, eines Jachthafens (Marina) sowie des Saadiyat Beach Golf Course ist die Insel zudem dabei, sich auch als einzigartiges Ferien- und Badeziel zu etablieren. In herrlicher Lage, nämlich umgeben von Mangroven, liegt das »Park Hyatt Hotel«, dessen Strand gar unter Naturschutz steht. Vom Aussterben bedrohte Hawksbill-Meeresschildkröten, wegen ihres ungewöhnlich gemusterten Panzers gejagt, kommen in mondhellen Nächten zwischen April und Juli an den Strand, um im warmen Sand ihre Eier zu vergraben. Tierschützer patrouillieren während dieser Zeit die Strände und kontrollieren bzw. bewachen die Eiablageplätze.

Infos und Adressen

ESSEN UND TRINKEN

Monte Carlo Beach Club. Gleich drei Restaurants und Lounges fangen stilvoll die Strandatmosphäre ein. In der »Sea Lounge« (tgl. 16–24 Uhr) sitzt man in Lounge-Sesseln mit Blick auf den Dünenstrand; im »Le Deck« (Sa–Do 11–15, 18–22 Uhr, Fr 12–16 Uhr) werden drinnen und im Freien französisch und italienisch inspirierte Gerichte serviert, während die »Bubbles Bar« (tgl. 10–22 Uhr) für einen Cocktail der richtige Ort ist. Tel. 02/656 35 00, www.montecarlo-beachclub.ae

Oléa. Mediterrane Küche, Fruchtsäfte und Cocktails mit Blick auf den Pool und das Meer unter Palmen. Der Friday Brunch ist köstlich und vielfältig. Tgl. 6.30–11, 12–15, 18.30–23 Uhr. The St. Regis Saadiyat, Tel. 02/498 80 08, www.stregissaadiyatisland.com

ÜBERNACHTEN

The St. Regis Saadiyat Island. Fünfsterne-Luxusresort im mediterranen Stil, umgeben von Dünenstrand und Golfplatz. Saadiyat Island, Tel. 02/498 88 88, www.stregissaadiyatisland.com

AKTIVITÄTEN

Saadiyat Public Beach. Der 9 km lange Strand an der Nordwestküste der Insel gliedert sich in private sowie öffentlich zugängliche Beach Clubs. Der freie (400 m lange) Strandabschnitt verfügt über Infrastruktur. Tgl. 8–20 Uhr, Eintritt 25 Dh.

Saadiyat Beach Golf Club. Von Gary Player entworfener Meisterschaftsplatz, einzigartig schön; Tel. 02/557 80 00, www.sbgolfclub.ae

ABU DHABI

29 Falkenhospital
Ein Krankenhaus für Vögel

Falken sind für die Einheimischen das liebste Haustier und können bis zu einer Million Dirham kosten. Kein Wunder, dass es für diese Tiere ein Falcon Hospital gibt. Hier sind die Patienten Falken: Vögel, die sich bei der Jagd verletzt haben oder krank sind, werden hier untersucht und von einer deutschen Tierärztin wieder gesund gemacht. Besucher sind willkommen und können das ungewöhnliche Hospital besichtigen.

Im Wartezimmer sitzen die Patienten in Reihe auf kleinen, mit künstlichem Gras bezogenen Bänken. Eine schwarze Lederkappe, *burka* genannt, ist über ihre Augen gezogen, sodass sie keine Angst bekommen. Gelegentlich werden die Tiere mit Wasser bestäubt, das soll sie zusätzlich beruhigen und vor Dehydrierung bei Nervosität schützen. Falken nehmen Wasser hauptsächlich über ihr Gefieder auf. Ist ein Patient an der Reihe, wird er von einem Pfleger, der einen Lederhandschuh trägt, abgehört und zum Untersuchungsraum gebracht. Dort werden sie zunächst anästhesiert und sodann ausführlich untersucht. Den meisten Falken kann geholfen werden. Manchmal sind es Routine-Einsätze wie etwa das Ersetzen verlorener Federn, eine wichtige Arbeit im Falcon Hospital, da mitunter die Flugfertigkeit der Falken stark beeinträchtigt ist. Für diesen Zweck hat man ein Archiv von zigtausend Ersatzfedern angelegt, die nach Farbe und Größe sortiert sind und passgenau beim Falken bis zur nächsten Mauser – dann wachsen sie von allein wieder nach – angebracht werden können. Die Könige der Lüfte werden hier nach allen Regeln der Kunst versorgt.

Eine lederne Gesichtshaube nimmt dem Falken die Angst.

Falkenhospital

Full Body Check beim Falken

Genau wie bei Menschen gibt es für die um die 30 000 Euro teuren Tiere Vorsorgeuntersuchungen, sogenannte Full Body Checks, sowie endoskopische Untersuchungen, Röntgen, Operationen und Rehabilitationsmaßnahmen. Etwa 4000 bis 5000 Tiere aus dem gesamten arabischen Raum werden hier in Abu Dhabi, dem weltweit größten Falkenkrankenhaus, jährlich untersucht und behandelt. Seitdem es ein Besucherzentrum gibt, haben auch Touristen die Möglichkeit, hierherzukommen und bei einer Führung viel Interessantes über die Falknerei in den Emiraten zu lernen. Etwa, dass diese Tradition weit über zwei Jahrtausende zurückreicht. Nach wie vor sind Falken neben Kamelen und Araberpferden die liebsten Haustiere der Araber, und als wertvolles Statussymbol gehören die Raubvögel zum Leben am Golf dazu. Regelmäßig fahren die Besitzer in die Wüste, damit sich die Tiere in die Lüfte erheben können, jagen und mit Beute zu ihnen zurückkehren. Seitdem es verboten ist, wilde Tiere einzufangen, züchtet man in der Region deutsche und österreichische Wanderfalken und richtet diese als junge Tiere für die Jagd ab. Geschätzt werden besonders die größeren weiblichen Tiere, weil diese bei der Jagd viel ausdauernder sind.

Tricks der Falkner

Am Beginn der Ausbildung steht, dass sich die Vögel an den Menschen gewöhnen und lernen, sich vom ausgestreckten Arm des Besitzers zu erheben und auf Kommando eine Beute zu verfolgen. Anschließend werden sie mit einem Happen belohnt, denn die Falken jagen nur, wenn sie hungrig sind; dies wird durch genaues Wiegen festgestellt. Nach der Untersuchung bekommen die Vögel ihre Lieblingsspeise, aus Frankreich importierte Wachteln.

Infos und Adressen

INFORMATION

Falcon Hospital. Das über die Landesgrenzen hinaus renommierte Falkenkrankenhaus liegt nur 6 km vom internationalen Flughafen Abu Dhabi entfernt. Zu den Anlagen gehören u.a. ein Dog Agility Park (Hindernis-Parcours zum Geschicklichkeitstraining für Hunde) und ein vorbildlich geführtes Tierheim mit allen möglichen Tierarten der Region. Im Rahmen einer dreistündigen englischsprachigen Tour besichtigen die Besucher ein beeindruckendes Falkenmuseum, und im Falcon Hospital Majlis, einem großzügigen Beduinenzelt, wird ein üppiges Buffet mit warmen und kalten arabischen Spezialitäten angerichtet. Ein kulinarisches Erlebnis der besonderen Art, authentisch und stilvoll.

Geführte Touren (2 Std. ohne Essen, 3 Std. inkl. Essen), So–Do 10–14 Uhr (außer an Feiertagen), 170 Dh, Kinder bis 9 Jahre 60 Dh. Abu Dhabi-Sweihan Road km 3, Online-Anmeldung oder Tel. 02/575 51 55, www.falconhospital.com

ABU DHABI

30 Masdar City
Eine Öko-Stadt für Abu Dhabi

Ein hypermoderner Universitätscampus, nachhaltig und ökologisch ausgerichtete Bauwerke und die Berücksichtigung traditioneller arabischer Architekturelemente? Was auf den ersten Blick als kaum vereinbar gilt, wurde in Masdar City zur Synthese auf höchstem Niveau. Stararchitekt Sir Norman Foster meisterte diese Aufgabe mit großer Freude und der Leidenschaft, die alle seine Projekte auszeichnen.

Die VAE gelten international nicht eben als Vorreiter von Umweltschutz. Vielmehr ist die Region seit Entdeckung der gewaltigen Energievorräte von einem immensen Schneller-, Höher- und Teurer-Wahn erfasst. Dass es auch anders geht und die Welt nur durch Selbstbeschränkung statt Verschwendung in Harmonie existieren kann, *weniger* also *mehr* ist, mit diesem Gedanken experimentiert man in Masdar City. Auf einer Fläche von sechs Quadratkilometern entsteht dort eine Universitätsstadt, die nach kompletter Fertigstellung im Jahr 2020 einmal 40 000 Menschen beherbergen soll. Eine hypermoderne Siedlung, die weitgehend kohlendioxid- und abfallfrei entwickelt wurde und ihren Bewohnern Beschränkung abverlangt, wenn es um Energienutzung geht. Wohnräume z.B. werden nicht auf die in der Region üblichen Temperaturen heruntergekühlt. Von den Bewohnern der Zukunftsstadt wird u.a. auch der Verzicht auf die in den Emiraten so verbreiteten Geländewagen gefordert: Wer in der weitgehend autofreien Masdar City lebt, geht zu Fuß oder benutzt eines der wenigen Elektroautos. Sogar in den Sommermonaten ist die Luft so gut, dass man sich im Freien bewegen kann.

Oben und **unten:** Das Zentrum von Masdar City

Masdar City

Wüstensiedlungen als Vorbild

Sir Norman Foster orientierte sich bei seinem Entwurf an den in der Region seit Jahrhunderten verbreiteten Architekturelementen. Enge Gassen und dicht zusammenstehende, niedrige Häuser in Erdfarben, der weitgehende Verzicht auf große Fensterflächen, Brunnen und luftige Überdachungen. Sogar die traditionellen Windtürme wurden in der Ökostadt gebaut und mit effizienter Technik versehen: Oben wird Luft eingezogen und kommt unten als kühlender Wind heraus. Das Hightech-Baumaterial, das für eine maximale Isolierung der höchstens sechsgeschossigen Häuser sorgt, stammt aus der Region, um die bei weiten Transportwegen anfallenden CO_2-Ausschüttungen zu vermeiden. Während der Sommermonate spürt man bereits heute in Masdar City ein deutlich angenehmeres Mikroklima. Herz von Masdar (arabisch: Quelle oder Ursprung) ist das Masdar Institute of Science and Technology (MIST), bislang die einzige Hochschule weltweit, in der sich Forschung und Lehre ausschließlich mit neuen Energien und Nachhaltigkeit befassen. Ebenfalls ansässig in Masdar ist die 2009 in Bonn gegründete Institution für Erneuerbare Energien (International Renewable Energy Agency, IRENA), eine Regierungsorganisation mit Mitgliedern aus bislang über 160 Nationen.

Fahrerlose Gondeln

Ungewöhnlich ist die Anreise nach Masdar City: Vom Haupteingang aus begibt man sich in den unterirdischen Bahnhof, die sogenannte *Personalized Rapid Transit* (PRT)-Station, und steigt in eine der kleinen, fahrerlosen Gondeln, die mit Höchstgeschwindigkeiten von 40 Stundenkilometern und computergesteuert zum Campus der Universität fahren.

Infos und Adressen

ESSEN UND TRINKEN

Caribou Coffee. Aus den USA stammende Kette, bekannt für wohlschmeckende Paninis, Muffins und Kuchen. Tgl. 8–20 Uhr, Masdar City, Tel. 02/557 14 66, www.caribou coffee.com

Organic Foods and Café. Frische Obst- und Gemüsesäfte, Salate, Pizza und Sandwiches aus ökologisch hergestellten Zutaten, Verkauf von frischen Backwaren und Öko-Brot. Treff der Studenten. Sa–Do 9–20 Uhr, Fr 15–20 Uhr, Masdar City, Tel. 02/557 14 06, www.organicfoods andcafe.com

Sumo Sushi and Bento. Teriyaki Chicken und natürlich jede Menge frische Sushi für Liebhaber japanischer Küche: unprätentiös, jung und recht preiswert. Tgl. 11–23 Uhr, Masdar City, Tel. 02/557 05 00, www.sumosushi.net

INFORMATION

Masdar City. Tgl. 8.30–22 Uhr, Khalifa City ‚A' (gegenüber, westlich von Presidential Flight), Tel. 02/653 33 33, www.masdarcity.ae

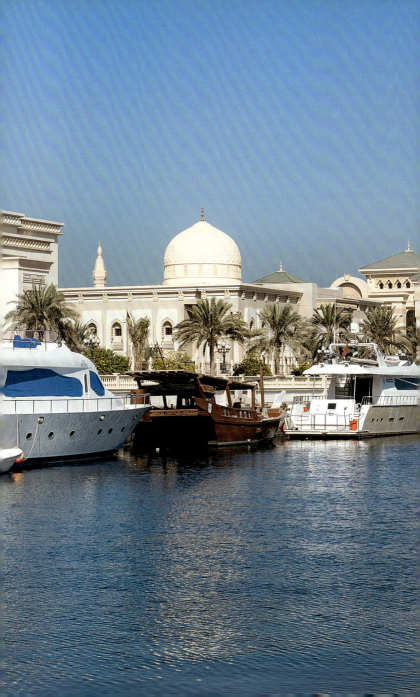

SHARJAH

31 Qanat al-Qasba
Flaniermeile am Wasser — 182

32 Aquarium und Maritime Museum
In Neptuns Reich — 186

33 Museum of Islamic Civilization
Einfach großartig — 188

34 Heritage Area
Schönste Altstadt der Region — 192

35 Sharjah Lagoon
Belle Époque an der Lagune — 198

36 Sharjah Desert Park
Wüstenpark für Groß und Klein — 200

SHARJAH

31 Qanat al-Qasba
Flaniermeile am Wasser

Wenn Besucher das erste Mal von Dubai ins Nachbaremirat Sharjah fahren, führt man sie nur zu gern nach Qanat al-Qasba: Das touristische Vorzeigeprojekt an einem langen, künstlich geschaffenen Kanal verspricht entspannte Stunden in den dortigen Cafés und Restaurants. Umgeben von Einheimischen und Gastarbeitern aus Asien promeniert man entlang autofreier Wege und fährt mit kleinen *Abras* (Wassertaxis) über das Wasser.

Sharjah, das nur 20 Autominuten nordöstlich von Dubai liegende Emirat, öffnete sich bereits in den Siebzigerjahren dem internationalen Tourismus, in einer Zeit, als selbst Dubai noch ein touristisches Schattendasein führte. Lange, feinsandige Strände und Badehotels im Drei- und Viersternebereich zogen verstärkt Besucher aus Europa in die damals noch unbekannte Region, und Direktflüge bedienten die Strecke Frankfurt–Sharjah. Die Situation änderte sich abrupt mit Beginn der Ölkrise und den Auseinandersetzungen zwischen Iran und Irak. Sharjah geriet in wirtschaftliche Schwierigkeiten, aus denen der saudische König Faisal das Emirat durch großzügige finanzielle Zuwendungen befreite. Als Zugeständnis an die konservativen Saudis verhängte der Emir von Sharjah ein absolutes Alkoholverbot. Dies ist bis heute so geblieben, und Sharjah gilt als das konservativste der Emirate und sein Emir mit doppelter Promotion als der einzige Intellektuelle im Rat der Herrscher. Doch auch ohne Alkohol wird hier das ganze Jahr über gefeiert im Rahmen diverser Events wie etwa dem *Sharjah World Music Festival* oder dem *Al Qasba Street Carnival*.

Vorangehende Doppelseite: Eine Abra unter Jachten am Kai des Sharjah Creek
Oben: Moschee von Qanat al-Qasba

Qanat al-Qasba

Bauen nach Tradition

In Sharjah, das wird bei einem Besuch schnell deutlich, wirkt alles weniger glamourös und künstlich als in Dubai und Abu Dhabi – für Besucher die Möglichkeit, einmal eine andere Atmosphäre kennenzulernen. Hier sind die Bauwerke weniger hoch und der architektonische Hype, den die beiden bekannten Nachbaremirate verfolgen, blieb aus. Stattdessen baute man Stein auf Stein im lokalen Stil. Jedes Gebäude, so verfügte der auch schöngeistige Emir, soll im lokalen, arabisch geprägten Stil erbaut sein. Auch in Al-Qasba zeigt sich dieser Sharjah-Stil in seiner ganzen Schönheit: Entlang des Wassers reihen sich die dreistöckigen, strahlend weißen Häuser, die an arabische Paläste erinnern, während in den Erdgeschossen tiefe Galerien mit Bogengängen Schatten spenden und dort Cafés und Restaurants ihre Tische aufgestellt haben. Lieblingstreffpunkt vieler in Sharjah lebender Ausländer ist das »Café Gérard«, Ableger der überall in den Emiraten anzutreffenden Kette, die bekannt ist für ihre vorzüglichen Kaffee- und Teespezialitäten und die ofenwarm servierten, fast wie in Frankreich schmeckenden Croissants. Vor dem Nachhausegehen nutzt man die Gelegenheit und kauft noch rasch Patisserien und Brot ein.

Wasserfontänen, Flohmärkte und Cafés

Al-Qasba, die im März 2008 für Besucher geöffnete Promenade an einem einen Kilometer langen und 30 Meter breiten und künstlich geschaffenen *qanat* (Kanal), der von der Khalid- zur Al Khan-Lagune reicht, ist besonders in den späten Nachmittagsstunden ein Publikumsmagnet. Kleine elektrisch betriebene *Abras* laden zu einer gemächlichen Fahrt auf dem Wasser ein, wovon immer wieder indische Paare und arabische Familien

AUTORENTIPP!

EYE OF THE EMIRATE

Noch hat Sharjah die Nase vorn: Das höchste Riesenrad der Arabischen Emirate erhebt sich am Qanat al-Qasba, und eine Fahrt ist für jeden eine erhebende Erfahrung. 42 klimatisierte Glaskabinen erlauben aus 60 Metern Höhe einen umfassenden Blick über Sharjah. Bei gutem, klarem Wetter kann man auch Teile von Dubai sehen. Jede Kabine bietet Platz für acht Fahrgäste. Schon während des langsamen Aufstiegs bieten sich eindrucksvolle Aussichten, und besonders nach Einbruch der Dunkelheit ist die Stimmung zauberhaft, da ganz Sharjah einem buchstäblich zu Füßen liegt. Vielleicht einziger Wermutstropfen einer Fahrt ist die mit sechs Minuten nicht allzu lange Fahrzeit, dafür sind die Fahrpreise niedrig angesetzt – damit auch Familien mit geringeren Einkommen sich das Vergnügen leisten können.

Etisalat-Eye of the Emirate. Sa–Mi 16–24 Uhr, Do–Fr 15–1 Uhr, Erwachsene 30 Dh, Kinder 15 Dh, Al Qasba, Tel. 06/556 07 77

Oben: Hochhäuser an der Sharjah Lagune
Unten: Tagsüber herrscht eher wenig Betrieb in Qanat al-Qasba.

nur zu gern Gebrauch machen. Die Kinder lieben es, durch die plötzlich aufschießenden Wasserfontänen des Al Qasba Musical Fountain zu laufen. In den kühleren Wintermonaten finden an Wochenenden Flohmärkte statt, und während des Ramadan lockt nach Sonnenuntergang das *Al-Qasba Festival*, das die den ganzen Tag über fastenden Menschen in ausgelassene Feierlaune versetzt.

Arabische Moderne

Das Maraya Art Centre wiederum lohnt einen Besuch, wenn man sich für Kultur interessiert. Bereits heute fördert man in Sharjah in großem Stil die Kunst der gesamten Arabischen Halbinsel. Besondere Bedeutung genießt die im Obergeschoss des Maraya Art Centre untergebrachte Barjeel Art Foundation, eine angesehene Stiftung, in der schon Prinzessin Benedikte von Dänemark ihre Freude und ihr Gefallen an der Kunst der Region zum Ausdruck brachte. Auch immer mehr Besucher aus dem Ausland finden den Weg hierher und begutachten die Werke zeitgenössischer arabischer Künstler: Collagen und Gemälde, Installationen, Fotografien ebenso wie Videoproduktionen. Weltweite Aufmerksamkeit genießen dabei die Arbeiten der international bekannten Künstler Adam Henein aus Ägypten sowie der aus Beirut stammenden Zena el-Khalil.

Qanat al-Qasba

Infos und Adressen

SEHENSWÜRDIGKEITEN
Maraya Art Centre. Eine Ausstellung handgemachter Puppen aus Papier, ein Workshop zum Comic-Malen – der Veranstaltungskalender ist stets jung und innovativ. Hochkarätigen Kunstgenuss verspricht die Ausstellung der Barjeel Art Foundation im ersten Obergeschoss. Mo–Do 10–22 Uhr, Fr 16–22 Uhr, Qanat al-Qasba, Block E, www.maraya.ae

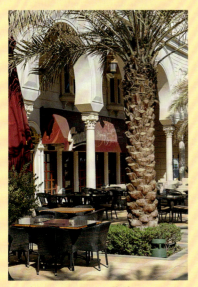

Französisch genießen im »Café Gérard«

ESSEN UND TRINKEN
Café Gérard. Französisches Bistro, ein *Café au lait* (Milchkaffee) und frisches Baguette schmecken zu jeder Tageszeit. Tgl. 7–1 Uhr, Qanat al-Qasba, Block A, Tel. 06/556 04 28

Masala Craft. In den Emiraten kann man vorzüglich indisch essen, und auch in diesem Restaurant serviert man authentische Gerichte vom Subkontinent, z.T. scharf gewürzt. So–Mi 11–1.30 Uhr, Do–Sa 11–1 Uhr, Qanat al-Qasba, Block F, Tel. 06/556 62 84

Shababeek. Hervorragende libanesische Küche, eines der besten Restaurants am Kanal, für drinnen sollte man elegantere Kleidung wählen, draußen auf der Terrasse speist man zwanglos. Tgl. 12–23.30 Uhr, Qanat al-Qasba, Block B, Tel. 06/554 04 44

Sugarbox. Von einer Einheimischen gegründete Kaffeekette, Spezialität sind traditionelle Süßigkeiten und Desserts, aber auch Klassiker wie New York Cheesecake sind unwiderstehlich. So–Mi 10–23 Uhr, Do–Sa 10–24 Uhr, Qanat al-Qasba, Block C, Tel. 06/556 06 22, www.sugarboxonline.com

EINKAUFEN
N-Collection. Hier kaufen einheimische Frauen edle schwarze Umhänge, *Abayas* genannt, edel bestickt oder von Hand bemalt. So–Mi 16.30–22 Uhr, Do–Sa 16.30–22.30 Uhr, Qanat al-Qasba, Block D, Tel. 06/556 63 00, www.ncollection.ae

Sharjah: Waterfront von Al-Khor Khalid

SHARJAH

32 Aquarium und Maritime Museum
In Neptuns Reich

Sicherlich das, auch vom Preis-Leistungs-Vergleich, beste der Aquarien in den Emiraten: Auf einer Fläche von über 6000 Quadratmetern sind in riesigen *tanks* (Aquarien) Hunderte von verschiedenen Fischarten und Meeresbewohnern untergebracht: Seepferdchen, Zackenbarsche und Clownfische, Haie und Quallen in leuchtenden Farben – hier kann man einige entspannte Stunden verbringen.

Ein Ort, der Einheimischen und Besuchern gleichermaßen gefällt, ist das in einem modernen Bauwerk am Meer untergebrachte Aquarium. Hier kann man in die ganze Vielfalt der Unterwasserwelt des Arabischen Golfs eintauchen, ohne nass zu werden. Die gesamte Anlage sympathisch konzipiert, ohne nach Superlativen wie in Dubai ausgerichtet zu sein.

An der Straße nach Hormuz

Unterwasserfreunde wissen, dass die üppigste und artenreichste Unterwasserflora und -fauna jenseits der Straße von Hormuz an der Ostküste im Emirat Fujairah sowie in Khorfakkan, einer Exklave von Sharjah, anzutreffen sind. Beim Schnorcheln oder gar Tauchen in Dubai, Abu Dhabi und Sharjah kann man zwar angenehme Wassertemperaturen genießen, bei einem Aufenthalt in den dortigen Hotels jedoch nicht mit der gesamten Vielfalt der Unterwasserwelt vertraut werden. Umso schöner, wenn man hier die Gelegenheit hat, die Tiere in artgerechter Umgebung in einem noch intakten Ökosystem zu sehen.

Oben: Didaktisch klug aufbereitet: Die Aquarien des Maritime Museum ziehen viele Besucher an.
Unten: Besonders für Familien interessant: das Maritime Museum

Aquarium und Maritime Museum

Daus im Maritime Museum

Anschließend besucht man das Maritime Museum, das der Seefahrertradition des Emirats gewidmet ist und die einstige enorme wirtschaftliche Bedeutung des Meeres für die Bewohner in Erinnerung bringt. Man sieht hölzerne *dhows* (Daus), wie sie teilweise noch heute zum Fischfang eingesetzt werden. Alte Taucherbekleidungen rühren aus jener Epoche, als Sharjah ebenso wie die benachbarten Emirate den Ruf genossen, dass es hier die schönsten Perlen gäbe. Zwischen Juni und September, also in den heißen Sommermonaten, wenn die wärmeempfindlichen Haie in kühlere und küstenferne Gewässer zogen, wurden kleine *Daus* zu Wasser gelassen, und rund zwölfköpfige Besatzungen begaben sich auf ihre oft Monate dauernden und nicht ungefährlichen Ausfahrten. Ihre Ausrüstung für die Tauchgänge war primitiv: Die im Museum zu sehenden Nasenklammern und einige Bandagen, die vor Verletzungen durch scharfe Korallen schützen sollten, waren das einzige Hilfsmittel. Mit einem Seil, das durch einen Stein beschwert wurde, ließen sich die Männer in eine Tiefe von etwa 20 Metern und auf den Meeresgrund ziehen. In der verbleibenden Zeit – immerhin noch bald mehrere Minuten, so heißt es – sammelten die Taucher Muscheln in ihre Körbe und ließen sich an einem weiteren Seil sodann zügig nach oben ziehen. Die Tauchgänge folgten in schnellem Rhythmus aufeinander, und ausgeruht wurde erst nach Sonnenuntergang, wenn auf dem Schiff gebetet und anschließend gegessen wurde. Wehmütig gefeiert wurde am Golf der Sommer 1949, als zum letzten Mal Perlenfischer ausliefen – japanische Zuchtperlen hatten das Preisgefüge so weit verändert, dass dieser Wirtschaftszweig nicht mehr rentabel war. Auf alten Schwarz-Weiß-Fotos sieht man die Helden jener Zeit, wie sie zu den Austernbänken ausliefen.

Infos und Adressen

SEHENSWÜRDIGKEITEN
Sharjah Aquarium. Mo–Do 8–20 Uhr, Fr 16–21 Uhr, Sa 8–21 Uhr, So geschlossen, Eintritt 20 Dh, Kinder 10 Dh, Al-Khan Road, Tel. 06/528 52 88, www.sharjahaquarium.ae

Sharjah Maritime Museum. Sa–Do 8–20 Uhr, Fr 16–20 Uhr, Eintritt 8 Dh, Kinder 4 Dh, Al-Mina Road, Al-Khan, www.sharjahmuseums.ae

ESSEN UND TRINKEN
Café im Sharjah Aquarium. Nach der Besichtigung gönnt man sich einen frisch gepressten Orangensaft oder einen Chai (süßen Tee) im kleinen SB-Café des Museums. Mo–Do 8–20, Fr 16–21 Uhr, Sa 8–21 Uhr, So geschlossen, Al-Khan Road, Tel. 06/528 52 88

ÜBERNACHTEN
Beach Hotel Sharjah. Beliebtes Mittelklassehotel, dessen Gebäude sich um einen großen Pool gruppieren – mit schöner Lage direkt am Meer, gepflegtem Strand und freundlicher Atmosphäre. Al-Mina Road, Al-Khan, www.beachhotel-sharjah.com

Time Ruby Hotel Apartment. Modernes, gepflegtes Apartmenthotel, nur 300 m vom Meer entfernt, z.T. Strandblick von den Zimmern, gutes Wellness Centre mit günstigen Behandlungen, Al-Khan Road, Tel. 06/593 22 22, www.timerubyhotelapartments.com

SHARJAH

33 Museum of Islamic Civilization
Einfach großartig

Wenn man in Sharjah nur eines der vielen herrlichen Museen besuchen kann, dann sollte man sich für dieses entscheiden. Untergebracht in einem palastartigen Bauwerk mit Kuppeln und Bogengängen, gibt es im Museum of Islamic Civilization eine Ausstellung, die nicht nur einzigartige Exponate zum Islam zeigt, sondern es schafft, dass man lebendiges Interesse für die moslemische Kultur entwickelt und ganz nebenbei viel lernt.

Eine große, außen mit Blattgold verzierte und im Inneren mit aufwendigen Mosaiken und Einlegearbeiten bedeckte Kuppel ziert das im neo-islamischen Stil 1987 errichtete Bauwerk. Meterhohe, von Spitzbögen gekrönte Flure, die in sanftes, dämmriges Licht getaucht sind und an sakrale Bauwerke erinnern: Der ehemalige Al-Majarrah Souk an der gleichnamigen Waterfront und nur wenige Meter von der Sharjah Corniche entfernt, zeigt die Schönheit traditioneller arabischer Architektur und lässt spüren, welche beruhigenden Auswirkungen Bauwerke auf Menschen haben können. Der gänzlich neu und im alten Stil errichtete Palast beherbergte über viele Jahre edle Boutiquen, bis im Jahr 2008 hier das Museum etabliert wurde, das sich der islamischen Zivilisation widmet. Beeindruckende 5000 Exponate sind hier versammelt, doch fühlt sich der Besucher zu keiner Zeit in irgendeiner Weise angesichts dieser Fülle an Material und Information überfordert. Viele Besucher erleben hingegen, dass sie die ursprünglich veranschlagte Besichtigungszeit verlängern.

Oben: Hieran darf in Sharjah kein Weg vorbeiführen: Museum of Islamic Civilization.
Unten: In den Vormittagsstunden ist man im Museum meist für sich.

Museum of Islamic Civilization

Aus Mekka stammend

Im Erdgeschoss befindet sich eine Ausstellung, die den sogenannten »fünf Säulen des Islam« gewidmet ist, jenen Praktiken, denen sich ein Moslem zu widmen hat, nämlich dem Glaubensbekenntnis, dem Gebet, das es fünf Mal täglich zu verrichten gilt, dem Fasten während des Ramadan, dem Almosengeben sowie der Pilgerfahrt nach Mekka (Saudi-Arabien) einmal im Leben. Das wertvollste Ausstellungsstück des Museums ist der in einem gläsernen Schaukasten im Erdgeschoss zu sehende *Kiswah*, ein Stück goldbestickten Brokatstoffes, der aus Mekka stammt und dort die Kaaba, das zentrale Heiligtum des Islam, umhüllte. Mekka, Geburtsort des Propheten Mohammed und heilige Stadt, jener Ort, zu dem sich die Moslems im Gebet hinwenden, darf von Nicht-Moslems nicht betreten werden. Jährlich, so erfährt man auf der Schautafel in englischer Sprache, wird Mekka von etwa 2,5 Millionen Pilgern besucht. Die Kaaba, so will es die Regelung, muss sieben Mal umrundet und soll möglichst auch berührt werden. Für die westlichen Besucher wird der Blick auf den Kiswah hingegen der nächstmögliche Kontakt nach Mekka bleiben. Einzigartig in ihrer fragilen Schönheit sind die z.T. viele Jahrhunderte alten Kalligrafien von Koranversen. Die Kunst des Schönschreibens genießt im Islam einen besonderen Stellenwert, da in der moslemischen Kunst ein absolutes Bilderverbot existiert. Beim Betrachten der Kalligrafien wird man unterschiedliche Stile erkennen können, die je nach Herkunft und Entstehungszeit variieren.

Mechanisches XXL-Spielzeug

Faszinierend ist die in der Mitte eines Ganges auf einem großen Teppich stehende Elephant Clock, ein aus Metall hergestellter und mit kostbarem

AUTORENTIPP!

MUSEUMSLADEN

Hier gibt man Geld nicht für Konsumprodukte aus, die es auch zu Hause gibt, sondern investiert in Kultur und Ästhetik. Der gut sortierte Museumsladen hält nicht nur vorzügliche Bildbände und Kunstbücher bereit für die an islamischer Kunst interessierten Besucher, die bereit sind, in englischer Sprache zu lesen, sondern auch Romane und philosophische Werke, etwa vom islamischen Mystiker Dschalal ad-Din ar-Rumi, einem Sufi, der wunderschöne und zu Herzen gehende Verse verfasste. Für Kinder gibt es Spiele und auch Feder und Schreibpapier, um sich selbst im Schönschreiben zu üben (siehe Infos & Adressen, S. 196).

Oben: Großartig ist die zentrale Kuppel im Innenraum des Museums.
Unten: Die vielfältigen Formen islamischer Kunst sind inspirierend.

Schmuck ausgestatteter Elefant, der von einem *mahout* (Führer) geritten wird. Auf seinem Rücken trägt er einen gewaltigen, dekorativen Aufbau. Ein ausgeklügelter Mechanismus für die Zeitmessung, der bereits im 12. Jahrhundert von Al-Jazari in dessen *Book of Knowledge of Ingenious Mechanical Devices* (Buch des Wissens über geniale mechanische Geräte) beschrieben wird, bringt den Mahout dazu, eine Trommel zu schlagen, einen eisernen Vogel im Kreis fliegen zu lassen, während zwei weitere Vögel Metallkugeln in die offenen Rachen zweier Drachen werfen, die, bedingt durch das zusätzliche Gewicht, nach unten steigen und pünktlich zur halben Stunde die Bälle in zwei Vasen füllen. Eine ganze Abteilung ist den originellen Erfindungen von dem im Ausland unbekannten Abu Ali al-Hasan ibn al-Hasan ibn al-Haytham (965–1039 n. Chr.) gewidmet, der in Basra lebte, ein Universalgelehrter, Astronom, Physiker und Mathematiker in einer Person. Inspiriert und vielleicht einen Hauch klüger als zuvor verlässt man das Museum.

Museum of Islamic Civilization

Infos und Adressen

SEHENSWÜRDIGKEITEN
Museum of Islamic Civilization. Sa–Do 8–20 Uhr, Fr 16–20 Uhr, Eintritt 5 Dh, Corniche Street, Al-Mujarrah, Tel. 06/565 54 55, www.islamicmuseum.ae

Palast des Herrschers. Taxifahrer kennen die Adresse des unweit des Museums an der Corniche Street liegenden Palastes, in dem die Familie des Emirs heute residiert. Selbstverständlich kann er nicht besichtigt werden, und man sollte auch dringend davon Abstand nehmen, Fotos zu machen – langsam vorbeifahren darf man hingegen und die Pracht erahnen, die sich im Inneren verbirgt.

ESSEN UND TRINKEN
Calypso. Mit Blick aufs Meer und im Freien genießt man Caesar Salad, Club Sandwiches und andere Klassiker der internationalen Küche, und da es in Sharjah ein Alkoholverbot gibt, ist man hier besonders kreativ und bietet eine Vielzahl von köstlichen Mocktails, fantasievoll gemixt. Tgl. 10–22 Uhr, Radisson Blu Resort, Corniche Street, Tel. 06/565 77 77, www.radissonblu.com

Die Museen in Sharjah sind vielfach kostenlos.

The Terrace. Der richtige Ort, um in netter Atmosphäre und im Freien ein kühles Getränk, Tee oder Kaffee zu genießen; auch kleinere Gerichte und Kuchen werden gereicht. Tgl. 8–24 Uhr, Radisson Blu Resort, Corniche Street, Tel. 06/565 77 77, www.radissonblu.com

ÜBERNACHTEN
Radisson Blu Resort. Das etwas unscheinbare Mittelklassehotel besitzt eine herrliche Lage am 300 m langen Strand und gepflegte Standardzimmer ebenso wie direkt am Pool liegende Cabañas. Großzügiges Sportangebot und kostenloser Bus-Shuttle nach Dubai. Corniche Street, Tel. 02/565 77 77, www.radissonblu.com

Das »Radisson Blu Resort« in Sharjah ist sehr empfehlenswert.

SHARJAH

34 Heritage Area
Schönste Altstadt der Region

Heute ist man in Sharjah besonders froh darüber, dass man den Fehler anderer arabischer Städte vermied, nämlich die leer stehenden Altstadthäuser zu zerstören und durch moderne Hochhäuser zu ersetzen. Und so bezaubert die Heritage Area heute als Ensemble perfekt restaurierter alter Handelshäuser, die das Flair arabischer Vergangenheit zum Leben erwecken. Und als zusätzliches Bonbon haben sich viele in Museen verwandelt.

Dem als kunstsinnig geltenden Emir von Sharjah, Dr. Sultan bin Mohammed Al-Qasimi, ist es zu verdanken, dass das dem Verfall preisgegebene Altstadtviertel von Sharjah in aufwendiger Kleinarbeit restauriert wurde. Historische Windturmhäuser, Stadtpaläste reicher persischer und arabischer Kaufmannsfamilien, erbaut aus Korallenkalkstein, erstrahlen heute in neuem Glanz. Tatsächlich versucht man in Sharjah seit einigen Jahren, das Emirat als Kultur- und Traditionsdesti-

> ## MAL EHRLICH
> **STRENGE SITTEN IM EMIRAT**
> Sharjah ist das Emirat mit dem strengsten Sittenkodex. Wenn man unterwegs ist bei der Stadtbesichtigung, muss man sich im Einklang mit den herrschenden Gebräuchen verhalten und auch kleiden. Das bedeutet, dass z.B. Küssen in der Öffentlichkeit tabu ist – ansonsten könnte man von der Polizei verhaftet werden. Und auch zu kurze Röcke bzw. Shorts bei Männern sind unangemessen. Mit weiter, luftiger Keidung, die die Knie bedeckt, macht man hingegen alles richtig – auch angesichts des Wetters.

Oben: In der recht übersichtlichen Sharjah Heritage Area fällt die Orientierung nicht schwer.
Unten: Korallenkalkstein war das bevorzugte Baumaterial in Sharjahs Heritage Area.

Heritage Area

nation aufzubauen. Statt auf gigantische Museumsprojekte setzt das wohlhabende, jedoch nicht megareiche Sharjah auf kleine, der arabischen Kultur angepasste Museen. Mittlerweile besitzt das Emirat bald zwei Dutzend davon, eines schöner als das andere. Dazu Galerien und Kulturinstitute, allesamt untergebracht in historischen Häusern. Nicht verwunderlich, dass das Emirat heute als Hotspot der Region gilt, wenn es um Museen geht. 1998 und 2014 verlieh die UNESCO dem Emirat gar den Titel *Arab Capital of Culture*, Kulturhauptstadt der Arabischen Welt.

Eine Festung in der Altstadt

Deren Herz ist die für den Autoverkehr gesperrte Heritage Area. Al-Hisn-al-Qadim heißt das Fort, das vom damaligen Herrscher Sultan bin Saqr al-Qasimi (gest. 1866) 1820 erbaut wurde und 1966, angeblich aufgrund schlechter Bausubstanz, vollständig niedergerissen wurde. Drei Jahrzehnte später begann man mit einer originalgetreuen Rekonstruktion des Bauwerks. Die strahlend weiße Replik der Festungsanlage besitzt jedoch nicht die gleiche Ausstrahlung wie ein altes Bauwerk. In den zahlreichen Räumen kann man Ausstellungen historischer Schwarz-Weiß-Fotos bestaunen, ebenso wie alte Waffen. Leider ist das Fort aufgrund umfangreicher Renovierungsmaßnahmen bereits seit längerer Zeit geschlossen.

Ein Muss ist für viele auch der Besuch des 1845 erbauten Hauses Bayt al-Naboodah, ein Wohnpalast aus Korallenkalkstein im Stil der damaligen Zeit. Bald zwei Dutzend Zimmer gruppieren sich um einen zentralen Innenhof: der einstige Wohnsitz einer wohlhabenden Perlenhändlerfamilie. Neben den Betten und Schränken, den Sitzkissen und Palmmatten, die den Boden bedecken, sieht man auch eines jener alten großen Radios, wie sie

AUTORENTIPP!

SOUK AL-ARSAH

Einfach großartig ist der restaurierte alte *Suk*, der nach wie vor die behagliche Atmosphäre früherer orientalischer Ladengassen beibehielt. Die rund 80 Shops sind in Halbdunkel getaucht, und es riecht köstlich nach den Schätzen aus Tausendundeiner Nacht. Mit viel Liebe zum Detail wurde das aus Korallenkalkstein errichtete Gebäude wieder hergerichtet. Auf großen Holzbänken sitzen Männer in traditioneller Tracht, erzählen und trinken Tee. In kleinen Läden verkauft man Silberschmuck, der aus dem Jemen und Oman stammt, Pashminatücher für Touristen sowie bestickte Kaftane, die die einheimischen Frauen gern zu Hause tragen. Es gibt Süßigkeiten und Pistazien sowie Tee, Kräuter und Gewürze. Gut sortiert ist der Buchladen, der ein recht umfangreiches Angebot an englischsprachiger landeskundlicher Literatur und an Bildbänden über die Region bereithält.

Oben: Eines der vielen Museen in Sharjahs Heritage Area.
Mitte: Im Souk al-Arsah wird aus Honig und Rosenwasser Halva hergestellt.
Unten: Auf dem Obst- und Gemüsemarkt von Sharjah

noch vor wenigen Jahrzehnten in der Golfregion typisch waren. Eine großschnabelige arabische Kaffeekanne steht in der Küche, aus Holz geschnitzte Geräte und Werkzeuge hängen über der offenen Feuerstelle. Sogar ein alter, großer Tresor ist zu sehen, ein Originalteil mit rostiger Patina, in dem das Familienoberhaupt die kostbarsten Perlen und Geld aufbewahrte.

Altstadthäuser als Galerien

Die Heritage Area ist nur ein Teil einer größeren Restaurierungskampagne, die *Heart of Sharjah* genannt wird und bis ins Jahr 2025 die Rekonstruktion des gesamten historischen Stadtkerns vorsieht. Windturmhäuser dominieren die kleinen Gassen, Residenzen wohlhabender Familien beeindrucken bereits durch ihre aufwendig gestalteten Fassaden, und wenn die großen, mit schweren Eisennägeln beschlagenen und mit Schnitzereien verzierten hölzernen Tore offen sind, sieht man erst, welche Pracht sich hinter den Mauern oftmals verbirgt. Tatsächlich durfte in früheren Zeiten materieller Reichtum nicht zur Schau gestellt werden, um keinen Neid bei ärmeren Bevölkerungsgruppen hervorzurufen. An einer kleinen, von den Einheimischen *Al-Khat* genannten Straße,

Heritage Area

Rundgang Heritage Area

Das Heritage Village (Altstadt-Viertel) von Sharjah wird begrenzt von der Al-Boorj Avenue (Osten), der Al-Arouba Road (Süden), Al-Mareija Street (Westen) und der Al-Corniche Street (Norden), die an der Mündung der Khaleed Lagoon (Sharjah Creek) verläuft. Im Labyrinth der engen Gassen und Straßen geht man am besten zu Fuß.

Ⓐ Fort Al-Hisn – Das einstige Zentrum der Stadt, Domizil der Herrscherfamilie, beeindruckt heute als Museum. Di–Do 9–13 Uhr, 17–20 Uhr, Fr 17–20 Uhr, Mo geschlossen, Al-Hisn Square an der Al-Boorj Avenue, www.sharjahmuseums.ae

Ⓑ Calligraphy Museum – Dieses kleine, künstlerisch gestaltete Museum präsentiert u.a. historische kalligrafische Verse aus dem Islam. Sa–Do 8–20 Uhr, Fr 16–20 Uhr, Eintritt 5 Dh, Heritage Area, Tel. 06/569 45 61, www.sharjahmuseums.ae

Ⓒ Bait al-Naboodah – Unbedingt zu besichtigen: ein traditionell möbliertes historisches Stadthaus. Sa–Do 8–20 Uhr, Eintritt 5 Dh, Firej al-Souk Road, gegenüber Souk al-Arsah, www.sharjahmuseums.ae

Ⓓ Al-Esla-Schulmuseum – Die 1935 eröffnete Jungenschule war die erste des Emirats. In den original erhalten gebliebenen Klassenräumen spürt man die Atmosphäre des Schulunterrichts wie vor sieben Jahrzehnten: weiß gekalkte Wände, hölzerne Pulte und Koranverse. Ein Schlafsaal im 1. Stock diente als Übernachtungsmöglichkeit für von weit angereiste Schüler. Sa–Do 8–20 Uhzr, Fr 16–20 Uhr. Heritage Area, Eintritt frei, Tel. 06/568 41 14, www.sharjahmuseums.ae

Ⓔ Majlis al-Midfa – Das traditionell als Versammlungsort der Männer genutzte Haus ist regional berühmt durch seinen runden Windturm, ein Unikat in den VAE. Das Museum ist bislang nicht eröffnet.

Ⓕ Souk al-Arsah – Korallensteinwände, hölzerne Türen und kleine Läden in schattigen Gängen – eine inspirierende Zeitreise in einem der ältesten *Suks* des Landes. Hier gibt es Teppiche, kupferne Kaffeekannen, Parfümöle und handgewebte Decken und Tücher sowie einen kleinen, feinen Kaffeeladen im orientalischen Stil.

AUTORENTIPP!

MUSEEN FÜR ALLE
Nicht nur bei unerträglich heißem Sommerwetter ist ein Besuch der zahlreichen Museen im der Heritage Area angeraten. Anders als man es aus Europa kennt, ist der Eintritt in viele Museen kostenlos, oder man zahlt nur wenige Dirham, ein eher symbolischer Obolus, der zu entrichten ist. Dies ist nicht nur für Familien und junge Leute mit knapper Reisekasse sehr erfreulich, sondern auch für echte Kulturliebhaber und Museumsfreunde. So hat man z.B. die Möglichkeit, sich bei einem ersten Besuch gleich zehn oder mehr Museen anzusehen, um dann nach einem kurzen Rundgang zu entscheiden, wo man längere Zeit verbringen mag. Besonders spannend sind die Workshops im Kalligrafie-Museum für Kinder, Jugendliche und Erwachsene. Hier hat sich schon so manches künstlerische Talent entfaltet.

Sharjah Calligraphy Museum.
Mi 8–20 Uhr, Erwachsene 5 Dh, Familien 10 Dh, Kinder gratis, Tel. 06/569 45 61, www.sharjahtourism.ae

SHARJAH

auch Kalligrafie-Platz genannt, liegen zwei traditionsreiche Altstadthäuser, die zu Ausstellungsorten für Kalligrafie umgewandelt wurden, nach eigenen Angaben die einzigen Museen ihrer Art in der arabischen Welt. Zu sehen sind neben den arabischen Kalligrafien auch Handschriften, die aus China und sogar aus Frankreich stammen.

Kunstmuseen in der Arts Area

Gleich neben der Cultural Area liegt die ebenfalls schon komplett restaurierte Arts Area. Bereits heute fördert man in Sharjah in großem Stil die Kunst der gesamten Arabischen Halbinsel. Sehenswert ist besonders auch das 1997 eröffnete Art Museum, bislang das größte der VAE. Zu den ausgestellten Werken gehören klassische Arbeiten ab dem 18. Jahrhundert, Bilder von Wüstenlandschaften und orientalischen Städten sowie Porträts bekannter Persönlichkeiten der Region. Auf besonderes Interesse bei der Bevölkerung stoßen allerdings die häufigen Wechselausstellungen. Über einen als Brücke angelegten Weg gelangt man in das vorzügliche Sharjah Museum of Contemporary Art, dem Museum für zeitgenössische arabische Kunst. Hier sind auf gleich drei Ebenen Ausstellungen moderner Kunst gezeigt, nämlich über 300 Werke diverser Stilrichtungen aus dem arabischen Kulturkreis. Man bemüht sich zudem, monatlich Werke, die aus internationalen Ausstellungen stammen, zu präsentieren; auch stellen private Sammler hier im Museum zeitweise Bilder zur Verfügung. Bereits im Jahr 1993 wurde die *Sharjah Biennale* ins Leben gerufen: auf diese in der internationalen Kunstwelt höchst renommierte Einrichtung wird im Museum stolz hingewiesen, und so gelten die auf der Biennale ausgezeichneten Werke, die hier im Museum zu sehen sind, zu den besonderen Schätzen des kunstsinnigen Hauses, die es zu einem Publikumsmagneten machen.

Heritage Area

Infos und Adressen

SEHENSWÜRDIGKEITEN

Sharjah Art Museum. Großartig: sowohl von seiner architektonischen Gestaltung – die moderne und traditionelle islamische Bauelemente zu einer Synthese führt – wie von den gezeigten Exponaten. Sa–Do 8–20 Uhr, Fr 16–20 Uhr, Eintritt frei, Bait al-Serkal, Arts Area, www.sharjahmuseums.ae

Sharjah Heritage Museum. Mit lebensgroßen Puppen werden traditionelle Dorfszenen nachgestellt, es gibt Sukgassen, und man erfährt viel über das Perlenfischen, sieht silbernen Beduinenschmuck, Trachten und traditionelle Musikinstrumente. Sa–Do 8–20 Uhr, Fr 16–20 Uhr, Heritage Area, Tel. 06/568 00 06, www.sharjahmuseums.ae

ESSEN UND TRINKEN

Arts Café. Hier treffen sich Studenten und Touristen, nachdem sie die Kunstmuseen besichtigt haben, auf einen Kaffee oder einen frisch gepressten Mangosaft. Sa–Do 9–20 Uhr, Fr 15–20 Uhr, Arts Square (gegenüber Arts Museum), Arts Area, Sharjah

ÜBERNACHTEN

Sharjah Heritage Hostel. Einfache, dennoch äußerst stilvolle Unterkunft mitten in der Altstadt.

Untergebracht in einem aufwendig restaurierten Bauwerk: Sharjahs Kunstmuseum

Nahe bei der Zahra Mosque (sodass man mehrmals täglich den melodiösen Ruf der Muezzine zu hören bekommt) liegt das in einem traditionellen, mit Windtürmen und dem typischen arabischen Innenhof untergebrachte Hostel. Geschnitzte Türen führen in die sauberen, ansonsten schmucklosen Zimmer mit z.T. hohen Balkendecken, kleinen, schlichten Bädern, typisch arabisch. Auch Unterkunft im Dormitory (Mehrbettzimmer) möglich. Heritage Area, Al Meena Road, Tel. 06/569 77 07, www.uaeyha.com

Viel zu entdecken gibt es rund um den Souk al-Arsah.

SHARJAH

35 Sharjah Lagoon
Belle Époque an der Lagune

Gleich drei große Lagunen prägen das Stadtbild von Sharjah und reichen wie Finger in das Land, nämlich Khor al-Khalid, Khor al-Mamzar und Khor al-Khan. Promenaden führen entlang der Meeresarme, moderne Hochhäuser blicken auf das Meer. An der Khalid-Lagune liegen zudem mehrere Hotels und auch der weithin bekannte Blue Souk. Dessen auffällige Tonnengewölbearchitektur, die an einen Belle-Époque-Bahnhof erinnert, schmückt viele Ansichtskarten.

Das – wie alle emiratischen Hauptstädte - an der Küste liegende Sharjah besitzt nicht nur breite Sandstrände, die sich im Nordosten der Metropole befinden, sondern auch drei große, breite Lagunen, die im Westen und an der Grenze zu Dubai die Küste prägen. Mit dem Auto kann man an der Al-Mamzar-Lagune in einem weiten Bogen um den Meeresarm herum und wieder zurück zur Küste und anschließend um die größere Al-Khan-Lagune fahren, die durch den künstlich geschaffenen Kanal Al-Qasba mit der Khalid-Lagune verbunden ist. Größte der drei Lagunen ist die Al-Khalid-Lagune, über die auch eine Brücke (Sharjah Bridge) führt. Am nordöstlichen Ende der Lagune beginnt parallel zur Küste Heritage Area. Nirgendwo sonst am Golf gibt es so viel Kunst und Kultur an einem Ort.

Belle Époque auf arabisch

Wenn man Einheimische nach dem *Central Souk* fragt, weisen diese einfach zur Lagune – gemeint ist in diesem Fall Khor al-Khalid – und zeigen in

Oben: Viel Platz zum Flanieren bietet der Sharjah Creek.
Unten: Eines der bekanntesten Gebäude von Sharjah: der Blue Souk

Sharjah Lagoon

die entsprechende Richtung. Eine ungewöhnliche Architektur im postmodernen Stil: Neben Tonnengewölben prägen verzierte Windtürme Sharjahs Souk al-Markazi, wie er ebenfalls genannt wird und längst zum Wahrzeichen der Stadt avanciert ist. Wegen des von blauer Farbe dominierten und aus insgesamt sechs Gebäuden bestehenden Bauwerks spricht man praktischerweise gleich vom Blue Souk: Antikes und Kunsthandwerk aus Fernost. Über 600 Geschäfte sind hier untergebracht, und auch wenn diese mit ihrem Angebot, das sich an indische Gastarbeiterfamilien und Einheimische richtet, für Touristen im Vergleich mit den Shopping Malls von Dubai und Abu Dhabi eher enttäuschend sind, lohnt es sich, zumindest einmal durch die Gänge zu gehen. Zum einen, weil die einfachen Geschäfte, in denen Dinge für den täglichen Gebrauch wie Kaftane und Dischdaschas, billiger Stoff aus Asien und Kosmetika aus China verkauft werden, auch sehr viel Lokalkolorit ausströmen und hier – vorausgesetzt, man fragt höflich – auch durchaus ein paar schöne Bilder gemacht werden können. Selbstverständlich wäre es ein Fauxpas, sich mit der Bitte um ein Foto an die einheimischen Frauen zu wenden. Diese dürfen generell nicht angesprochen und/oder gar fotografiert werden. Anders sieht es aus bei den Männern – Einheimische in traditioneller Bekleidung und aus Asien und Arabien stammende Gastarbeiter – die in der Regel viel Zeit haben und freundlich auf den Wunsch der Besucher nach einem Foto eingehen. Im Obergeschoss des *Suks* gibt es zahlreiche Shops, die Antiquitäten und aus Indien importierte Decken, Körbe und Kleinmöbel zum Verkauf anbieten. Das Stöbern ist reizvoll, und man hat die Chance, exotische und günstige Souvenirs zu finden, wenn man zu feilschen versteht. 40 bis 50 Prozent Nachlass auf den ursprünglich geforderten Preis wären durchaus ein hervorragendes Ergebnis!

Infos und Adressen

ESSEN UND TRINKEN

Mojo. Internationale Küche, auch vegetarisch. Tgl. 6.30–23 Uhr, Hilton-Hotel, Buhairah Corniche Road, Tel. 06/519 22 22, www.hilton.com

Shiraz. Iranische Küche in elegantem Rahmen. Tgl. 12.30–23.30 Uhr, Hilton-Hotel, Buhairah Corniche Road, Tel. 06/519 22 22, www.hilton.com

ÜBERNACHTEN

Hilton Sharjah. Modernes Stadthotel an der Lagune mit zwei großen Außenpools. Buhairah Corniche Road, Tel. 06/519 22 22, www.hilton.com

Marbella Resort. Schickes Resort mit verschiedenen Cafés und Restaurants, darunter »Rendezvous«, Restaurant: tgl. 6–11, 12.30–15.30, 18–23.30 Uhr, Buhairah Corniche Road, Tel. 06/574 11 11, www.marbellaresort.com

EINKAUFEN

Blue Souk. Moderner Einkaufspalast im arabischen Stil mit Windtürmen, auch Central Souk und Souk al-Markazi genannt. Sa–Do 9.30–13, 16–23 Uhr, Fr 9.30–12, 16–23 Uhr, Al-Majaz

INFORMATION

Sharjah Tourist Authority. Crescent Tower, 9. Etage, Buhairah Corniche Street, Al-Majaz 3, Tel. 06/556 67 77, www.sharjahtourism.ae

SHARJAH

36 Sharjah Desert Park
Wüstenpark für Groß und Klein

Oryxantilopen, Wüstenfüchse und andere Tiere der Arabischen Halbinsel leben hier in einem großräumigen Park, in dem alles auf Wüste und Savanne ausgerichtet ist. Dem Emir von Sharjah verdanken wir die Gelegenheit, hier vertraut zu werden mit Tier- und Pflanzenwelt der Region. Doch der Park erfreut nicht nur die Besucher; größtes Anliegen bei seiner Gründung seinerzeit war es, die vom Aussterben bedrohten Oryxantilopen zu züchten.

Vor vielen Jahrhunderten muss die Tierwelt der Arabischen Halbinsel recht vielfältig gewesen sein, dies legen zumindest Illustrationen aus Werken des Mittelalters nahe. Doch von diesem Artenreichtum ist auf den ersten Blick nur wenig erhalten geblieben. Erst wenn man z.B. unterwegs ist in der Wüste und am frühen Morgen nach Sonnenaufgang zu Fuß über die Sanddünen läuft, kann man die vielfältigen Fußabdrücke von nachtaktiven Tieren sehen und ahnen, dass die Wüste nach wie vor Lebensraum vieler Tierarten ist.

Geparden der Wüste

Nicht nur die heute auf der Arabischen Halbinsel beheimateten Tierarten sind im Sharjah Desert Park untergebracht. Auch Geparden jagten einst in der Weite der Wüste und hatten ähnlich wie die Aas fressenden Hyänen keine natürlichen Feinde, bis sie von Menschen ausgerottet wurden und 1940 gänzlich von der Arabischen Halbinsel verschwanden. Zoologen und andere Wissenschaftler arbeiten im Breeding Centre for Endangered Arabian Wildlife (BCEAW), das sich ebenfalls

Oben: Ein junger Gepard – die schnelle Raubkatze jagte einst auch auf der Arabischen Halbinsel.
Unten: Auch ansonsten in Oman verbreitete Schlangen fühlen sich wohl im Sharjah Desert Park.

Immer wieder faszinierend zu sehen: ein Chamäleon.

im Park befindet, jedoch für Besucher nicht zugänglich ist. Die 1998 gegründete, international renommierte Forschungs- und Zuchteinrichtung für bedrohte arabische Arten konnte schon so manchen Erfolg aufweisen, u.a. ist das Breeding Centre Standort für ein dem Arabischen Leoparden gewidmetes Zuchtprogramm. Und nachdem auch arabische Geparden (*Acinonyx jubatus*) seit 1970 von der Arabischen Halbinsel verschwanden, leben heute im BCEAW etwa 30 aus Afrika stammende Geparden, die illegal in die Emirate transportiert wurden und daraufhin hierhergebracht wurden.

Im Sharjah Desert Park lernen Besucher alle Tiere kennen, die einst in großer Anzahl die Wüste durchquerten. Weitgehend unbekannt sind heute beispielsweise arabische Wölfe, wesentlich kleiner und mit nur 18 Kilogramm Körpergewicht auch wesentlich leichtere Vertreter als ihre europäischen Verwandten, Tiere, die heute in den Emiraten praktisch nicht mehr vorkommen und die auch in Saudi-Arabien, im Jemen und Oman nur noch in kleiner Anzahl leben. Füchse hingegen bevölkern heute in mehreren Arten die Emirate, auffälligster Vertreter ist vielleicht der kleine Blan-

AUTORENTIPP!

CHILDREN'S FARM – TIERE ZUM ANFASSEN UND BESTAUNEN

Ein Besuch im Sharjah Desert Park (siehe Infos & Adressen, S. 203) ist ideal für Familien. Kinder nahezu jeder Altersgruppe ebenso wie Jugendliche können hier genau das finden, was ihren Interessen entspricht: In Terrarien leben Reptilien und Furcht einflößende große Spinnen sowie glänzende Schlangen. Wenn man müde ist vom Herumspazieren, betrachtet man die Tiere von einer klimagekühlten Halle mit Café durch große Fenster. Gegenüber dem Museumsgebäude geht es zur Children's Farm, einem Streichelzoo mit kinderlieben Ponys, Lämmern und kleinen Ziegen.

Children's Farm. So–Do 9–17.30 Uhr, Fr 14-17.30 Uhr, Sa 11–17.30 Uhr, Do geschlossen, Eintritt 15 Dh (für Kinder unter 12 Jahren kostenlos), neben Arabia's Wildlife Centre, Tel. 06/531 11 27, www.sharjahtourism.ae

SHARJAH

Oben: Paviane im Desert Park
Mitte: National History Museum im Sharjah Desert Park
Unten: Faszinierende Exponate locken auch viele Familien in das National History Museum.

ford Fuchs (*Vulpes cana*), zu erkennen an seinem zierlichen Körperbau und den riesigen, fledermausähnlichen Ohren. Der Sandfuchs (*Vulpes rueppellii sadea*) wiederum trägt bereits einen Namen, der darauf hinweist, dass sich das Tier in Wüstengegenden besonders wohlfühlt. Auch die possierlich aussehenden, eher zierlichen Sandkatzen (*Felis margarita*), die noch heute relativ häufig in der Region vorkommen, wird man kaum zu Gesicht bekommen, zum einen wegen ihres den Wüstenfarben angepassten Fells, zum anderen, weil die Tiere nachtaktiv sind. Im Desert Park wurde eine eigene Abteilung für diese Tiere eingerichtet und mittels künstlicher Verdunkelung bzw. Beleuchtung deren Tag-Nacht-Rhythmus geändert, sodass Besucher die Tiere in wachem Zustand erleben können.

Wüstenrosen und Fossilien

Im dem Sharjah Desert Park angeschlossenen Natural History Museum wiederum machen Ausstellungen in allgemeiner Form mit Fauna und Flora der Wüste bekannt. Hier hat man auch die Gelegenheit, fossile Fundstücke und Kristalle der Region zu betrachten – darunter die häufig zu findenden Wüstenrosen, Gebilde, die in der Wüste entstehen, wenn Wasser und Sand zusammen reagieren und sich gelöster Gips kristallisiert, sodass es zu blättrigen Gebilden kommt, bis zu einem Meter groß, die an Blumen erinnnern. Ein Herbarium wiederum zeigt die Vielfalt der in den Emiraten vorkommenden Pflanzen. Und wer den Wunsch hat, nicht nur Tiere zu betrachten, sondern eher intellektuelle Unterhaltung braucht, besichtigt aufmerksam die anspruchsvoll und differenziert gestaltete Dokumentation über Wüsten im Allgemeinen, in der u.a. der Einfluss fortschreitender Siedlungstätigkeiten auf dieses einzigartige Ökosystem untersucht wird.

Sharjah Desert Park

Infos und Adressen

SEHENSWÜRDIGKEITEN

Oase Al-Dhaid. Die rund 45 km östlich von Sharjah, etwa 25 km vom Desert Park gelegene Oase lohnt einen Besuch, um einmal zu sehen, wie in der Region im großen Stil Obst- und Gemüseanbau betrieben wird. Der zentrale *Suk* ist bekannt für sein großes Dattelangebot.

Sharjah Archeology Museum. Die seit Beginn der Ausgrabungen in Sharjah entdeckten Fundstücke sind hier seit 1993 ausgestellt. So–Do 8–20 Uhr, Fr 16–20 Uhr, Eintritt 5 Dh, Street S 115, ab Al-Dhaid Airport Road (E88), Tel. 06/566 54 66, www.sharjahmuseums.ae

Sharjah Classic Cars Museum. Rund 100 Automobile der Baujahre 1917 bis 1960, grandios restauriert, werden hier gezeigt. Sa–Do 8–20 Uhr, Fr 16–20 Uhr, So geschlossen, Eintritt 5 Dh, Al-Dhaid Airport Road (E88), Tel. 06/558 02 22, www.sharjahmuseums.ae

Sharjah Desert Park. So, Mo, Mi, Do 9–17 Uhr, Fr ab 14 Uhr, Sa ab 11 Uhr, Eintritt 15 Dh, Airport Road Ale Dhaid, Interchange 9

Sharjah Discovery Centre. Interaktives Lern-Museum, auch für kleine Kinder. So–Do 8–14 Uhr, Fr, Sa 16–20 Uhr, Eintritt 5 Dh, Al-Dhaid Airport Road (E88), Tel. 05/558 65 77, www.sharjahmuseums.ae

ESSEN UND TRINKEN

Sharjah Desert Park Cafe. Mit Blick auf die Freigehege und umgeben von einheimischen Besuchen gönnt man sich eine Erfrischung oder einen ordentlichen Snack, der satt macht. So, Mo, Mi, Do 9–17 Uhr, Fr ab 14 Uhr, Sa ab 11 Uhr, Sharjah Airport Road (Dhaid Highway), Junction No. 8

ÜBERNACHTEN

Coral Beach Resort. Nur 13 km vom Desert Park entfernt lädt dieses Viersterne-Strandresort zur Entspannung ein. Die Lage könnte nicht besser sein. Sharjah Corniche, Al Muntazah Street, Tel. 06/522 99 99, www.coral-international.com

INFORMATION

Die Info-Hotline ist rund um die Uhr für Besucher des Parks erreichbar, Tel. 800 745 (800 SHARJAH), www.sharjahtourism.ae

Besonders an heißen Sommertagen lohnt auch ein Besuch im National History Museum.

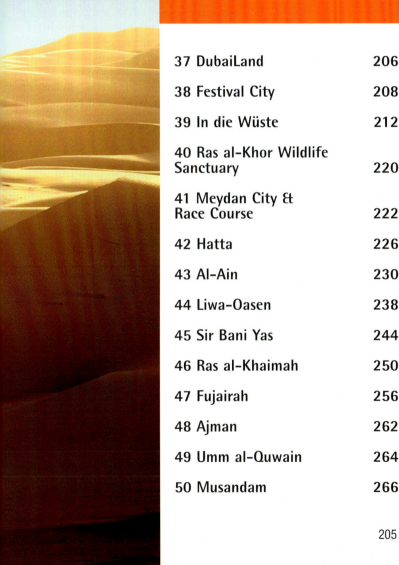

UMGEBUNG UND AUSFLÜGE

37 DubaiLand	206
38 Festival City	208
39 In die Wüste	212
40 Ras al-Khor Wildlife Sanctuary	220
41 Meydan City & Race Course	222
42 Hatta	226
43 Al-Ain	230
44 Liwa-Oasen	238
45 Sir Bani Yas	244
46 Ras al-Khaimah	250
47 Fujairah	256
48 Ajman	262
49 Umm al-Quwain	264
50 Musandam	266

UMGEBUNG UND AUSFLÜGE

37 DubaiLand
Shopping und Erlebnis

Das gigantische Freizeit- und Erlebnisland, dass vor den Toren der Stadt und umgeben von Wüste entsteht, sollte durch seine gewaltigen Dimensionen und seine sieben Themenwelten neue Superlative garantieren. Doch seit der Finanzkrise 2009 geht es mit den Arbeiten viel langsamer als geplant voran. Die bereits fertiggestellten Attraktionen sind nichtsdestotrotz einen Besuch wert.

Auch von Baustellen kann man lernen. So ist die in den internationalen Medien vielfach mit einer gewissen Häme kommentierte Tatsache, dass bisher wesentliche Bereiche des gewaltigen, auf einer Fläche von etwa 140 Quadratkilometern entstehende DubaiLand als Baustelle in der Wüste versanden, auch ein Beispiel für die Größe dieses Megaprojektes, angesichts dessen selbst Dubai, Meister im Realisieren solcher XXL-Vorhaben, ins Trudeln gerät. Immer wieder überraschend ist die gewaltige Ausdehnung von DubaiLand *in natura*: Wenn man z.B. auf der Autobahn Outer Bypass Road östlich an Dubai vorbeifährt oder auf der Al-Ain Road nach Osten Richtung Al-Ain unterwegs ist, fährt man viele Kilometer an gewaltigen Bauzäunen entlang, auf denen Schautafeln zeigen, wie es einmal aussehen soll. Auch hier strebt man trotz aller Hindernisse nach Superlativen.

Dem Rennsport gewidmet

2008 begann man mit der Errichtung der ganz der Formel 1 gewidmeten Motor City, der Ort, an dem heute im Autodrome Rennen stattfinden, man selbst Kart fahren und sich ganz der Freude

Vorangehende Doppelseite: Wüste bis zum Horizont
Oben: Auch in Zeiten von Hightech sind altmodische Kettenkarussells attraktiv in DubaiLand.
Unten: Vor den Toren von Dubai liegt der gigantische Vergnügungspark DubaiLand.

DubaiLand

an PS-starken Motoren hingeben kann. Im Experience Center, einer Art Besuchszentrum, wird anhand von Fotos und Modellen gezeigt, wie DubaiLand einmal aussehen wird, wenn es komplett fertiggestellt ist.

Wohnen, shoppen und ein besonderer Themenpark

DubaiLand ist auch die Adresse von neu entstandenen Wohngebieten und edel designten Villen. Bereits 10 000 Menschen leben hier. In dem Al-Barari genannten Viertel wurden inmitten aufwendig mit Wüstengräsern und sonnenunempfindlichen Pflanzen gestalteten Gärten arabisch gestylte Villen mit Pools und Patio-Höfen erbaut. »Schöner Wohnen«, umgeben von Baustellen in der Wüste, ist sicher nicht jedermanns Sache, angesichts der hohen Immobilienpreise in Dubai jedoch noch finanzierbar. Im Bereich von DubaiLand befindet sich auch die Dubai Outlet Mall, bislang die Einzige ihrer Art in den Emiraten.

Nur während der Wintermonate, nämlich von November bis März, ist der Global Village genannte Themenpark geöffnet, der besonders während des im Januar/Februar stattfindenden *Shopping Festivals* mit zahlreichen Veranstaltungen, Feuerwerk und Attraktionen aufwartet und dann besonders einen Besuch lohnt. Der Themenpark ist durchaus eine Mischung aus Jahrmarkt, Show und Weltausstellung: Im Unterschied zu Besuchern aus Asien und Arabien, die voller Begeisterung für die kulturellen Shows sind, werden diese von europäischen Besuchern mitunter als kitschig und wenig authentisch empfunden. Anders ist es bei den jährlich im Global Village stattfindenden Premieren, etwa wenn ein Gastzirkus aus China auftritt und dabei in der Zirkuswelt berühmte Künstler und Artisten ihre Meisterleistungen vorführen.

Infos und Adressen

SEHENSWÜRDIGKEITEN
DubaiLand. Trotz der vielen Baustellen geht es in DubaiLand voran. Bis Ende 2014 soll der IMG Worlds of Adventure Park, ein Indoor-Dome als Teil des City of Arabia-Komplexes eröffnet werden. Auf dem 11 ha großen Areal locken 17 Attraktionen in vier Themenzonen: Der Marvel-Bereich umfasst Leitfiguren wie Spider-Man oder Iron Man, im Cartoon Network warten zahlreiche Comichelden auf. Zwischen Al-Ain Road (E66), Outer Bypass Road (E611) und E77. www.DubaiLand.ae

EINKAUFEN
Dubai Outlet Mall. Neben international bekannten Firmen wie Adidas, Armani oder Ralph Lauren sind hier auch zahlreiche regionale Marken zu finden. Auch gibt es z.T. stark reduzierte Designerware zu kaufen. Sa–Mi 10–22 Uhr, Do, Fr 10–24 Uhr, Dubai-Al Ain Road (E66), Tel. 04/423 46 66, www.dubaioutletmall.com

Global Village. An den Ständen werden Souvenirs verkauft wie marokkanische Lampen, orientalische Teppiche, Keramiken, Süßwaren und vielfältige Snacks. Es herrscht eine lebhafte Jahrmarktsatmosphäre. Nov.–März Sa–Mi 16–24 Uhr, Do, Fr 16–1 Uhr

ESSEN UND TRINKEN
Chowking. Beliebtes Self Service-Restaurant, das zu günstigen Preisen *Dim Sum* (gedämpfte bzw. gedünstete chinesische Vorspeisen) und zahlreiche asiatische und philippinische Gerichte anbietet. Sa–Mi 10–22 Uhr, Do, Fr 10–24 Uhr, Food Court, 1. Stock Dubai Outlet Mall

UMGEBUNG UND AUSFLÜGE

38 Festival City
Wohnen, golfen und shoppen am Creek

An jener Stelle, an der der stadtauswärts verlaufende Creek sich stark verbreitert und die Business Bay Bridge den Meeresarm in Höhe des Dubai International Airport überquert, schuf man auf über 500 Hektar den Erholungs- und Freizeitkomplex Festival City. Mit dem Al-Badia Golf Club entstand eine grüne Oase, und direkt am Wasser promeniert man vorbei an Boutiquen und Cafés – die City scheint weit entrückt und ist doch ganz nah.

Schon seit einigen Jahren breitet sich Dubai nicht nur am Wasser und auf den Inseln immer weiter aus, sondern auch landeinwärts in die Wüste hinein. Hier entstehen neue Straßen aus dem Nichts, innerhalb von kürzester Zeit kann man beim Autofahren die Orientierung verlieren, weil gewohnte Straßenführungen geändert wurden oder neue mehrspurige Highways freigegeben wurden. Für den Besucher, der ein Auto gemietet hat, nicht immer leicht, auch weil die schnelle und recht rücksichtslose Fahrweise der einheimischen Autofahrer es oft unmöglich macht, die Spur zu wechseln. Keine leichte Aufgabe auch für die aus Pakistan stammenden Taxifahrer, die dennoch meist mit hervorragender Orientierung und (leider) mit hohem Tempo unterwegs sind.

Die Dubai Festival City Mall in der Dubai Festival City

In der Festival City Mall angelangt, erfreut man sich an der weitgehend autolosen Umgebung und darüber, dass man nicht nur im klimagekühlten Gebäudeinneren von Boutique zu Boutique laufen, sondern auch am Dubai Creek entlangbummeln kann.

Die Mall bietet ein großes Angebot an Designerboutiquen.

Grüne Oase zum Abschlagen

Herz der Festival City ist der Al-Badia Golf Club, der mit seinen 18 Loch Par 72 auch international erfahrene Spieler anzieht. Dafür trug schon Stararchitekt Robert Trent Jones II Sorge, der gleich elf künstlich angelegte Seen und zahlreiche kleinere Teiche in die Anlage integrierte. Auch ästhetisch ist Al-Badia ein Genuss, und Spieler können von mehreren Stellen aus die Skyline von Dubai sehen und auf den Creek blicken. Nach Entrichtung einer Greenfee können auch Besucher den Platz bespielen, Voraussetzung ist eine Reservierung sowie ein Handicap von 28 oder darunter (Männer) bzw. von 36 (Frauen). Hohen Ansprüchen gerecht wird auch das Clubhaus, das u.a. Saunen und Massageräume bietet und wo auch das »Australia Steakhouse« untergebracht ist. Hier besteht aber auch die Möglichkeit, sich nach dem Spiel an der Bar auf einen Drink zu treffen und den Tag ausklingen zu lassen.

Schöner wohnen auf dem Polofeld

Weit draußen fühlt man sich, wenn man auf einen Cocktail im »Desert Palm« einkehrt, einem der ungewöhnlichsten Hotels Dubais. Bereits beim Frühstück schaut man hier auf eines von insge-

AUTORENTIPP!

MARINA RESTAURANT PAVILION

Im Freien und mit Blick auf die Marina und die Skyline entlang der Sheikh Zayed Road hat man die Qual der Wahl: Sushi, Schokolade oder typische Hamburger – hier handelt es sich nicht nur um *ein* Restaurant, sondern gleich um 17 verschiedene. Großer Beliebtheit erfreut sich »Jamie's Italian«, ein Restaurant des britischen Starkochs Jamie Oliver, Maestro der italienischen Küche. Im »Pavillon« finden regelmäßige Konzerte und Events statt, z.T. auf einer im Wasser schwimmenden Plattform; es treten Artisten auf und Feuerschlucker. Auch für Kinder wird viel geboten.

Jamie's Italian. Tgl. 12–23 Uhr, Tel. 04/232 99 69, Dubai Festival City, Festival Blvd., www.jamiesoliver.com

Marina Restaurant Pavilion. So–Mi 10–22 Uhr, Do–Sa 10–24 Uhr, Festival City Mall, Festival City, www.festivalcentre.com

UMGEBUNG UND AUSFLÜGE

samt vier Championship-Polofeldern, und in den nahen Stallungen sind die wertvollen Polo-Ponys untergebracht. Man blickt auf Palmen, und am Horizont zeichnet sich die Skyline von Dubai ab, während vor einem auf dem Polofeld ein paar Pferde trainiert werden. Lange nach Sonnenuntergang treffen die Gäste des »Rare Restaurants« ein, dem – so wird gesagt – bestem Steakrestaurant der Stadt. Das Publikum besteht aus Einheimischen und arrivierten *Expatriates* sowie solchen, die einmal diese Atmosphäre, eine Verbindung aus Ruhe, Natur und Glamour, beim Genuss eines perfekt gebratenen Steaks erleben möchten. Zum Abschluss des Essens, bei dem man noch ein Dessert als Aufmerksamkeit des Hauses offeriert bekommt, reicht man den Damen noch eine kleine Papiertasche, die ein weiteres Präsent enthält und wünscht gute Nacht. Wer nicht so viel Geld ausgeben kann, nimmt im Lounge-Bereich Platz oder reserviert in dem nebenan, mit Blick auf den großen Infinity-Pool liegenden Restaurant »Epicure«.

Dragon Mart

Das »Desert Palm« liegt einige Querstraßen weiter südöstlich von Festival City. Am besten orientiert man sich an dem großen, in der Region allseits bekannten Dragon Mart, einem chinesischen Supermarkt mit gewaltigen Ausmaßen. Auf 150 000 Quadratmetern sind hier knapp 1200 Geschäfte untergebracht, in denen Groß- und Einzelhandel chinesische Waren, Kleidung und Textilien, Elektronik und Haushaltsartikel, Souvenirs, Schmuck und Kosmetika kaufen können. Das Eingangsportal des über einen Kilometer langen Shoppingkomplexes sieht mit seinen Laternen und goldenen Schirmen so aus, als käme es direkt aus dem Reich der Mitte – das aus Beton gestaltete Tor gleicht einem Tempeleingang.

Oben: Anspruchsvolle Innenarchitektur in Dubais Festival City
Unten: Kleine Erholung gefällig – Gelegenheit zur Pause in Dubais Festival City

Festival City

Infos und Adressen

ESSEN UND TRINKEN
Australia Steakhouse. Nach dem Golfen ein saftiges Steak in 1A-Qualität – das ist hier möglich! Al Badia Golf Club, Al-Badia Hillside Village, Tel. 04/601 01 11, www.albadiagolfclub.ae

Epicure. Tgl. 7–22.30 Uhr, Hotel Desert Palm, Al-Awir Road (E44), Dubai, Tel. 04/323 88 88, www.desertpalm.peraquum.com

Rare. Tgl. 19–23.30 Uhr, Hotel Desert Palm, Al-Awir Road (E44), Dubai, Tel. 04/323 88 88, www.desertpalm.peraquum.com

Reflets. Drei Michelin-Sterne und ein Spitzenkoch: Pierre Gagnaire. Dubai Festival City, Hotel InterContinental, Tel. 04/701 11 11, www.ihg.com

ÜBERNACHTEN
Crowne Plaza. Luxuriöses Resort mit schöner Lage am Creek und neben der Mall. Beeindruckend ist die große Poollandschaft mit Blick auf die Skyline von Dubai. Umm Ramool Road, Dubai Festival City, Tel. 04/701 22 22, www.ihg.com

Desert Palm. Al-Awir Road (E44), Dubai, Tel. 04/323 88 88, www.desertpalm.peraquum.com

InterContinental. Mehrere vorzügliche Restaurants, ein renommiertes Spa und ein herrlicher Outdoor-Pool stellen Gäste zufrieden; mit dem Crowne Plaza durch einen Gang verbunden. Dubai Festival City, Tel. 04/701 11 11, www.ihg.com

AKTIVITÄTEN
Al-Badia Golf Club. Tgl. 6.30–16 Uhr, Greenfee 295–695 Dh, Al-Badia Hill Side Village, Festival City, Dubai, Tel. 04/601 01 01, www.albadiagolfclub.ae

Lime Spa. In der exklusiven Wellnessoase mit Infinity Pool kann man sich abseits des Mainstream entspannen. Tgl. 9–21 Uhr, Hotel Desert Palm, Al-Awir Road (E44), Dubai, Tel. 04/323 88 88, www.desertpalm.peraquum.com

EINKAUFEN
Dragon Mart. So–Mi 10–22 Uhr, Do, Sa 10–24 Uhr, Fr 16–22 Uhr. Al-Awir Road (E44), www.dragonmart.ae

Dubai Festival City Mall. Sa 10–24 Uhr, So–Do 10–22 Uhr, Fr 14–24 Uhr, Dubai Festival City, Tel. 04/232 54 44, www.festivalcentre.com

Auch an Wochenenden wird es in Dubais Festival City nicht voll und hektisch.

UMGEBUNG UND AUSFLÜGE

39 In die Wüste
Das Abenteuer lockt

Erst wenn man einmal in der Wüste war, ist ein Aufenthalt in den Emiraten auch komplett, wird man mit der Essenz dessen konfrontiert, was die Menschen hier nach wie vor prägt, eine Naturlandschaft, die nicht gezähmt werden kann, lebensfeindlich in ihren Extremen und doch voller Leben. Allein sollte man es niemals wagen, in diesem Sandmeer unterwegs zu sein. Dies ist auch gar nicht nötig, denn zahlreiche *Tour Operators* (Reiseveranstalter) in Dubai bieten Ausflüge an, die von Halbtagestrips bis zu mehrtägigen Touren dauern und meist direkt im Hotel bzw. über Reiseveranstalter zu einem günstigen Preis dazugebucht werden.

Abenteuer Wüstentrip

An dem Tag, an dem die Tour stattfindet, wird man dann am Hoteleingang mit dem Gelände-

Oben: Eine klassische »Dubai Desert Safari« dauert nur einen halben Tag.
Unten: Falkner bei Übungen

> ### MAL EHRLICH
> **DUNE BASHING: DAS AUS FÜR DIE DÜNEN!**
> Die Wüste ist ein sensibles Ökosystem, das äußerst schutzwürdig ist. Deshalb ist es auch verantwortungslos, wenn immer mehr Menschen die Wüstendünen als große Sandkiste betrachten, die sie mit ihren hoch gezüchteten Vierradautos befahren und dafür sorgen, dass sich die Dünenformationen weiter bewegen und die spärliche Vegetation zerstört wird. Selbst Wadis, die nur während der Wintermonate Wasser führenden Trockenflüsse, werden durchquert. Das Motoröl verunreinigt das in dieser Region so überaus kostbare Wasser.

In die Wüste

Weiße Oryxantilopen

AUTORENTIPP!

ZU VIERT IM AUTO

An dem Tag, an dem ein gebuchter Wüstentrip stattfindet, wird man am Hoteleingang mit dem Geländewagen abgeholt, in der Regel zusammen mit anderen Hotelgästen, denn stets teilen sich vier bis sechs Personen ein Auto. Dies bedeutet auch, dass man nur wenig Einflussmöglichkeiten auf die Fahrweise und das vorgesehene Programm hat. Besser man zahlt etwas mehr und bucht ein Auto exklusiv für sich und seine Familie. Dies gibt einem die Möglichkeit, selbst zu bestimmen, wo in der Wüste man anhält und länger verweilt. Und wenn man es beispielsweise überhaupt nicht schätzt, mit vollem Karacho über die Wüstendünen zu brettern und durchgeschüttelt zu werden, bittet man die Fahrer langsamer zu fahren bzw. ganz darauf zu verzichten. Gebucht werden kann über verschiedene Tourenveranstalter (s. Infos & Adressen, S. 219).

wagen abgeholt, evtl. zusammen mit anderen Hotelgästen, denn in der Regel teilen sich vier bis sechs Personen ein Auto. Auf dem kürzesten Weg geht es über die Autobahn in die Wüste, dort angekommen, steigt der Fahrer kurz aus, um etwas Luft aus den Reifen zu lassen, notwendige Vorbereitung für den veränderten Untergrund. Nur eine halbe Autostunde von der Metropole entfernt liegt in Dubai bereits ein einmalig schönes Wüstengebiet, dessen Sanddünen steil in den Himmel ragen und die in auffälligen Rottönen leuchten. Auf einer Strecke von etwa sieben Kilometern erstrecken sich die Dünen bis zum sogenannten *Al Madam Roundabout* (Kreisverkehr), Kreuzungspunkt der in Nord-Süd-Richtung verlaufenden Straße nach Al-Ain und der nach Hatta führenden Straße. Die schönste und höchste der Dünen wird Big Red genannt, ein gewaltiger, etwa 250 Meter hoher Berg aus feinstem Sand. Da die Dünen zu den beliebtesten Ausflugszielen von Dubai gehören, darf man auch nicht erwarten, allein zu sein.

Himmel über der Wüste

Bereits wenige Kilometer entfernt von den Dünen herrscht wieder absolute Einsamkeit und Ruhe, die Wüste zeigt sich von ihrer schönsten Seite und

UMGEBUNG UND AUSFLÜGE

Oben: Kamele sollen ein gutes Gedächtnis haben, sanft und nur mitunter störrisch sein.
Mitte: Hier mag man so schnell nicht wieder weg: Bab al-Shams.
Unten: Dinner im »Bab al-Shams«-Wüstenhotel

faszinert mit allen Facetten. Ziel der Fahrten durch die sich scheinbar endlos zu immer neuen Formationen zusammenfügenden Sandberge ist auf den Halbtagestouren stets ein inmitten der Wüste gelegenes, sogenanntes Beduinencamp, unterhalten von den einzelnen *Tour Operators* für deren Gäste. Auf Teppichen sind Sitzkissen gelegt und lange Tische aufgestellt, ein großes arabisches Buffet ist aufgebaut, es wird gegrillt und es erklingt orientalische Musik. Man kann sich fotografieren lassen, wie man einen Jagdfalken auf dem Arm hält, kann seine Handflächen mit Henna-Tattoos bemalen lassen, eine Runde auf dem Kamel reiten oder es sich einfach nur gut schmecken lassen und sich an den Bauchtanz-Darbietungen erfreuen. Es duftet nach Wasserpfeifen und Weihrauch. Wenn sich die Nacht über die Wüste gesenkt hat, geht es dann auf direktem Weg zurück ins Hotel.

Heute werden nicht nur Tagestouren in die Wüste durchgeführt, sondern man hat auch die Möglichkeit, in der Wüste zu übernachten. In Dubai ist das kein billiges Vergnügen, denn die Hotels, die dieses Abenteuer ermöglichen, liegen im Luxusbereich. Dafür ist dann aber ein kurzer, evtl. nur zweitägiger Aufenthalt dort bereits ein gewaltiges Erlebnis, an das man sich lange erinnern wird.

Großartiges Wüstenresort Al-Maha

Das erste der Wüstenresorts in Dubai war das 1999 gegründete »Al-Maha Desert Resort«, ein Wüstenschutzgebiet, in dem Zigtausende von endemischen, dem Leben in der Wüste angepassten Sträuchern und Palmen gepflanzt wurden, sodass heute die Gebäude von Al-Maha von dichter Vegetation umgeben sind und natürlichen Schatten spenden können. Die Anreise kann mit einem nor-

In die Wüste

Mit dem Auto durch die Wüste

🅐 **Dubai Country Club** – Man verlässt Dubai auf der E44 (Hatta Road) zwischen dem Dubai Wildlife & Waterbird Sanctuary und dem Dubai Country Club Richtung Hatta.

🅑 **Big Red** – Vorbei an Al-Haba sieht man kurz hinter Quarn Nazwa links der Straße Big Red, eine gewaltige Sanddüne. An Wochenenden herrscht hier viel Betrieb, denn jüngere Einheimische lieben es, mit den vermieteten Quads die Sandberge hinaufzujagen. Viel sanfter ist es, mit einem Sandboard unterwegs zu sein, dem Pendant eines Snow Boards in der Wüste; dies fordert jedoch gute Körperbeherrschung, und anfangs geht es kaum ohne Stürze ab.

🅒 **Fossil Rock** – In Al-Madam ergibt sich die Gelegenheit zu einem Abstecher in nördlicher Richtung nach Mileiha (auch als Maleihah bekannt). Am Südrand des Dorfes zweigt eine Piste nach Westen ab und führt dann zu dem nordwestlich von Mileiha gelegenen Kalksteinberg. An den Hängen des weithin nur als Fossil Rock bekannten Berges, der offiziell Jebel Mileiha heißt, sind immer wieder fossile Fundstücke, Versteinerungen von 100 Millionen Jahre alten Schnecken, Muscheln und Seesternen zu finden. Mitnehmen nicht erlaubt.

🅓 **Grenzenlose Wüste** – Biegt man in Al-Madam nach Süden auf die E55 ab, fährt man durch einsame flache Sand- und Geröllwüste zur Al-Ain Road (E66).

🅔 **Al-Maha Resort** – Auf der Al-Ain Road (E66) fährt man gen Dubai und biegt kurz nach Al-Faga bei Al-Marqab rechts auf eine Piste zum Al-Maha Resort ab.

🅕 **Dubai Desert Conservation Reserve** – Ein weiterer Abzweig führt dann von der E66 zum Eingang des Dubai Desert Conservation Reserve bei Margham.

Coca Cola hat sich auch auf Wüstensafaris bewährt.

AUTORENTIPP!

WILFRED THESIGER

»Am Morgen tränkten wir unsere Kamele und füllten unsere Leerschläuche ... Zuerst war der Himmel grau, und es blies ein klarer Wind aus Nordost. Die Sandwüste war flach, düster und trostlos ... Als ich in der Morgendämmerung erwachte, hatten sich in den Tälern Strudel gebildet, über denen sich die Silhouetten der Dünen nach Osten hin wie fantastische Berge Richtung der aufgehenden Sonne erhoben. Kein Geräusch war zu hören und die Welt lag wie in einem Kelch der Stille«. Die Beschreibungen von Sir Wilfred Thesiger, die dieser auf seiner Tour machte, die ihn als ersten Europäer durch die arabische Wüste führte, sind grandios und noch heute unbedingt lesenswert.

Thesiger, Sir Wilfred. Wüste, Sumpf & Berge. Reiseberichte Könemann, Köln 2000

Das »Al-Maha Resort« empfängt Gäste aus aller Welt.

UMGEBUNG UND AUSFLÜGE

Im Wüstenresort »Al-Maha« muss man auf nichts verzichten.

malen Pkw erfolgen, da man zunächst 40 Kilometer über die Autobahn fährt und weitere zehn Kilometer auf einer problemlosen, weil vom Resort unterhaltenen Sandpiste. Antiquitäten der Beduinen, große Tonkrüge erwarten den Gast im Empfangsgebäude, von wo aus man zu seiner Unterkunft geleitet wird. Entlang von gepflasterten Wegen liegen die Villen, die von gewaltigen Zeltdächern überdeckt werden. Wohnen im Beduinen-Stil heißt das Motto im Al-Maha, ein Konzept, das auf das Geschmackvollste und Ungewöhnlichste realisiert wurde, angefangen vom großen rustikalen Bett bis zum Mobiliar der Villas erinnert alles an die umgebende Wüste. Auf den großen Sonnendecks der Suiten sind kleinere Pools in den Boden eingelassen. Der Blick fällt auf die Sanddünen der Umgebung und die künstlich angelegten Wasserlöcher, zu denen in den frühen Morgen- und späten Abendstunden Antilopen kommen. Auf einer Staffelei liegen Farben bereit, damit man seine Eindrücke aufs Papier bannen kann. Mit einem Fernglas lassen sich Tiere gut beobachten.

Kameltrekking und Bogenschießen

Das Freizeitprogramm umfasst verschiedene Aktivitäten, wovon die Gäste täglich kostenlos zwei

In die Wüste

wählen können. Jeep-Safaris, zu Fuß durch die Wüste, Bogenschießen oder ein Ausritt auf Araberpferden stehen auf dem Programm, während das nachmittägliche Highlight sicherlich das Kameltrekking durch die Wüste ist. Den Sonnenuntergang über den fernen Wüstendünen am Horizont erlebt man dann mit einem Glas eisgekühlten Champagners, den Angestellte des Hotels den Gästen mitten in den Sanddünen reichen, und anschließend geht es in der Dunkelheit zurück ins Resort. Al-Maha bedeutet aber nicht nur Luxus auf höchstem Niveau. Besonders stolz ist man im vielfach preisgekrönten Resort, dessen Namen auf die Oryxantilope verweist, auf die hervorragenden Zuchterfolge der bei Gründung des Naturschutzgebietes noch als äußerst bedroht geltenden Oryxantilopen. Dazu gesellen sich Gazellen als Hauptattraktion der Wüstenlandschaft.

Al-Maha ist Mitglied der Eco Luxury Hotels, einer Vereinigung von Fünfsterne-Ökohotels. So bezieht das Hotel einen beträchtlichen Teil des Stroms über eigene Solaranlagen, während eine Wasseraufbereitungsanlage das Grundwasser reinigt. Alle Abwässer werden gefiltert und nahezu vollständig wieder verwertet. Das »Al-Maha Desert Resort & Spa« liegt innerhalb des 25 Quadratkilometer großen Dubai Desert Conservation Reserve (DDCR), das zu den größten Naturschutzgebieten der Golfregion gehört und das über reichhaltige Grundwasservorkommen verfügt. Jährlich, so ist in den Statuten verfügt, werden fünf Prozent des Umsatzes für den weiteren Ausbau des Tier- und Umweltschutzes verwendet. Dubai ernannte das »Al-Maha Desert Resort & Spa« gar als Berater für ökologische Fragen im Emirat. Seit 2008 ist das Naturreservat Mitglied bei der *International Union for Conservation of Nature* (IUCN), einer weltweit operierenden Organisation, die sich für den Schutz bedrohter Naturregionen einsetzt.

AUTORENTIPP!

ALLEIN IN DER WÜSTE

Wenn man auf einer der zahlreichen durch die Wüste führenden und geteerten Straßen in den Emiraten unterwegs ist, so ist dies eine sichere Angelegenheit, die man mit jedem Pkw bewältigen kann. Am Wegesrand liegen zudem Tankstellen und Raststätten, wo man Wasser und etwas zu essen bekommt. Berücksichtigen muss man nur eines: Man darf nicht von der Straße abbiegen, auch wenn man mit einem Vierradantrieb unterwegs ist. Dieses Abenteuer kann lebensgefährlich werden, besonders, wenn man allein ist und nicht von einem anderen Fahrzeug begleitet wird. Wüstenerfahrene Profis wissen, dass nicht nur Erfahrung und Können nötig sind, sondern auch die entsprechende Ausrüstung. Was unbedingt dazu gehört: eine Zehn-Liter-Trinkwasserreserve pro Person, eine Wolldecke (nachts können die Temperaturen in den Wintermonaten auf bis zu null Grad fallen), ein Kanister Benzin, ein Abschleppseil und eine Schaufel sowie Sandbleche.

Kamele kommen in der Wüste im Gegensatz zum Auto immer weiter.

Infos und Adressen

ESSEN UND TRINKEN

Al-Hadeerah. Hier speist man nicht gerade günstig, aber genießt ein umfassendes Erlebnis mit der perfekt gestylten Szenerie eines königlichen Wüstencamps. Das Al-Hadeerah liegt 400 m entfernt vom Hotel und wurde als Restaurant im Stil einer traditionellen Karawanserei gestaltet. Brennende Fackeln markieren den Weg, es gibt einen *Suk* und Kamele, Falken und Beduinen-Frauen, die Henna-Malereien auftragen. Herz des Restaurants ist der

Entspannen im »Bab al-Shams«-Wüstenresort

offene Kochbereich, rustikal und eindrucksvoll gestaltet: Auf gewaltigen steinernen Theken türmen sich auserlesene Speisen; es gibt gegrilltes Lammfleisch ebenso wie Schalentiere, eine Vielzahl köstlicher arabischer Salate, und in gusseisernen Töpfen schmoren ein Dutzend unterschiedliche Gemüsegerichte. Man bedient sich selbst bzw. bekommt die Speisen gereicht. Von eigener Klasse sind die Nachspeisen, für die es sich lohnt, die nächsten Tage zu fasten. Eine kulturelle Show, Tanz und Musik begleiten das Essen. Tgl. ab 19 Uhr, Bab al-Shams Desert Resort & Spa, Dubai Endurance Village, Al-Ain Road (E66), Ausfahrt 37 (10 km), Tel. 04/381 32 31, www.meydanhotels.com/babalshams

Al-Diwaan. Romantischer (und exklusiver) kann man kaum speisen. Auf einer Holzterrasse sitzend schaut man vorbei an Fackeln auf die sich endlos ausbreitende Wüste, es gibt nur wenige Tische (die weit voneinander entfernt stehen) und man hat das Gefühl, ganz allein zu sein. Das Essen ist vorzüglich, die Betreuung exzellent. Dies ist allemal die 45-minütige Anreise wert – wenn man nicht das Glück hat, hier gleich übernachten zu können. Tgl. 7–22 Uhr; Al-Maha Desert Resort & Spa, Al-Ain Road (E66), 65 km von Dubai, Tel. 04/832 99 00, www.aldiwaanorganic-dubai.com

ÜBERNACHTEN

Al-Maha Desert Resort & Spa. Das herausragende Wüstenresort setzte einen neuen Standard in Dubai: Natur und Kultur, Luxus und Naturschutz auf höchstem Niveau. Die insgesamt nur 42 Villen und ein Verhältnis von drei Angestellten pro Gast stellen sicher, dass das Resort auch in der Hochsaison nicht voll und betriebsam wirkt. Al-Ain Road (E66), 65 km von Dubai, Tel. 04/832 99 00, www.al-maha.com

Bab al-Shams Desert Resort & Spa. Tor zur Sonne heißt das Wüstenresort, umgeben von Mauern und hohen Sanddünen und über eine gut befahrbare Piste zu erreichen. Die Architektur ist arabisch traditionell, die Einrichtung lässt nie die Wüste vergessen, und von den Zimmern schaut man direkt auf Dünen bzw. auf die einem alten arabischen Dorf nachempfundenen Innenhöfe. Nachmittags kann man mit dem Kamel reiten, es gibt Einweisungen in Bogenschießen sowie Erklärungen und Vorführungen des liebsten Hobbys der Einheimischen, der Falkenjagd. Das Spa verwöhnt mit hervorragenden Massagen und Treatments, und ein großer Pool ist perfekt in die Umgebung eingebettet. Auch Tagesbesucher sind (gegen Errichtung einer Pauschale) willkommen. Gegen Gebühr steht auch ein Transfer zum Flughafen nach Dubai zur Verfügung. Dubai Endurance Village,

In die Wüste

Luxus genießen im Wüstenresort »Al-Maha«.

Al-Ain Road (E66), Ausfahrt 37 (10 km),
Tel. 04/381 32 31, www.meydanhotels.com/
babalshams

INFORMATION

Arabian Adventures. Renommierter, verlässlicher Reiseveranstalter mit einer Vielzahl von attraktiven Angeboten, darunter auch solchen, die durch die Wüste führen, wie die in der Region nahezu klassische *Dune Dinner Safari*. Eine schöne Alternative ist der *Morning Dune Drive*, eine Fahrt am frühen Morgen durch die Wüste mit Besuch einer Kamelfarm sowie des Dubai Desert Conservation Reserve des Al-Maha Resorts. Emirates Holidays Building, Sheikh Zayed Road, Dubai, Tel. 04/303 48 88, www.arabian-adventures.com

Desert Rangers. Spezialität sind die sogenannten *Desert Driving Courses*, vierstündige Fahrschulen in der Wüste. Von Oktober bis Mai werden Fahrten mit dem Heißluftballon veranstaltet. Daneben gibt es halbtägige Touren, auf denen man in die Kunst des Sandboarding, des Gleitens mit einem Board über die Sanddünen, eingewiesen wird. Dubai, Tel. 04/357 22 00, www. desertrangers.com

NetTours. Neben abendlichen Wüstentouren mit Beduinen-Dinner sowie Fahrten zum Sonnenaufgang durch die Sanddünen wird auch Kamel-Trekking veranstaltet, einstündiger Ritt auf Kamelen, gefolgt vom Abendessen mit Unterhaltung im Wüstencamp. Daneben kann man mit Heißluftballons über die Wüste und das Hajar-Gebirge fahren. Al-Zarouni Bldg., Sheikh Zayed Road, Al-Barsha 1, Tel. 04/376 23 33, www.nettoursuae.ae

»Travco Camp« auf der Desert Safari

UMGEBUNG UND AUSFLÜGE

40 Ras al-Khor Wildlife Sanctuary
Lagune unter Naturschutz

In früheren Jahrhunderten waren die Küsten der Emirate von dichten Mangrovenwäldern gesäumt, Bäume mit Stelzwurzeln, die im Salzwasser gedeihen. Heute ist davon nur wenig übrig geblieben. Umso wertvoller sind die verbliebenen Mangrovengürtel wie Ras al-Khor, das heute zum Glück ein Naturschutzgebiet darstellt. Naturliebhaber kommen hier voll auf ihre Kosten.

Mit dünnen, staksigen roten Beinen stehen sie im salzigen Wasser der Lagune, die Köpfe unter Wasser auf der Suche nach ihrer bevorzugten Nahrung, nämlich Kleinkrebsen: Jedes Jahr in den Wintermonaten kommen bis zu 2000 Flamingos zum Ras al-Khor, jenem Ort, an dem der schmale, ins Land hineinreichende Meeresarm sich an seinem südöstlichen Ende zu einem flachen, schlammigen See verbreitet. Tatsächlich handelt es sich bei den schönen, auffälligen Vögeln um rote Flamingos der Spezies *Phoenicopterus ruber*, auch »Kuba-Flamingos« genannt, zu erkennen an ihrer kräftig roten Färbung und der schwarzen Schnabelspitze. Die größte Flamingokolonie der Emirate – darauf ist man in Dubai besonders stolz. Und in der Vergangenheit hörte man immer wieder Meldungen in den lokalen Medien, nach denen Dubais Herrscher, Sheikh Mohammed Bin Rashid al-Maktoum, verfügt haben soll, dass den Flamingos spezielle Nahrung verfüttert wird, die ihr Gefieder noch stärker rot färbt. Heute wird zweimal täglich gefüttert, und Besucher kommen deshalb in den Vormittagsstunden nach Ras al-Khor, um dem Naturspektakel beizuwohnen.

Oben: Dubai Ras al-Khor Wildlife Sanctuary
Unten: Er wartet still auf einen Fisch.
Seite 221 oben: Mit einem Fernglas sieht man noch mal so viel.
Seite 221 unten: Früh am Morgen herrscht noch Stille.

Ras al-Khor Wildlife Sanctuary

Brutkolonie für Zugvögel

Das Gebiet ist Brutstätte für Tausende von Generationen von Zugvögeln, und zu deren Schutz schuf man bereits im Jahr 1985 ein 350 Hektar großes Naturschutzgebiet. Damals nicht ganz ohne Grund, denn die Einheimischen liebten es, die großen Stelzvögel zu jagen. Das Jagdverbot sorgte für eine sich rasch vergrößernde Kolonie an Vögeln, und auch die weitere städtebauliche Entwicklung zeigte, dass die frühe Schaffung des Reservats eine weitsichtige Planung des Emirs war, denn heute wird Ras al-Khor immer dichter und enger von Autobahnen und Schnellstraßen umgeben, ist die Umgebung dicht bebaut. Die umzäunten flachen Lagunen, die Mangrovenwälder und *Sabkhas* (Salzmarsch) sind Heimat für mehr als 300 unterschiedliche Tierarten, darunter allein über 60 Wasservogelarten.

Bird Watching

Viele der hier saisonal lebenden Vögel kann man an keiner anderen Stelle der Emirate in solcher Anzahl sehen wie im Ras al-Khor Wildlife Sanctuary. Von drei etwas höher gelegenen Hütten aus, den *birding hides* (Vogelbeobachtungsstellen), die unauffällig aus Bambus und Schilfrohr in die Natur integriert wurden, können die Besucher mit einem eigens mitgebrachten Fernglas in exponierter Lage, aber doch in tierfreundlicher Entfernung das Geschehen gut beboachten; z.T. hat man aber auch Glück und kann auf ein bei den Beobachtungsstationen liegendes Fernglas zurückgreifen. Wer großes ornithologisches Interesse hat, schaut in den Buchläden von Dubai (etwa bei Kinokuniyo in der Dubai Mall) nach dem Buch *The Bird of United Arab Emirates*, ein bereits 1990 erschienener Klassiker, von dem Briten Colin Richardson verfasst, der noch heute aktuell ist.

Infos und Adressen

INFORMATIONEN
Ras al-Khor Wildlife Sanctuary (RAKWS). Sa–Do 9–16 Uhr, Eintritt frei, Fütterungen 9.30 und 17 Uhr (der Letzteren kann allerdings nicht beigewohnt werden, da dann das Reservat bereits geschlossen ist); www.wildlife.ae, Emirates Bird Records Comittee (EBRC), www.uaebirding.com, Metro: Creek

UMGEBUNG UND AUSFLÜGE

41 Meydan City & Race Course
Schnelle, edle Araber

Große Hüte und große Gesten beim legendären, höchstdotierten Pferderennen der Welt: Beim Dubai World Cup trifft die Elite der Rennwelt auf VIPs aus Arabien und der ganzen Welt. Wer bei den Rennen Ende März dabei sein will, muss den Dresscode beachten, hat aber auch Gelegenheit, alle Mitglieder der Herrscherfamilie zu sehen, wenn diese sich immer wieder unter das Publikum mischen, um Freunde zu begrüßen.

Herzstück der z.T. noch im Entstehen begriffenen Meydan City, in der sich alles um die edlen Vollblüter dreht, sind natürlich die Rennstrecke sowie der 1,6 Kilometer lange Grandstand, eine Tribüne für bis zu 60 000 Zuschauer, deren auffälligstes Kennzeichen das freitragende und rasant geschwungene Dach ist. Ganz Dubai schaut auf die-

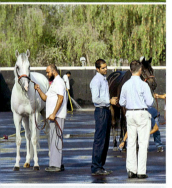

Oben: Pferderennbahn in Meydan City
Unten: Der ganze Stolz ihrer Besitzer: Araberpferde

MAL EHRLICH
KEINE ANGST VOR RIESENBAUSTELLEN!
So einzigartig und interessant die in Dubai in den letzten Jahren entstandenen neuen Sehenswürdigkeiten, Themenparks und neuen Stadtteile auch sein mögen, dürfen Besucher doch nicht erwarten, dass bereits alles fertiggestellt ist. Im günstigeren Fall fehlt es noch an Atmosphäre, ist der Ort noch unbelebt und steril, im ungünstigeren Fall steht ein Kran neben dem anderen, enden die angefangenen Straßen in einer Baustelle. Auch Meydan und dessen Wohnprojekte Metropolis und Horizons sind noch lange nicht fertig. Am besten, man nimmt's gelassen.

Meydan City & Race Course

sen Ort, wenn hier jährlich der World Cup ausgetragen wird, das bedeutendste gesellschaftliche Ereignis der Emirate, zu dem aber genauso gern wie VIPs auch – auf den kostenlosen Stehplätzen – Gastarbeiter aus Pakistan und Bangladesch kommen. Die Hoheiten der arabischen Welt haben selbstverständlich ihre eigenen Logen und sind begleitet von Bodyguards. Dennoch lassen es sich die Mitglieder der Familie Maktoum nicht nehmen, sich immer mal wieder unters Volk zu mischen, ihre Favoriten unter den Rennpferden zu begrüßen und diese vor dem Rennen auf dem Kurs noch einmal zu tätscheln. Die Verbindung – das kann man dann deutlich erkennen – zwischen Besitzer und Pferd ist emotional. Bei den Tieren handelt es sich um die wertvollsten der Rennpferde überhaupt, Asil-Araber, Pferde, denen eine ungewöhnliche Kraft, Schnelligkeit und Ausdauer zugeschrieben wird. Ihre Schönheit und ihre ausgeprägte Sensibilität sind sprichwörtlich, und die großen schwarzen Augen unter den langen Wimpern, die charaktervollen Nüstern machen Araber für viele Menschen zu den schönsten Pferden überhaupt. Ihr eher zarter Körperbau, die geringe Größe und die Tatsache, dass sich Araberpferde weniger fürs Dressurreiten eignen, mögen ihre geringere Popularität in westlichen Ländern erklären.

VIP-Ereignis Dubai World Cup

Die Spannung steigt beim Dubai World Cup – in einer Reihe von Rennen, die von Januar bis März stattfinden – von Veranstaltung zu Veranstaltung. Beim letzten von sieben Rennen, der sogenannten Dubai World Cup Night, die traditionell am letzten Samstag im März abends unter Flutlicht ausgetragen wird, winkt schließlich eine Siegerprämie von zehn Millionen US-Dollar. Dies beeindruckt jeden der Zuschauer, und die Besitzer der Pferde und ihre Entourage hoffen darauf, ihre Tiere sie-

AUTORENTIPP!

UNTERWEGS IN DEN STÄLLEN
Pferdefreunde und an Vollblut-Arabern interessierte Besucher sind glücklich auf einer sogenannten Meydan Stable Tour, einem begleiteten Rundgang durch die Ställe von »Meydan« – eine einzigartige Gelegenheit, das weltberühmte und international höchst erfolgreiche Gestüt zu besichtigen. Man startet am Morgen, nämlich mit einem Buffet-Frühstück im edlen Restaurant »Farriers« des Hotels »Meydan«. Etwa eine Stunde später geht es weiter per Bus zu den Ställen. Dann beginnt ein höchst spannender Rundgang entlang der Boxen, wo man nicht nur die herrlichen Tiere aus nächster Nähe zu sehen bekommt, sondern auch so manche Insider-Information aus der Pferde- und Rennwelt durchdringt. Nebenbei bestätigt sich, was man ahnte, dass nämlich die Godolphin-Pferde hier ein äußerst luxuriöses Leben mit eigenem Pool und Jacuzzi führen.

The Meydan Hotel. Meydan Racecourse, Al Meydan Road, Nad Al Sheba, Nov.–März jeweils So, Di, Mi 8 Uhr, Tel. 04/381 33 33, www.meydanhotels.com

UMGEBUNG UND AUSFLÜGE

gen zu sehen – nicht nur ein lukratives Ereignis, sondern auch äußerst prestigeträchtig. Und wenn tatsächlich ein Pferd aus dem hoheitlichen Gestüt Godolphin von Scheich Mohammed siegt (wie es u.a. 2006 und 2012 der Fall war), wird bis spät in die Nacht gefeiert. Für europäische Besucher interessant zu erleben: In Dubai darf – wie in allen moslemischen Ländern – nicht gewettet werden, und dennoch fühlen die Zuschauer eine große Anspannung, wenn unter den Siegern der letzten Rennen einmal kein Pferd aus dem Gestüt Godolphin dabei ist.

Stadt der Pferde

Der Dubai World Cup wurde im Jahr 1996 vom damaligen Kronprinzen und heutigen Herrscher Sheikh Mohammed Bin Rashid al-Maktoum, der sich als erfahrener Distanzreiter im Emirat bereits einen Namen gemacht hatte, begründet. Sheikh Mohammed ist Besitzer von Godolphin Racing und Darley Stud, zwei der erfolgreichsten Zuchtställe für Araber-Rennpferde weltweit. Im April 2013 erlebte Godolphin, dessen Pferde in über 2000 international bedeutenden Rennen als Sieger hervorgingen, einen schwarzen Tag, den schlimmsten Doping-Skandal seiner Geschichte, als elf in Großbritannien trainierte Pferde positiv auf Anabolika getestet wurden – ein Skandal, über den man in Dubai heftig diskutierte und der besonders die Scheichs erschütterte.

Meydan, die Stadt der Pferde, die größte Rennanlage der Welt, und ein noch im Entstehen begriffener Themenpark vereinen auf sieben Quadratkilometern nicht nur Rennbahnen und Ställe, auch Restaurants und Hotels finden sich hier, Wohnanlagen und Luxusapartments und auch die in dieser Region der Welt so beliebte Marina, die der noch jungen Reißbrettstadt eine Seele einhaucht.

Oben: Posieren für das Siegerbild
Mitte: Erinnerungen an frühere Rennen, Sieger und Trophäen
Unten: Internationales Publikum trifft sich auf der Rennbahn.

Meydan City & Race Course

Infos und Adressen

ESSEN UND TRINKEN
Shiba. Eine Hommage an Asien: In diesem elegant gestylten Restaurant gibt es das Beste aus indischen, chinesischen, japanischen Kochtöpfen, ob Sushis, Dim Sums oder Currys. Vor dem Essen geht man auf einen Cocktail an die gleichnamige Bar. Tgl. 19–22.30 Uhr, The Meydan Hotel, Tel. 04/381 31 11, E-Mail: meydanrestaurant reservations@meydanhotels.com

ÜBERNACHTEN
The Meydan Hotel. Das erste Fünfsternehotel an einer Pferderennstrecke, vom Infinity Pool auf der Dachterrasse blickt man auf die Rennbahn ebenso wie von jedem der mit Balkonen ausgestatteten Zimmer. Foyer, Restaurants und Bars sind in einer interessanten Mischung aus Minimalismus und modern interpretiertem arabischem Barock gestaltet. Mit eigenem, nur Frauen vorbehaltenem *Ladys Floor*, der sich nicht nur an Araberinnen richtet, mit eigenem Check-In-Bereich sowie weiblichen Ser-

Wem es zu heiß wird, zieht sich auf die klimatisierten Plätze zurück.

vicekräften und Butler. Meydan Road, Meydan City, Tel. 04/381 32 31, www.meydanhotels.com

AKTIVITÄTEN
Meydan IMAX Theatre. Auf einer Leinwand von der Größe eines halben Fußballfeldes laufen nicht nur Pferdefilme, sondern auch *Journey to Mekka* und *Men of Steel* und ziehen die Betrachter vollständig in ihren Bann. Tgl. 21.30 und 22.30 Uhr, Meydan Racecourse, Meydan Road, Tel. 04/381 37 60, www.meydanimax.com

INFORMATION
Meydan Racecourse. Al-Ain Road (E66), ca. 5 km südlich von Dubai, Al Meydan Road, Nad Al Sheba, Tel. 04/327 00 00, www.meydan.ae

Dubai Racing Club. Tel. 04/327 21 10, E-Mail: ticketoffice@dubairacingclub.com, www.dubai racingclub.com, oder auch Tel. 04/327 00 77, www.dubaiworldcup.com

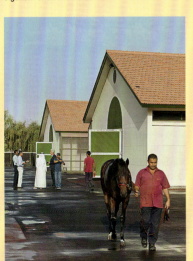

Die Arbeit mit den kostbaren Tieren ist eine anspruchsvolle Aufgabe.

UMGEBUNG UND AUSFLÜGE

42 Hatta
Oasenstadt am Fuß der Hajar-Berge

Jeder Dubaier kennt und liebt Hatta, die historische und besonders während der heißen Sommermonate klimatisch etwas angenehmere Oasensiedlung in landschaftlich äußerst reizvoller Umgebung. In Hatta muss man einmal einkehren im allseits bekannten »Hatta Fort Hotel«, einem rustikalen Chalet-Resort inmitten üppig grünender Gärten – naturverbunden und sehr romantisch.

Schon die Anreise zur Oasensiedlung, die rund 115 Kilometer östlich von Dubai liegt – man durchquert dabei ein Gebiet von Oman – erfreut: Die Route führt durch eine grandiose Dünenlandschaft, und man ist unterwegs auf einer der landschaftlich schönsten Straßen des Emirats. Unter einem strahlend blauen Himmel erstrecken sich Sandberge, die in allen Rot- und Braunschattie-

Oben: Hatta, zauberhaft gelegen am Fuß des Hajargebirges
Unten: Traditionelles Geschirr

MAL EHRLICH
OHNE HETZE UNTERWEGS

Der wohlmeinende Ratschlag bei der Besichtigung des Hatta Heritage Village »take your time«, mit dem der nette Reiseleiter andeutet, dass es in einer knappen halben Stunde schon wieder zurück nach Dubai geht, ist eher Stress. Um Hatta wirklich genießen zu können, muss man hier übernachten. Erst wenn man im Garten des Fort-Hotels sitzt, zu Füßen der blau schimmernden Hajarberge, und den neuen Tag hier begrüßen kann, erschließt sich einem die ganze Schönheit der Umgebung. Und dann bleibt auch noch genügend Zeit, die Hatta Pools zu erkunden und hier spazieren zu gehen.

Hatta

rungen leuchten – Wüste wie aus dem Bilderbuch. Nahe des kleinen Örtchens Lahbab ist der sprichwörtliche Höhepunkt der Sandberge erreicht.

Unterwegs im Hajargebirge

Nachdem man das Schild »Al-Jizer« passiert hat, beginnt das gewaltige Hajargebirge. Kahle, scharf gezackte Berge in Grau und Braun, die je nach Sonneneinstrahlung immer wieder in ungewöhnliche blaue Schattierungen getaucht sind. Hatta selbst liegt in einer weiten Ebene, die mit glänzenden Dattelpalmen bedeckt ist. Dazwischen liegen die weißen Häuser der Bewohner, darunter zahlreiche, nur während der Sommermonate benutzte Villen, Scheich-Paläste und zahlreiche Moscheen. Als historisches Hatta bezeichnet man den Oasenbereich, der von einem 1896 unter Sheikh Maktoum Bin Hasr al-Maktoum errichteten Fort mit zwei flankierenden Wachtürmen gekrönt ist und inmitten von Palmen liegt, zu dem auch die Juma genannte Moschee aus dem späten 18. Jahrhundert gehört. Nachdem die Menschen, die in den dortigen Häusern lebten, mit dem Beginn des Erdölbooms, der viel Geld nach Dubai brachte, ihre alten noch aus Lehm errichteten Häuser verlassen hatten, um sich größere und modernere Anwesen in Hatta zu errichten, begann der Verfall der historischen Oasensiedlung. Glücklicherweise erkannte man rechtzeitig ihre Bedeutung und schuf ein sogenanntes Heritage Village. Zentrum der Anlage ist das historische Fort; es wurde sachgerecht restauriert und kann heute wieder betreten werden. Im Inneren des Bauwerks sind alte Schwarz-Weiß-Fotografien ausgestellt, die die Oase in früheren Jahren zeigen; man sieht alte Gewehre und Waffen, die im Fort aufbewahrt wurden und vor möglichen Überfällen in einer recht rauen Epoche schützen sollten. Die Sanierung der alten Häuser erfolgte bereits vor über

AUTORENTIPP!

AUF OMANISCHEM GEBIET

Immer wieder schrecken Dubai-Besucher davor zurück, auf eigene Faust einen Leihwagen zu mieten und gen Hatta aufzubrechen. Dies liegt u.a. daran, dass die historische Oasensiedlung am Fuß des Hajargebirges von omanischem Gebiet umgeben ist. In früheren Zeiten war Hatta bedeutender Grenzort zum Oman, einer der wichtigsten und stark frequentierten Handelswege zwischen dem omanischen Hafenort Sohar und dem Arabischen Golf. Tatsächlich ist man heute auf der hervorragend ausgebauten Straße unterwegs, ohne überhaupt zu bemerken, wann man das Gebiet der VAE verlässt und sich auf omanischem Boden befindet. Dennoch ist es nicht ratsam, die Tour zu unternehmen, wenn man vorher bei der Mietwagenbuchung dieses nicht vereinbart hat bzw. die Mietbedingungen eine Fahrt durch omanisches Territorium ausschließen.

Falaj-Kanäle

Smaragdgrün schimmernder Stausee bei Hatta

AUTORENTIPP!

FALAJ-KANÄLE
Die berühmten steinernen Kanäle, mit denen früher die Wasserversorgung sichergestellt wurde, wird jeder Besucher einmal sehen wollen. Und sicher hat man dazu auch im Heritage Village von Dubai Gelegenheit, nur muss man wissen, dass es sich dort um künstlich geschaffene Nachbauten handelt. Authentisch sind hingegen die Wasserkanäle in Hatta in der dortigen alten Oasensiedlung. Auch wenn deren Name »Heritage Village« ebenfalls auf ein Freilichtmuseum verweist, so ist doch die Wirkung eine andere als in Dubai. Schöner kann man Falaj-Kanäle eigentlich nur noch in der alten Oase in Al-Ain sehen, die 130 Kilometer von Dubai entfernt liegt. Dort wird über ebensolche Kanäle nach wie vor das Wasser in die Obst- und Gemüsegärten gelenkt. Die »Gartenstadt des Arabischen Golfs« erstreckt sich auf einer Fläche, die der Ausdehnung von Paris entspricht (s. Kap. 43. S. 230).

zwei Jahrzehnten, u.a., indem man vor Ort aus Lehm Ziegelsteine herstellte, diese in der Sonne trocknen ließ und damit die baulichen Strukturen weitgehend rekonstruierte. Heute sind in den niedrigen Häusern kleine Geschäfte und Cafés untergebracht, wird landestypisches Kunsthandwerk verkauft, zeigen wechselnde Ausstellungen Details aus dem früheren Leben in der Oasensiedlung.

Hatta Fort Hotel

Heutiges Herz von Hatta ist das inmitten von blühenden Gärten und Parks auf einer Fläche von 32 Hektar liegende »Hatta Fort Hotel«, ein Haus mit Stil und Atmosphäre. Hier wohnen die Gäste in kleinen, behaglich eingerichteten Chalets, die über großzügige Terrassen verfügen. Stolz ist man im Hotel über die im Park lebende bunte Vogelwelt. Das herrliche Resort unterhält sogar einen eigenen Hubschrauber-Landeplatz für die immer wieder aus Dubai eintreffenden Gäste, Einheimische wie Businessleute, die wenig Zeit haben und möglichst schnell ihr Wochenende starten möchten. Im Hotel sind begleitete Touren in die Umgebung zu buchen, u.a. zu den Hatta Pools. So nennt man die Wasserbecken, die sich in den felsigen Untergrund gegraben haben, den Einheimischen als Picknickplätze wohlbekannt.

Hatta

Infos und Adressen

SEHENSWÜRDIGKEITEN
Hatta Heritage Village. Sa–Do 8–20 Uhr, Fr 14–20 Uhr, Eintritt frei, Hatta

ESSEN UND TRINKEN
Gazebo. Hier frühstücken die Gäste des »Hatta Fort Hotels«, und hier sollte man bei einem Tagesbesuch auch auf einen Lunch einkehren; ein idealer Ort, um die Schönheit der Umgebung zu genießen. Hatta Fort Hotel, Hatta, Tel. 04/809 93 33, www.jaresortshotels.com

Jeema. Internationale Küche mit arabischem Akzent und Livemusik, dazu Blick auf die Hajarberge. Familien mit Kindern bevorzugen den Al Falaj-Restaurantbereich. Tgl. 7–23 Uhr, Hatta Fort Hotel, Hatta, Tel. 04/809 93 33, www.jaresortshotels.com

Romoul Cocktail Bar. Ideal für einen Aperitif oder für raffinierte Drinks mit und ohne Alkohol zum Sundowner auf der Sonnenterrasse – für nimmermüde Internetsurfer gibt's auch WLAN-Anschluss. 18–24 Uhr, Upper Lobby, Tel. 04/809 93 33, E-Mail: hfh@jaresorts.com, www.jaresortshotels.com

Blick auf die »Heritage Village«

ÜBERNACHTEN
Hatta Fort Hotel. Das Vier-Sterne-Chalet-Hotel bietet seinen Gästen ein überaus großes Freizeitangebot; neben zwei Swimmingpools gibt es Tennisplätze, kann man sich im Bogenschießen und Tontaubenschießen versuchen, den Tag auf der landschaftlich sehr schönen Joggingstrecke starten, auf dem 9-Loch-Golfplatz abschlagen oder Minigolf spielen. Man kann Fahrräder leihen, Billard und Tischtennis spielen oder Brettspiele ausleihen. Kinder haben ihren eigenen temperierten Pool sowie einen Spielplatz. An der Schnellstraße Dubai-Hatta, unmittelbar am Kreisel und der Abzweigung nach Hatta, Tel. 04/809 93 33, www.jaresortshotels.com

Eingangsbereich der »Heritage Village« in Hatta

UMGEBUNG UND AUSFLÜGE

43 Al-Ain
Eine moderne Oasenstadt

Die zweitgrößte Stadt des Emirats Abu Dhabi revidiert das Bild, das man als Europäer von Oasen hat: Bereits die gewaltige Ausdehnung der Siedlung und ihre breiten, mehrspurigen Straßen sowie die modernen Bauten verraten das 21. Jahrhundert. Grün ist Al-Ain aber allemal: Hier sprudeln mehr als 200 Quellen, die für dichte Palmenhaine und blühende Parks sorgen – eine moderne Gartenstadt mit arabischem Flair.

Schon der Name der Stadt, nämlich die »Quelle«, zeigt die Bedeutung von Al-Ain für das Wüstenemirat Abu Dhabi. Über Jahrtausende hinweg siedelten hier Menschen, war die Oase bedeutende Karawanenstation zwischen Oman und den Emiraten. In kleinen Dörfern lebten hier bis in die Mitte der Siebzigerjahre des vorigen Jahrhunderts die Menschen und betrieben Landwirtschaft und

Oben: »Old Townhouses« in Downtown Dubai: neu und im alten Stil erbaute Apartments
Unten: Wasserreichtum lässt die Palmen besonders üppig gedeihen.

MAL EHRLICH

ZU FUSS UNTERWEGS

Al-Ain ist eine beschauliche, grüne Oasenstadt, und dennoch macht es hier keinen großen Spaß, zu Fuß unterwegs zu sein. Dies liegt an der gewaltigen Ausdehnung der Stadt und den sechsspurigen Autobahnen, die Al-Ain durchziehen. Man läuft von einem Kreisverkehr zum nächsten, und das Ziel ist noch kilometerweit entfernt – besser, man steigt gleich ins Taxi und bewegt sich lieber in einem der vielen Parks der Stadt. Höchstens im Bereich der Sheikh Zayed Road im Zentrum lohnt es sich, entlangzulaufen und etwa nach Restaurants Ausschau zu halten.

Al-Ain

Viehzucht. Seitdem hat sich viel verändert, und Al-Ain ist zu einer veritablen, weitläufigen Stadt herangewachsen, die über zwei Dutzend Parks und Grünanlagen besitzt und ihren Bewohnern eine hohe Lebensqualität garantiert, ohne Hektik und Lärm der Hauptstadt. Kein Bauwerk ist in Al-Ain höher als sechs Stockwerke, in den Außenbezirken der Stadt liegen versteckt zwischen Gärten die weitläufigen Villen der Einheimischen.

UNESCO-Auszeichnung

Aufgrund der zahlreichen in Al-Ain entdeckten prähistorischen Funde, die die lange Besiedelung bezeugen, erhob die UNESCO Al-Ain 2011 in den Rang einer *World Heritage Site*, einer weltweit bedeutenden Kulturstätte. Für die Bevölkerung von Bedeutung ist auch die hiesige, 1976 gegründete United Arab Emirates University, die älteste öffentliche Hochschule der Emirate, in der auch viele einheimische Frauen Kurse belegen – keine ungewöhnliche Entwicklung in den Emiraten, gilt doch ein Studium als eher weibliche Angelegenheit, während die jungen Emiratis lieber in Businessberufe streben und sich dem Geschäftemachen widmen.

Ein kulturhistorisch bedeutsamer Ort

In Al-Ain gibt es viel zu sehen und zu unternehmen, und auch kulturhistorisch ist der Ort bedeutsam: Mit den Hili-Gräbern, einer Anlage, die aus der Zeit um 2700 v. Chr. stammt, besitzt Al-Ain eine einzigartige bronzezeitliche Siedlung. Im National Museum ist denn auch ihr größter Schatz zu sehen, die knapp 5000 Jahre alten Fundstücke aus den Hili-Gräbern, nämlich Keramiken, Schmuckstücke und als frühzeitliche Waffen gedeutete Grabbeigaben. Neben der archäologi-

AUTORENTIPP!

VIELE KURVEN FÜHREN ZUM ZIEL

Der 1240 Meter hohe Jebel Hafeet ist der Hausberg der Stadt und liegt nur zwölf Kilometer von Al-Ain (südlich) entfernt. Nach oben führt die wohl ungewöhnlichste Straße der Emirate: 60 Serpentinenkurven schrauben sich fast bis zum Gipfel, nachts durchgängig beleuchtet, eine Herausforderung für Autofahrer. Im Emirat will jeder einmal die dreispurige Straße erklimmen und einen Parkplatz erreichen, wo Sheikh Zayed Bin Sultan ein großes Plateau anlegen ließ, damit seine Bevölkerung sich am angenehmen Klima und der grandiosen Aussicht erfreuen kann. Tatsächlich ist es hier oben um die zehn Grad kälter, und es locken ein Fernblick auf die Dünen und Wadis weit unten und das »Mercure Grand Jebel Hafeet« mit seiner herrlichen Terrasse. Unübertrefflich ist nach Sonnenuntergang der Ausblick auf das Lichtermeer von Al-Ain.

Mercure Grand Hotel Jebel Hafeet.
Jebel Hafeet Road,
Tel. 03/783 88 88,
www.mercure.com

Serpentinenstraße zum Jebel Hafeet

UMGEBUNG UND AUSFLÜGE

Oben: Dattelpflücker bei der Arbeit
Mitte: Locals bei einem traditionellen Tanz
Unten: Oasenstadt Al-Ain

schen Abteilung sollte man auch zur ethnografischen Sektion gehen. Dort wird sehr eindrucksvoll vorgeführt, wie das Leben in der Oase vor dem Erdölboom aussah. Ähnlich wie im Dubai Museum werden dazu Alltagszenen mit lebensgroßen Puppen dargestellt. In gläsernen Vitrinen ausgestellt sind traditionelle Schmuckstücke der Frauen, die noch vor wenigen Generationen *in* waren, während heute eher Goldketten und -reifen bzw. Schmuck im internationalen Einheitslook und von teuren Juwelieren nachgefragt wird. Wer bereits rustikalen, schweren Silberschmuck gekauft hat bzw. vorhat, nach solchem zu schauen, für den ist diese Ausstellung besonders interessant.

Wer in Al-Ain nur kurze Zeit verweilt und sich nicht alles anschauen kann, für den ist ein anschließender Spaziergang durch die historische Oase Al-Ain das Richtige, zudem eine einzigartige Gelegenheit, in den Emiraten ursprüngliche Oasen-Atmosphäre zu schnuppern. Unweit des Nationalmuscums gclangt man durch ein Tor, das von zwei Lehmtürmen flankiert wird, in den angenehm schattigen Palmengarten, Teil der alten Oase Buraimi. Hier taucht man ein in eine andere Welt, bereits das viele Grün in allen nur möglichen Schattierungen ist sehr wohltuend. Schmale gepflasterte und von kleinen Lehmmauern begrenzte Wege verlaufen unter dichten Dattelpalmen und entlang von Gärten, die noch heute bearbeitet werden. Hier werden Bananen und Orangen, Mangos, Zitronen und Salat, Bohnen und Erbsen angebaut, ein einzigartiger Garten Eden inmitten der Wüste. Man sieht Einheimische bei der Ernte, beim Pflanzen und Gießen, wird ruhig und freundlich begrüßt. Wie Musik dringt in der Oase das leise Plätschern aus den hier verlaufenden, steinernen Falaj-Kanälen ans Ohr, die Wasser in alle Teile der vielen Gärten leiten. In dieser Oase sind die Falaj-Kanäle nicht nur intakt,

Al-Ain

Rundgang Al-Ain

Ⓐ Hili Fun City – Der Freizeitpark lockt hauptsächlich Familien mit Kindern und ist auch als Picknick-Oase beliebt. Nebenan liegt der Hili Ice Rink, die lokale Eislaufbahn. Okt.-Mai feiertags 10–22 Uhr, Fr und Sa 12–22 Uhr, Mo-Do 16–22 Uhr, Juni–Sept. Fr, Sa und feiertags 16–22 Uhr, Mo–Do 17–22 Uhr

Ⓑ Hili Archaeological Gardens – Eine der bedeutendsten archäologischen Fundstätten des Emirats: Jahrtausende alte Rundgräber. Sa–Do 16–22 Uhr, Fr 10–22 Uhr, Eintritt 3 Dh, Arz al-Bahar Street, ab Mohammed Bin Khalifa Road, 10 km nördlich Richtung Dubai

Ⓒ Oasen Al-Qattara und Al-Jimi – Hier taucht man ein in das Oasengefühl früherer Jahrhunderte.

Ⓓ Al-Jahili Fort – Ein mit Eisen beschlagenes Holztor, flankiert von zwei stattlichen Rundtürmen, führt in das Innere des großartigen, hervorragend restaurierten Lehmforts. In der Nähe des öffentlichen Parks, unweit des Stadtzentrums.

Ⓔ Al-Ain Palace Museum – Der von Zinnen bewehrte Palast zeigt die ehemaligen Privatgemächer von Sheikh Zayed Bin Sultan al-Nahyan, des Gründers der VAE. Tgl. 8.30 Uhr–19.30 Uhr, außer montags (Ruhetag), Fr 15–19.30 Uhr. Al Ain Street, auf der Straße Richtung Sinaiyya (nahe dem Gewerbegebiet), Tel. 03/751 77 55

Ⓕ Al-Ain National Museum – Das Nationalmuseum der Emirate zeigt bedeutende Funde und Ausstellungen zur Kulturgeschichte der Region. Sa, So, Di–Do 8.30–19.30 Uhr, Fr 15–19.30 Uhr, Mo geschlossen, Eintritt 3 Dh, Kinder 1 Dh, Sheikh Zayed bin Sultan Street

Ⓖ Al-Ain Oasis und Lifestock Market – Ziegen, Schafe, Hühner und anderes Kleingetier: ein lebhafter Markt, voller Atmosphäre. Er liegt an einem der Eingänge zur historischen Oase von Al-Ain, die zu einem ausgedehnten Spaziergang im Grünen einlädt.

Ⓗ Al-Ain Zoo – Ein Spaziergang durch den renommierten Zoo beschäftigt mehrere Stunden (s. Infos & Adressen, S. 236)

Ⓘ Al-Ain Al-Fayda Chalets Hotel – Landestypisches Resort im modernen arabischen Stil an einer gestauten heißen Quelle. Al Waqan Street, Tel. 03/783 83 33.

Ⓙ Green Mubazzarah Resort – Heiße Quellen bilden den Mittelpunkt des auch bei Einheimischen beliebten Hotels mit Freizeitanlage am Fuß des Jebel Hafeet (s. Infos & Adressen, S. 236).

Ⓚ Jebel Hafeet Road – Die berühmteste Straße des Emirats führt in Serpentinen auf den Berggipfel.

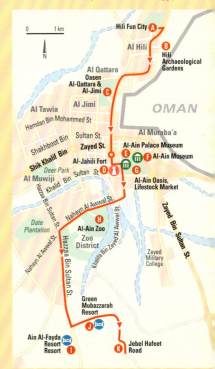

AUTORENTIPP!

ZWISCHEN KAMELEN

Obwohl Kamele in den VAE so häufig sind und man die Tiere entlang der Straßen sieht, die durch die Wüste führen, gibt es heute nur noch einen Kamelmarkt im ganzen Land, nämlich in Al-Ain – für Käufer wie Züchter populär. Die durch Zäune getrennten Tiere, teilweise auch viele neugeborene Kamele, werden kritisch begutachtet und nach erfolgtem Kauf gleich auf Pick-up-Wagen geladen. Für Besucher ist der Bummel über den Kamelmarkt eine höchst interessante Angelegenheit, der aber auch seine Tücken haben kann. So muss man damit rechnen, dass einen die Pfleger der Kamele, oft Pakistanis, wiederholt ansprechen und z.T. aufdringlich anbieten, dass man Fotos macht, für die anschließend Geld gefordert wird. Wer unbedingt fotografieren will, sollte vorher einen Geldbetrag vereinbaren (nicht mehr als 5 Dh pro Bild).

Kamelmarkt Al-Ain. Tgl. 6–12, 16–19 Uhr, Mezyadh Road, Ausfallstraße gen Oman

UMGEBUNG UND AUSFLÜGE

Der Bestand an Oryx-Antilopen gilt als gesichert

sondern auch noch in Gebrauch. Zwei kleinere, ursprünglich aus Lehmziegeln errichtete Moscheen liegen ebenfalls in der Oase (dürfen jedoch von Nicht-Moslems nicht betreten werden), ebenso wie ein kleines Café-Restaurant, in dem man bei einem Glas Pfefferminztee verweilen kann.

Der schönste Zoo der Arabischen Halbinsel

Weiteres Highlight von Al-Ain ist dessen Wildlife Park, ein bereits 1969 auf einer Fläche von 400 Hektar eröffneter Zoo. Nach dessen umfangreicher Neugestaltung und Vergrößerung auf 870 Hektar im Jahr 2008 gilt er als größter und schönster Tierpark der Vereinigten Arabischen Emirate. Besucher können sich auf einem Rundgang durch den auch landschaftlich herausragend gestalteten Park davon überzeugen: In weitläufigen, einer afrikanischen Savanne mit entsprechenden Bäumen und hohen Gräsern gestalteten Bereichen leben Giraffen, Löwen und Geparden. Man bekommt Elefanten und Affen zu sehen, die sich sichtlich wohlfühlen. Aus Südafrika stammen die seltenen weißen Löwen, und eine besondere Attraktion sind auch die großen und sehr alten Galapagos-Riesenschildkröten. Beachtliche Zuchterfolge verzeichnet der Tierpark bei den diversen Arten von arabischen Oryxantilopen, die zwischen Sanddünen und einem Wasserloch leben.

Al-Ain

Bronzezeitliche Umm al-Nar-Kultur

Archäologisch interessierte Besucher streben in den Hili National Archaeological Park im Norden der Stadt. Spektakulär sind die dortigen drei Rundgräber, die Untersuchungen zufolge der bronzezeitlichen Umm al-Nar-Kultur zugeordnet werden. Star der Anlage ist das sogenannte Grand Tomb, das Große Grab, das bereits in den Sechzigerjahren des letzten Jahrhunderts von dänischen Archäologen entdeckt und freigelegt wurde. Das über 4000 Jahre alte, bis zu drei Meter hohe und einen Durchmesser von etwa zehn Metern aufweisende Grab besitzt vier separate Grabkammern, die als Begräbnisplatz für jeweils mehrere Tote fungierten. Auffällig sind die Tiergravuren über den beiden Eingangsöffnungen, die Oryxantilopen und Leoparden darstellen sollen.

Zurück im Zentrum des weitläufigen Al-Ain liegt nahe der Parkanlagen das Al Jahili Fort, das nicht nur unter den diversen Festungen der Oasenstadt einen besonderen Rang genießt, sondern auch landesweit zu den größten und eindrucksvollsten historischen Anlagen zählt. Sheikh Zayed Bin Khalifa (1840–1909), in der Region als Sheik Zayed I. bekannt (nicht zu verwechseln mit dem charismatisch aussehenden Staatsgründer Sheikh Zayed II., nämlich Sheikh Zayed Bin Sultan, 1918–2004), ließ das Fort im Jahr 1898 errichten. Sheikh Zayed I., der viele Jahre mit den Beduinen der lokalen Stämme gelebt haben soll und der in die nationale Geschichte als starke Führungspersönlichkeit einging, schuf damit eine Festung, die die Sicherheit in der Region festigte und die Angst vor Angriffen fremder Stämme minderte. Heute dient das restaurierte Bauwerk u.a. der Cultural and Heritage Society von Al-Ain als Bühne für die hier aufgeführten Tänze und kulturellen Darbietungen.

AUTORENTIPP!

SCHWEBEN ÜBER DER WÜSTE

Rot leuchtende und über 100 Meter hohe Dünen, dazu als Kontrast grüne Palmenoasen und steil aufragendes Gebirge sowie eine menschenleere Gegend mit wenigen Siedlungen: Al Ain ist das Mekka der Ballonfahrer. Wenn man in den Emiraten mit dem Heißluftballon hoch hinauswill, ist die Oasenstadt der richtige Ort dafür. Das Abenteuer startet in der Regel noch vor Sonnenaufgang, wenn man in seinem Hotel von einem Fahrer des Unternehmens abgeholt wird, bei dem man gebucht hat. Bis zu 16 Passagiere haben in dem Korb unter dem gewaltigen Ballon Platz, die Fahrt dauert etwa eine Stunde, ein Sonnenaufgang über der Wüste inbegriffen. Mit etwas Glück kann man von oben aus auch Kamele und Gazellen beobachten.

Balloon Adventures Emirates.
Fahrten zwischen September und Mai, auch Abholung von Abu Dhabi möglich, Tel. 04/285 49 49, www.ballooning.ae

Infos und Adressen

SEHENSWÜRDIGKEITEN
Al-Ain Fort. Rundtürme und ein quadratischer Grundriss prägen das Fort mit großem Innenhof. Tgl. 8–12, 16–18 Uhr, Eintritt frei, Omar Bin al-Khatab Road

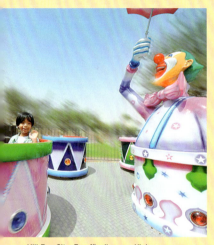

Hili Fun City: Fun für die ganz Kleinen

ESSEN UND TRINKEN
Golden Fork. Philippinische Küche, schmackhaft und preiswert, mit Internet-Ecke. Sa–Do 10–23 Uhr, Fr 14–23 Uhr. Khalifa Street (Zentrum), Al-Ain, Tel. 03/766 90 33, www.goldenforkgroup.com

Luce. Caprese (Tomaten mit Mozzarella), Lasagne und Pizza, hier treffen sich Europäer mit Sehnsucht nach guter italienischer Küche. Tgl. 19–23 Uhr, Danat Al-Ain Resort, Al-Salam Street, Tel. 03/704 60 00, E-Mail: fnb.alain@danathotels.com, www.danathotels.com

Trader Vic's. Internationale Küche im polynesischen Stil. Tgl. 12.30–15.30, 19.30–23.30 Uhr, Al-Ain Rotana-Hotel, Zayed Ibn Sultan Street, Tel. 03/754 51 11, www.rotana.com

ÜBERNACHTEN
Al-Ain Rotana. Einziges Fünfsternehotel im Zentrum von Al Ain, dessen Cafés und Restaurants Treffpunkte der Bevölkerung sind. Edel und minimalistisch gestylte Zimmer, herrliche Poolanlage. Zayed Ibn Sultan Street, Al Ain, Tel. 03/754 51 11, www.rotana.com

Hilton Al-Ain. Viersternehotel, das seit mehr als vier Jahrzehnten eine der ersten Adressen der Stadt ist, gelegen inmitten weitläufiger, gepflegter Gärten; großzügig gestalteter Poolbereich, eigener 9-Loch-Golfplatz. Zayed Ibn Sultan Street/Khalid Ibn Sultan Street, Al-Ain, Tel. 03/768 66 66, www.hilton.com

Danat Al-Ain Resort. Beliebte sechsstöckige Hotelanlage inmitten üppigen Grüns; neben Zimmern im Hauptgebäude gibt es auch solche in luxuriösen Villen und umgeben von tropischen Gärten. Al Salam Street, Tel. 03/704 60 00, www.danathotels.com

AKTIVITÄTEN
Al-Ain Zoo. Täglich um 19.30 Uhr findet die kostenlose und bei Familien mit Kindern beliebte Vogel- und Tiershow statt, bei der auch Falken und deren Flugkünste vorgeführt werden. In Cafés und SB-Restaurants kann man Kleinigkeiten zu sich nehmen. Tgl. 8–20 Uhr, Eintritt 15 Dh, Kinder 5 Dh, Zoo R/A, Zayed Al Awwal/Nahyan Al Awwal Street, www.awpr.ae

Green Mubazzarah. Eine Oase in der Oase ist der zu Füßen des Jebel Hafeet liegende Park mit seinen heißen Thermalquellen und beeindruckenden Ausblicken auf das vegetationslose, grau-braune Gebirge. In kleinen Chalets kann man den Tag verbringen, aber auch übernachten. In Badehäusern und Schwimmbädern (für Männer und Frauen getrennt) genießt man das warme Thermalquellwasser, während Kinder auf den diversen Spielplätzen unterwegs sind. Hauptsächlich von lokalen arabischen Familien besucht. Sa–Mi 11.30–21.15 Uhr,

Al-Ain

Unterwegs in der Al-Ain Mall

Do, Fr 11.30–22.15 Uhr. Eintritt 5 Dh, 12 km südlich Al-Ain an der Straße zum Jebel Hafeet, www.mubazzarah.150m.com

AUSGEHEN

The Horse and Jockey Pub. Einer der wenigen Pubs der Stadt mit Bildschirmen für Sportereignisse und Musikdarbietungen. Tgl. 12–23.30 Uhr. Danat Al-Ain Resort, Al-Salam Street, Tel. 03/704 60 00, www.danathotels.com

AKTIVITÄTEN

Hili Fun City. Der seit 1985 bestehende und damit älteste Vergnügungspark der Emirate ist zwar etwas in die Jahre gekommen und kann mit denen in Dubai nicht mithalten, ist aber nach wie vor eine beliebte Adresse für Familien mit Kindern und Jugendlichen. Man kann auf Ponys reiten, Boot und Karussell fahren oder auch nur ein Picknick auf dem Rasen machen und die entspannte, multikulturelle Atmosphäre genießen – und das zu jeder Jahreszeit. Okt.–Mai Mo–Do 16–22 Uhr, Fr, Sa 12–22 Uhr, Juni–Sept. Mo–Do 17–22 Uhr, Fr, Sa 16–22 Uhr, Eintritt 50 Dh, Kinder bis 89 cm Körpergröße frei, Mohammed Ibn Khalifa Street, Tel. 03/784 55 42, www.hilifuncity.ae

INFORMATION

Al-Ain Municipality. Ali Bin Abu Taleb Street, Tel. 03/764 20 00, wwww.alain.ae

Sonnenuntergang über dem Al-Jahili Fort in Al-Ain

UMGEBUNG UND AUSFLÜGE

44 Liwa-Oasen
Neuzeitliches Abenteuer

Ein Ozean von Sand, so weit man schauen kann, unterbrochen nur von einer Handvoll kleiner Oasensiedlungen: Für einige wenige Besucher gibt es kein größeres Abenteuer, als in den VAE den hypermodernen Metropolen zu entkommen und aufzubrechen in die Wüsten und Oasen der Region am Rande der legendären Rub Al Khali, der größten Sandwüste der Erde.

Noch vor wenigen Generationen waren Beduinen eine knappe Woche unterwegs, um mit ihren Kamelen von den Oasen bis zur Küste zu gelangen. Heute müssen Besucher dank bestens ausgebauter Straßen noch nicht einmal mit Allrad unterwegs sein. So kann man von dem nahe der Küste entlangführenden Emirates Highway (E11) etwa 55 Kilometer westlich von Abu Dhabi auf der Nationalstraße E65 in den Süden und in das 140 Kilometer entfernte Hamim gelangen, der ersten Siedlung der weit auseinanderliegenden Oasen.

Oben: Großartiges »Qasr al-Sarab Resort«: ein Wüstenpalast zum Wohnen
Unten: Kamel mit Sinn für Romantik

MAL EHRLICH

OASEN DER NEUZEIT

Ein mehrtägiger Aufenthalt in den Liwa-Oasen kann eine abenteuerliche Erfahrung sein, allerdings darf man sich hier keine Bilderbuch-Oasendörfchen erwarten. Die Siedlungen sind eher landwirtschaftlich geprägt. Hier werden Obst und Gemüse in großem Stil erzeugt. Die Menschen wohnen in modernen, schmucklosen Häusern. Großartig und romantisch im westlichen Sinne ist ein Ausflug in die Wüste selbst: Es lohnt sich, frühmorgens vor Sonnenaufgang loszuziehen, um die grandiose Schönheit dieses einzigartigen Sandmeeres zu erleben.

Liwa-Oasen

Eine weitere Abzweigung von der Küstenstraße erfolgt bei Tarif (100 km westlich von Abu Dhabi), und die dritte Möglichkeit bietet sich von Ruwais nahe Jebel Dhana und führt nach Arada und damit zum westlichsten Ort der Oasen. Insgesamt sind die Strecken eher monoton, da man z.T. umgeben von Schwertransportern und durch graubraune Salzwüsten fährt, auf Industrieansiedlungen und Ölförderanlagen trifft.

In den Oasen

Dafür wird man am Ziel mit einer herrlichen Landschaft versöhnt. So liegt das Oasengebiet verstreut in einem weiten Bogen von etwa 80 Kilometern inmitten hoher Sanddünen. Hier befindet man sich am nördlichen Rande der sagenhaften Rub al-Khali, dem Leeren Gebiet, wie die etwa 700 000 Quadratkilometer große Wüste, die Teile von Jemen, Oman und Saudi-Arabien bedeckt, genannt wird, eine Fläche größer als Frankreich. Eine faszinierende, menschenleere Gegend, in der im Sommer Temperaturen von über 50 Grad gemessen werden, die Niederschlagsmengen kaum nennenswert sind, die höchsten Sanddünen 300 Meter in den Himmel reichen und menschliches Leben weitgehend auf Oasensiedlungen beschränkt ist.

Die Anfänge der Besiedelung

In den auch historisch bedeutsamen Liwa-Oasen stellen Quellen und artesische Brunnen die Wasserversorgung sicher und gewährleisten, dass die hier siedelnden Menschen sogar landwirtschaftliche Produkte erzeugen können. Archäologische Grabungen ergaben eine Besiedelung in dieser Region bereits in der Steinzeit, nämlich zwischen 5500 und 3500 v. Chr., wie man aus den entdeckten Werkzeugen schließen kann. Heutiges Zen-

AUTORENTIPP!

AUTO-MUSEUM

Beileibe nicht nur etwas für ernsthafte Autofans ist ein Besuch in dem von Sheikh Hamdan al-Nahyan gegründeten Emirates National Auto Museum, das man passiert, wenn man von Abu Dhabi kommend die erste südlich zu den Liwa-Oasen führende Nationalstraße Richtung Hamim (E65, Hamin Road) nimmt. Das Museum ist nicht zu verfehlen, es thront als überdimensionales Bauwerk in der Form einer Pyramide neben der Straße. Zu sehen sind häufig recht kuriose Fahrzeuge wie etwa ein weißer Mercedes, den man auf meterhohe Reifen eines Lastwagens montiert hat – eine von vielen skurrilen Eigenkreationen. Man kommt ins Schmunzeln, wenn man vergoldete Stoßstangen, rosafarbene Trabis, Rolls Royce oder fantasievoll verfremdete Campingwagen erblickt – eine nette Unterbrechung auf dem Weg gen Süden.

Emirates National Auto Museum. Tgl. 9–13, 14–18 Uhr, Eintritt 50 Dh, E65, etwa 25 km von der Abzweigung von der E11 nach Süden, www.enam.ae

Oben: Eine Herde von Kamelen
Mitte: Gar nicht mehr scheu sind die vielen Oryxantilope im »Al-Maha Resort«
Unten: Fort in den Liwa-Oasen

trum der weit verstreut und von Palmenhainen umgebenen Siedlungen ist das etwa 3000 Einwohner zählende Mezirah (z.T. auch Mezairah oder Liwa City genannt), eine Kleinstadt mit der notwendigen Infrastruktur wie Schule und Krankenhaus und dem bereits 1988 entstandenen »Liwa Hotel«. Hauptsitz des Bani Yas-Stammes war lange Zeit das Fort Attab. Diese kleinere, dennoch eindrucksvolle Festungsanlage aus dem 19. Jahrhundert kann man in der Siedlung Al Meel, etwa 11 Kilometer entfernt, besichtigen.

Gewaltige Sanddünen

Von Mezirah aus gelangt man nach 30 Kilometern zu den Moreeb-Dünen, den höchsten der Liwa-Oase. Und damit sind sie auch ein Magnet für Wüstenabenteurer. Während der jährlich Ende März/Anfang April stattfindenden Abu Dhabi Desert Challenge Rallye gehört dieser Ort zum Etappenziel. Immer wieder testen besonders jüngere Einheimische ihre Fahrkünste und versuchen, die über 280 Meter hohe und äußerst steile Düne zu erklimmen. Andere Besucher sind zufrieden mit einem Picknick und damit, barfuß durch den Sand zu laufen. Mezirah liegt etwa auf halber Höhe der die einzelnen Oasen verbindenden, teilweise vierspurigen Straße, zwischen Hamim im Osten der Oasen und Arada im Westen.

Liwa-Oasen

Autotour durch die Liwa-Oasen

Nur mit einem Auto, vorzugsweise einem vierradgetriebenen Fahrzeug, kann man in den Liwa-Oasen unterwegs sein, denn hier gibt es kaum öffentliche Taxis. Die Straßen sind gut ausgebaut, z.T. sogar vierspurig, hin und wieder jedoch von Windverwehungen betroffen.

Ⓐ Hamim – Die am östlichen Ende der Oase liegende und eher unbedeutende Siedlung zeigt sich in modernem Gepräge und ist bekannt als Ausgangspunkt für Fahrten zum südöstlich in der Wüste gelegenen Hotel »Qasr al-Sarab«. Hier zweigt nach Norden die E65 (Hamim Road) nach Abu Dhabi-Stadt ab.

Eine gewaltige Schüttelpartie ist die Fahrt über die Sanddünen.

Ⓑ Qasr al-Sarab – Inmitten gewaltiger Sanddünen taucht wie eine Märchenburg eines der berühmtesten Hotels der VAE auf: Hier will man einmal gewesen sein, die Atmosphäre genießen und eine der vorzüglichen Unternehmungen im Desert Excursion Centre buchen. Mit Anantara-Spa – thailändischer Lifestyle in Höchstform. Hamim, Qasr al-Sarab Road, Tel. 02/886 20 88, www.qasralsarab.anantara.com

Ⓔ Moreeb Dune – Etwa 120 Meter hoch und ragt damit bis zu 210 Meter über dem Meeresspiegel auf und ist somit nicht nur die höchste Düne der Wüste Rub al-Khali, sondern kann sich auch mit den höchsten der Welt messen. Ihrer Steilheit verdankt sie auch den Namen »Scary Mountain« (Furcht einflößender Berg).

Ⓒ Mezirah – Hauptort der Oasen, hier entstanden die ersten beiden Hotels, hier gibt es einfache Restaurants und Cafés (s. Infos & Adressen, S. 243).

Ⓕ Fort al-Attab – In Al-Meel wurde das historische Fort fachgerecht restauriert. Tgl. 9–18 Uhr, Eintritt frei, Al Meel, 11 km östlich von Mezirah

Ⓓ Arada – Der am westlichen Ende des Oasenbogens gelegene Ort lebt von Dattelpalmenhainen. Die Oase ist reich an Wasser.

Ⓖ Qatuf Fort – Nur wenige Hundert Meter davon entfernt liegt das hervorragend restaurierte Fort nördlich der Straße; hier übernachtete 1947 der berühmte Wilfred Thesiger.

AUTORENTIPP!

WEISSE ANTILOPEN
Nachdem die weißen Oryxantilopen, die die Weiten der arabischen Wüsten seit Jahrtausenden durchwandern und in den Sechzigerjahren vom Aussterben bedroht waren, gab es verstärkte Zuchtbemühungen. 2007 war es dann so weit, dass Sheikh Zayed in Zusammenarbeit mit der Abu Dhabi Environment Agency (ADEA) 100 Oryxantilopen im Wüstengebiet von Umm al-Zumul in die Freiheit entließ. In einem neu geschaffenen Schutzgebiet weiß man die Tiere sicher vor Verfolgung durch Jäger. Ranger patrouillieren das 9000 Quadratkilometer große Gebiet, dass man vom »Qasr al-Sarab« aus in einer knappen Stunde mit dem Jeep erreichen kann und in das Gäste auf Nachfrage geführt werden. Die Herde ist mittlerweile auf über 150 Tiere angewachsen, und die Chance, die Tiere zu sehen, ist am größten nahe des künstlich angelegten Sees, den die Antilopen als Wasserstelle nutzen.

UMGEBUNG UND AUSFLÜGE

Prächtiges Wüstenhotel

Seit einigen Jahren sind die Liwa-Oasen auch durch ein einzigartiges Wüstenhotel bekannt geworden, über das es nach Eröffnung in internationalen Design- und Reisemagazinen ausführliche Reportagen gab. »Qasr al-Sarab« heißt das Resort, das aussieht wie ein erdfarbener Wüstenpalast und weit und breit allein in der Wüste steht. Bereits die Anfahrt ist ein Erlebnis, wenn der Fahrer bzw. man selbst von der Hauptstraße abzweigt und auf einer asphaltierten, mit Sandverwehungen bedeckten Piste etwa zehn Kilometer durch die Sanddünen fährt. An eine Fata Morgana fühlt man sich erinnert, wenn plötzlich der Eingangsbereich eines gewaltigen Wüstenschlosses auftaucht. Höfe und Aussichtsterrassen, von Zinnen gekrönte Mauern und runde Türmchen, die zu den umgebenden und bis an das Bauwerk heranreichenden rotgolden leuchtenden Wüstendünen einen sanften Kontrast bilden: Das 2010 eröffnete und von Anantara betriebene Hotel ist nicht nur von außen prächtig anzusehen, sondern weckt mit Antiquitäten der Beduinen und Artefakten ganz den Eindruck, zu Besuch zu sein bei einem arabischen Stammesfürsten. Einzig der gewaltige, türkis leuchtende Pool – ein Zugeständnis an die Gäste – fällt etwa aus dem Konzept, die Besucher in eine frühere Zeit zu versetzen.

Günstig und gut

Eine ganze Ecke bescheidener und noch immer eindrucksvoll und komfortabel übernachtet man auch im »Tilal Liwa Hotel«, einem ebenfalls in den letzten Jahren eröffneten Hotel, das im Stil eines Wüstenforts erbaut wurde und mit ambitioniertem Design aufwarten kann. Rustikal und im alten Wüstenfahrerstil hingegen wohnt man im »Liwa Resthouse«, einer einfachen Adresse in Mezirah, die Einfachheit und einen gewissen Stil vereint.

Liwa-Oasen

Infos und Adressen

AKTIVITÄTEN
Arabian Adventures. Ganztagestouren (Liwa Safari) von Abu Dhabi aus in die Wüste und zu den Oasen. Emirates Travel Shop, Abu Dhabi-Stadt, Corniche East Road, Tel. 02/691 17 11, www.arabian-adventures.com

ESSEN UND TRINKEN
Layali Bar. Bei einer Schischa (Wasserpfeife) und einem kühlen Bier, einem süßen Chai und würzigen Oliven plaudert man entspannt mit anderen Wüstenfahrern. Tgl. ab 18 Uhr, Hotel Tilal Liwa, 17 km südöstlich von Medinat Zayed, Million Street, Tel. 02/894 61 11, www.danathotels.com

Suhail. Hier sollte man einmal eingekehrt sein, um sich davon zu überzeugen, dass die Dachterrasse des Wüsenhotels »Qasr al-Sarab« die schönsten Vorstellungen noch übertrifft. Bei diesem Blick in die Wüste, sei es, wenn leichte Nebelschwaden über den Dünen liegen oder die Sonne versinkt,

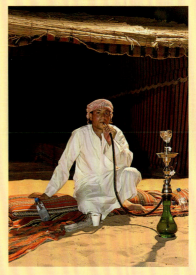

Entspannung nach einem langen Tag

die ersten Sterne aufgehen, wird selbst das köstlichste Dinner zur Nebensache. Vielleicht begnügt man sich auch mit einem Cocktail in der »Rooftop Bar«. Und: Eine Jacke muss man dabeihaben, da hier oben nach Sonnenuntergang ein leichter Wind weht. Tgl. 18–23 Uhr, Hotel Qasr al-Sarab, Hamim, Qasr al-Sarab Road, Tel. 02/886 20 88, www.qasralsarab.anantara.com

ÜBERNACHTEN
Liwa Resthouse. Günstig und rustikal, für Besucher ohne große Ansprüche, aber mit einem Wunsch nach Authenzität und einem Hauch alter Oasenatmosphäre. Nur 21 Zimmer. Mezirah, Arada Road, Tel. 02/882 20 75

Liwa Hotel. Klassiker der hiesigen Übernachtungsbetriebe, eine sympathische Adresse mit ausreichend Komfort, dazu einer gepflegten Poolanlage und Tennisplätzen, einem günstigen und guten indischen Restaurant. Mezirah, Arada Road, Tel. 02/882 20 00, www.almarfapearlhotels.com

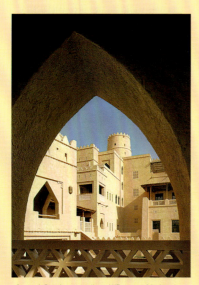

»Qasr al-Sarab«: grandiose Wüstenarchitektur

UMGEBUNG UND AUSFLÜGE

45 Sir Bani Yas
Safari-Insel

Die in Abu Dhabi jedem bekannte Insel liegt im tiefen Süden des Emirates. Die acht Kilometer lange Fahrt von der Küste mit dem privaten Hotelboot hinüber zum Eiland ist bereits ein Erlebnis für sich. Einst das private Domizil des Herrschers, wurde Sir Bani Yas zu einem Arabian Wildlife Park umgewandelt. Im Stil einer afrikanischen Safari erkundet man heute zwei Mal täglich auf begleiteten Pirschfahrten die Tierwelt.

Abu Dhabi, das flächenmäßig größte Scheichtum der sieben Emirate, ist eigentlich ein Inselreich: mehr als 200 kleine und kleinste Inseln liegen der Küste vorgelagert, davon nur einige Dutzend bewohnt. Das bereits während der Steinzeit besiedelte Sir Bani Yas ist dabei mit 87 Quadratkilometern die größte Insel, die man besuchen kann. Noch in den Siebzigerjahren des vorigen Jahrhunderts schuf hier Sheikh Zayed ein privates Naturreservat, zunächst nur für sich und eine ausge-

Herrliche Sandstrände auf Sir Bani Yas laden zur Erholung ein.

MAL EHRLICH

SAFARI-FEELING AUF ARABISCH

Besser, man erwartet nicht zu viel von den als Safaris ausgeschriebenen Beobachtungstouren auf Sir Bani Yas. Sicher, man sieht viele Tiere, allerdings hauptsächlich Gazellen und Strauße; und die Tatsache, dass die Insel, was Antilopen betrifft, bereits überbevölkert ist und deren Nahrung importiert und dann aufwendig hierhergebracht werden muss, irritiert zusätzlich. Als nettes Beiprogramm zu den fantastischen Hotels und der Atmosphäre ist die Safari-Insel aber allemal großartig.

Sir Bani Yas

suchte Gästeschar. Und heute gibt es in ganz Abu Dhabi kaum ein schöneres Ziel für an Natur, Sport und Baden interessierte Touristen als Sir Bani Yas. Hinzu kommt, dass es auf der Insel gleich drei von der thailändischen Hotelkette »Anantara« betriebene Hotels gibt, die schon allein die recht weite Anreise rechtfertigen.

Am Einschiffungsterminal

Gäste, die den Weg auf sich genommen haben und die 230 Kilometer von Abu Dhabi-Stadt gen Süden gefahren sind, parken ihr Auto an der Nordwestseite der Halbinsel Jebel Dhanna auf dem privaten, zum Hotel gehörenden Parkplatz, wo man sie freundlich empfängt und zum kleinen Einschiffungsterminal führt, einer klimatisierten Wartelounge, in der man von einem Butler mit Tee und Kaffee bewirtet wird, solange man auf das Schiff wartet. Die Überfahrt dauert eine knappe halbe Stunde, und wer auf dem Deck sitzt, kann eventuell einige der hier so zahlreichen Delfine und Seekühe beobachten.

Auf der Insel

Glücklich, wer hier zwei, drei Tage verbringen kann und die paradiesische Ruhe genießen darf ebenso wie das Gefühl, weit weg von der Zivilisation zu sein. Man wird von einem Bus an der Bootsanlegestelle abgeholt und sodann über die Insel und zum Hotel gebracht. Unterwegs passiert man einen heute die meiste Zeit des Jahres über leer stehenden großen Palast, den man schon vom Boot aus erspäht hätte. Der verstorbene Sheikh Zayed ließ sich das Gebäude an einer erhöht gelegenen Aussichtsstelle erbauen, während das heutige »Desert Island Resort« von ihm als Gästehaus für seine Besucher vorgesehen war. Nach einer grundlegenden Renovierung schuf man ein luxu-

AUTORENTIPP!

FLÜGE NACH SIR BANI YAS

Sir Bani Yas ist etwa so groß wie Sylt, und seitdem die Antilopeninsel nicht mehr im Privatbesitz des Herrschers ist und jedem offensteht, war es bislang nur die recht lange und umständliche Anreise, die Besucher davon abhielt, das exklusive Eiland kennenzulernen. Mit der Etablierung der beiden neuen Anantara-Hotels und der gestiegenen Nachfrage rechnete sich die Aufnahme einer Flugverbindung. So kann man heute vom Abu Dhabi-Stadtflughafen Al Bateen Executive Airport dreimal wöchentlich (Di, Do und Sa) mit Rotana Jet komfortabel nach Sir Bani Yas fliegen. Unterwegs ist man mit luxuriösen Embraer Jets, die über je 50 Sitzplätze verfügen und für diese Strecke weniger als eine halbe Stunde benötigen.

Rotana Jet. Sa–Do 9–17 Uhr, Al Bateen Executive Airport, Tel. 02/444 00 02, E-Mail: reservations@rotanajet.ae, www.rotanajet.ae

Unterwegs mit dem Kanu vor der Insel Sir Bani Yas

AUTORENTIPP!

INS NIRWANA VON ANANTARA
Der Name Anantara bedeutet »Ohne Anfang und ohne Ende« in Sanskrit. Im 21. Jahrhundert ist er wohl den meisten Menschen eher bekannt als Name für die luxuriöse aus Thailand stammende Hotelkette, die an den schönsten Orten der Welt einige außergewöhnliche Spa-Hotels betreibt. Zum Programm gehören indisches Ayurveda, balinesische Ölmassagen, Thai-Massagen und Schönheitselixiere aus Java – Öle und Essenzen haben eine jahrhundertealte spirituell geprägte Tradition mit asiatischen Wurzeln. Zu den Treatments im neuen, erst 2013 eröffneten »Anantara Spa« auf Sir Bani Yas kommen das edle, tropisch inspirierte Design und die Atmosphäre der Insel selbst, die das Spa – ohne Übertreibung – zum wohl schönsten des Emirates Abu Dhabi machen.

Desert Islands. Sir Bani Yas,
Tel: 02/801 54 00,
www.anantara.com

UMGEBUNG UND AUSFLÜGE

riöses Resort direkt am Meer, das aber nach wie vor den Eindruck einer privaten Safari-Lodge erweckt. Prägend sind nicht nur das gewaltige Zeltdach, das den Empfangsbereich beschattet, sondern die überall verteilten, recht persönlich aussehenden Dekorationsobjekte. Es gibt große, polierte Muscheln, die gemeinsam mit Vogelfedern und versteinerten Fossilien zu Stillleben zusammengestellt sind. In antik aussehenden Vitrinen werden Jagdtrophäen und Bildbände präsentiert.

Luxus und Naturerleben

Erst 2013 eröffnet wurde auf der Insel das »Al-Yamm Villa Resort«, ebenfalls von Anantara betrieben, das Nonplusultra für Gäste, die den hellen Sandstrand direkt vor ihrer Tür haben möchten und den hohen luxuriösen Standard des als »fünf Sterne plus« gepriesenen Hotels genießen möchten. Während ein Teil der Villen am Strand liegt, ist ein anderer zur Mangroven-Lagune ausgerichtet, wo man bereits beim Morgenkaffee die Flamingos beobachten kann. Auf Sir Bani Yas ist es nicht unüblich, dass die Gäste nach zwei Tagen ihre Koffer packen und einmal auf der Insel das Hotel wechseln. Dazu bieten sich als Kontrast zum Robinson-Gefühl des »Al-Yamm« auch seit 2013 die »Anantara Al-Saheel Villas« an, im Nordosten der Insel liegend. Die einzeln stehenden, kleinen und mit Palmblättern gedeckten Villen sorgen für exklusives Safari-Feeling. Himmelbetten aus Riesenbambus und naturbelassenes Holz schaffen eine tropische und behagliche Atmosphäre, von dem eigenen Teakholzdeck mit eingelassenem Plunge Pool genießt man das Naturreservat.

Da in einem Umkreis von acht Kilometern um die Insel nicht gefischt werden darf, kann man häufig Delfine vor der Küste sehen, während Flamingos

bei den Mangroven anzutreffen sind. Auf einer Fahrt im offenen Landrover passiert man den Zaun, der (weitgehend) verhindert, dass Tiere in den Hotelbereich bzw. auf die Verkehrswege gelangen. Sand- und Berggazellen sowie Oryxantilopen sind in großer Anzahl unterwegs; die Tiere vermehren sich recht schnell, unter diesen geschützten Bedingungen muss reichlich dazugefüttert werden. Auch Zebras, Strauße und Giraffen leben im Park, ebenso wie die scheuen Geparden, die man nur mit viel Glück aus nächster Nähe zu sehen bekommt.

Zeugnisse früher Besiedelung

Sogar ein christliches Kloster aus der vorislamischen Zeit um 600 n. Chr. bzw. dessen Überreste können auf einer Mountainbiketour bzw. einer Wanderung angesteuert werden. Es handelt sich um die einstige Niederlassung von nestorianischen Mönchen, die in einem Klostergebäude von quadratischem Grundriss lebten und auch eine kleine, zunächst einschiffige Kirche errichteten, die später um zwei Seitenschiffe erweitert wurde. Die Niederlassung der Mönche stellt den südlichsten Punkt einer frühen vorislamischen Missionierungstätigkeit auf der Arabischen Halbinsel dar

Oben: Gepard im Sharjah Desert Park
Mitte: Ein kräftiger Kaffee weckt die Lebensgeister
Unten: Spannende Touren mit dem Mountainbike

UMGEBUNG UND AUSFLÜGE

und ist zugleich das einzige christliche Kloster der Emirate aus dieser Epoche.

Ebenfalls auf der Insel zu entdecken sind mehrere Dutzend von archäologischen, noch weitgehend unerforschten Stätten, Überreste aus einer Phase, als Sir Bani Yas während der Bronzezeit besiedelt war. Damals muss die Insel noch weitestgehend vegetationslos gewesen sein. Erst Sheikh Zayed startete ein gigantisches Begrünungsprogramm, bei dem etwa 2,5 Millionen Bäume und eine Million endemischer Sträucher gepflanzt wurden.

Rast in der Adnoc-Tankstelle

Die etwa 230 Kilometer lange Anreise nach Sir Bani Yas mit dem Auto von Abu Dhabi-Stadt ist problemlos und führt über gut ausgebaute Autobahnen, zunächst auf der E11 entlang der Westküste des Emirats durch eine Al Gharbia genannte Region, die u.a. gekennzeichnet ist durch im Meer liegende kleinste und allesamt unbewohnte Inseln, davon viele unter Naturschutz stehend. Unterwegs kann man eine der vielen großen ADNOC-Tank- und Raststellen anfahren, mit großen, allesamt makellos sauberen Verkaufsräumen, in denen man Tee und Cappuccino, Sandwiches und Salate kaufen und im angeschlossenen Coffee Shop auch essen kann. An den Abzweigungen der nach Süden führenden Nationalstraßen E65 und E45 geht es zu den Liwa-Oasen. Von Ruwais, einer wenig attraktiven Siedlung von in der Ölindustrie beschäftigten Männern, geht es auf die Halbinsel Jebel Dhanna, die breite und naturbelassene, feinsandige Strände besitzt. Hier liegt das vorzügliche und modern ausgestattete »Danat Resort«, ein sympathisches Mittelklassehotel und gerade richtig für einen mehrtägigen Strandaufenthalt. Von der Halbinsel aus erfolgt dann auch die Überfahrt nach Sir Bani Yas.

Oben: Abstrakte Formen aus Sand
Unten: Immer wieder trifft man auf scheue Antilopen in der Wüste.

Sir Bani Yas

Infos und Adressen

ESSEN UND TRINKEN

Olio. Ohne hochwertiges Olivenöl kommt die italienische Küche nicht aus, und hier zeigt sie sich von ihrer besten Seite. Tgl. 19–22.30 Uhr, Al-Yamm Villa Resort, Tel. 02/801 54 00, www.al-yamm.anantara.com

Samak. Am mit Windlichtern beleuchteten Pool schlemmt es sich gut: Fisch und Meeresfrüchte, saftige Steaks vom Grill und vegetarische Leckerbissen. Tgl. 12–23 Uhr, Desert Islands Resort & Spa, Tel. 02/801 54 00, www.desertislands.anantara.com

The Palm. Spezialität des Hauses sind die hervorragend zubereiteten Fischgerichte, serviert auf der von Arkaden überdachten Terrasse oder im arabisch-afrikanisch dekorierten Salon. Tgl. 7–23 Uhr, Desert Islands Resort & Spa, Tel. 02/801 54 00, www.desertislands.anantara.com

ÜBERNACHTEN

Al-Yamm Villa Resort. Hier stellt sich tropisches Robinson Crusoe-Feeling ein, bei einem ausgelassenen Strandurlaub auf höchstem Niveau. Angeboten werden sportliche Aktivitäten sowie Arrangements inklusive Spa-Treatments.
Tel. 02/801 54 00, www.al-yamm.anantara.com

Desert Islands Resort & Spa. Das 64 Zimmer zählende Hotel vebindet die Annehmlichkeiten eines Strandhotels mit einer Luxus-Safari-Lodge für Game Drives. Für Kinder gibt's u.a. Walt Disney-Filme im Freien zu sehen. Tel. 02/801 54 00, www.desertislands.anantara.com

AKTIVITÄTEN

Desert Islands Watersports Centre. Die organisierten Kajak- und Schnorcheltouren führen 8 km lang durch fischreiche Gebiete entlang naturbelassener Küsten. Tel. 02/801 54 00,
E-Mail: adimsc@eim.ae, www.desertislands.com

INFORMATION

TDIC Destination Management. Hier können Aktivitäten wie Bogenschießen, Mountainbiking sowie geführte Wanderungen gebucht werden. Highlights sind die *Game Drives* (Safaris).
Tel. 02/406 14 00, E-Mail: visit@desertislands.com, www.desertislands.com

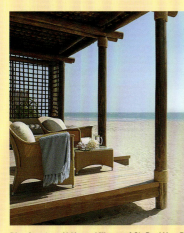

Die »Anantara Al-Yamm Villas« auf Sir Bani Yas: Badeurlaub vom Feinsten

UMGEBUNG UND AUSFLÜGE

46 Ras al-Khaimah
Emirat der Kontraste

Eine grandiose, von hohen Bergen geprägte Landschaft ist typisch für das am weitesten nördlich gelegene Emirat Ras al-Khaimah. In den letzten Jahren machte es durch einige ambitionierte Tourismusprojekte von sich reden. Weniger schön ist hingegen seine Hauptstadt mit vielen eher eintönigen Geschäftsgebäuden; dazwischen lassen sich einige wenige architektonische Überbleibsel der Vergangenheit entdecken.

Die hohen Berge gaben dem Emirat seinen Namen: Spitze des Zeltes, nämlich Ras al-Khaimah. Mehr als eine Stunde ist man mit dem Auto unterwegs, um von Dubai hierher zu gelangen. Landschaftlich begeistert das Emirat mit hoch aufragenden Gipfeln, Wüstengegenden und einem etwa zehn Kilometer breiten fruchtbaren Küstenstreifen. Das von seinen Erdöl- und Gasvorkommen eher benachteiligte Emirat machte das Beste

Oben: Blick auf die Bucht von Ras al-Khaimah
Unten: Die Sheikh Zayed Grand Moschee im Lichterglanz

MAL EHRLICH
GÜNSTIGER BADEURLAUB IN RAS AL-KHAIMAH
Ein Strandaufenthalt in Ras al-Kaimah ist herrlich, wenn man das richtige und in diesem Fall nicht zu billige Hotel gebucht hat. Der Versuch, Geld zu sparen, weil es in diesem abgelegenen Emirat billiger ist, kann teuer zu stehen kommen, wenn man in einem günstigen Stadthotel wohnt und erst mal durch die staubigen Straßen laufen muss, bevor man zu einem wenig einladenden öffentlichen Strand kommt. Ist man in einem der Strandhotels, die im Vier- und Fünfsternebereich liegen, kann man Sonne und Meer unbeschwert genießen.

Das »Waldorf Astoria« und der Golfplatz aus der Luft

aus den natürlichen Gegebenheiten und liefert bis heute Milchprodukte, Obst und Gemüse an die Umgebung. Ras al-Khaimah-Stadt, eine ausgedehnte urbane Siedlung, die hauptsächlich aus niedriger Bebauung besteht und in der die überwiegende Anzahl der rund 250 000 Menschen zählenden Bevölkerung des Emirats lebt, besitzt einen recht schönen alten Stadtteil (Old Town), der durch eine Al Khor genannte Lagune vom neueren Stadtteil Nakheel getrennt ist.

Nationalmuseum im alten Fort

Das Nationalmuseum ist in dem eindrucksvollen Old Fort untergebracht, das 1736–49 von Persern aus Lehmziegeln errichtet wurde. Zinnen, Wachtürme und Windtürme stammen dennoch aus einer späteren Epoche des Wiederaufbaus, nachdem Briten das Gebäude 1839 fast vollständig zerstört hatten. Tatsächlich war Ras al-Khaimah zu jener Zeit als berüchtigter Piratenstützpunkt bekannt. Die im Museum ausgestellten Dokumente, Ausgrabungsfunde und Exponate gehören zu den bedeutendsten des Emirats und dokumentieren die lange Geschichte der Region, ihre frühe Besiedelung, die Epoche, in der bedeutende Karawanenrouten nach China durch das heutige Ras al-Khaimah verliefen. Einige der Funde stammen aus dem na-

AUTORENTIPP!

DIE DAU-WERFT

Was früher in den Vereinigten Arabischen Emiraten ein vertrauter Anblick war, ist heute eine immer mehr zurückgedrängte Zunft: Arabische Bootsbauer, die die jahrhundertealte Handwerkskunst noch beherrschen, werden immer weniger, und so ist die am nördlichen Stadtrand von Ras al-Khaimah beheimatete Baustätte für arabische *Daus* nicht mehr nur eine gewöhnliche Handwerksstätte, sondern bereits eine Sehenswürdigkeit geworden. Am Strand von Maarid kann man sehen, wie die Zimmerleute und Bootsbauer, heute überwiegend aus Indien und Pakistan stammend, aus Holz die Gerüste für die Boote fertigen, wie die Planken bearbeitet werden und welche Handgriffe notwendig sind, bis ein Boot zu Wasser gelassen werden kann.

Dhow Building Yard. Maarid Corniche am nördlichen Stadtrand, Besucher sind jederzeit willkommen.

Oben und **Mitte:** Das National Museum informiert über die Geschichte.
Unten: Blick in die alte Moschee

UMGEBUNG UND AUSFLÜGE

hen, sieben Kilometer nordöstlich gelegenen Shimal, wo Archäologen bronzezeitliche über 4000 Jahre alte Gräber entdeckten.

Ein alter Sommerpalast

Außerhalb der Stadt an der Straße nach Digdagga passiert man ein Zeugnis jener turbulenten Epoche, als die zum Stamm der Qasimi gehörenden Piraten wiederholt Handelsrouten und Seefahrtswege der Briten in dieser Region gefährdeten. Nach einem Angriff und der anschließenden Besetzung von Ras al-Khaimah durch Briten im Jahr 1818 wurde zwei Jahre später im Al-Falayah Fort ein erster Friedensvertrag unterzeichnet. Das Bauwerk, im 18. Jahrhundert von der Herrscherfamilie als Sommerpalast erbaut, soll zu einem öffentlichen Heritage Park umgebaut werden, ist derzeit aber noch nicht zugänglich.

Unter Saud Bin Saqr al-Qasimi, der seit 2010 offizieller Herrscher des Emirats ist, verfolgt das kleine Ras al-Khaimah einen westlich ausgerichteten Modernisierungskurs, der u.a. die Errichtung diverser neuer Tourismusprojekte vorsieht. So tauchte in den letzten Jahren der Name des Emirats verstärkt in den Medien auf, als mit dem zur thailändischen Luxushotelgruppe Banyan Tree gehörenden Hotel hier eine der exklusivsten Adressen der Emirate geschaffen wurde, das »Banyan Tree Al-Wadi«.

Banyan Tree in Ras al-Khaimah

Man wohnt in den sogenannten »Deluxe Pool Villas« mit rund je 150 Quadratmetern Wohnfläche und eigenem Pool oder in den »Tented Pool Villas«, die im Stil von Beduinenzelten gebaut wurden. Das Konzept des aus zwei getrennten Häusern be-

Ras al-Khaimah

Mit dem Leihwagen unterwegs im Emirat

A **Nationalmuseum Ras al-Khaimah** – Renommiertes Museum im Zentrum der Hauptstadt. Sa–Mo, Mi, Do 10–17 Uhr, Eintritt 5 Dh, Altes Fort, Al-Hosn Road, RAK City, Tel. 07/233 34 11

B **Al-Falayah Fort** – Die ehemalige Sommerresidenz der Herrscherfamilie ist nur von außen zu besichtigen. Tgl. 7–18 Uhr, Sheikh Saqr Bin Muhammed al-Qasimi Road, 4 km südöstlich an der Straße nach Digdagga, Ras al-Khaimah; Dhow Building Yard Maarid Beach, Maarid

C **Digdagga** – Landwirtschaftliches Zentrum und bekannte Kamelrennbahn

D **Khatt Springs** – Bekannt wegen seiner heißen und mineralstoffreichen Quellen und einem Hotel im Stil einer arabischen Burg.

E **Al-Jazira al-Hamra Village** – Eine Geisterstadt mit verlassenen, zerfallenen Lehmhäusern und Ruinen von Häusern aus Korallensandstein; in den sandigen und staubigen Wegen laufen wilde Ziegen herum, wachsen Kakteen und dürres Gras.

F **Hamra Fort Hotel & Beach Resort** – Sehr gepflegtes Strandhotel im Stil einer arabischen Burg, mit Windtürmen errichtet, das inmitten tropischer Gärten am Meer liegt. Das luxuriöse Strandhotel bietet alle Arten von Wassersport sowie Spitzenküche im Edelrestaurant »Al-Jazeera«. Al-Jazira Road, Al-Jazira al-Hamra, Tel. 07/244 66 66, www.alhamrafort.com

G **Banyan Tree Beach Club** – Das schönste Strandhotel des Emirats verströmt karibisches Flair; auch Nicht-Hotelgäste sollten hier zumindest einmal zum Lunch oder Dinner einkehren und nach Lust und Laune schlemmen. Al-Jazira al-Hamra, Tel. 07/206 77 77, www.banyantree.com

H **Banyan Tree Al-Wadi** – Das Wüstenhotel bietet renommierte, vorzügliche Falkenvorführungen an und lohnt allein schon von seiner Lage und Gestaltung her einen Besuch. Die thailändische Hotelkette steht für ihren hohen Anspruch beim Umweltschutz. Wadi Al-Khadiya, 20 km südlich von Ras al-Khaimah-Stadt, E311 nach Norden, Ausfahrt 119, dann 7 km südlich, Tel. 07/206 77 77, www.banyantree.com

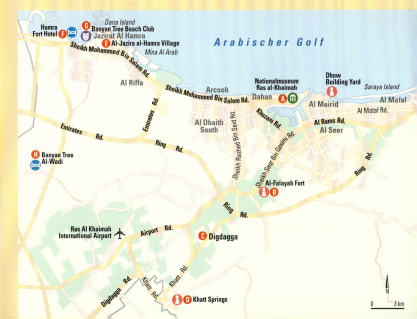

UMGEBUNG UND AUSFLÜGE

AUTORENTIPP!

FALKEN-SHOW
Es gibt gegenwärtig keine bessere und schönere Möglichkeit, die arabische Kunst der Falknerei in den Emiraten kennenzulernen, als bei einer Vorführung im »Banyan Tree Al-Wadi« dabei zu sein. Dessen Falkner, ein aus Südafrika stammender Experte mit jahrzehntelanger Erfahrung, der auch schon einige der arabischen Emire beriet, leitet einige der Kurse und Vorführungen. Man sieht nicht nur die majestätischen Raubvögel aus nächster Nähe, sondern erfährt in humorvoller Weise auch die Tricks erfolgreicher Falkner. Höhepunkt ist der Moment, wenn man selbst den behandschuhten Arm ausstrecken darf und ein Falke in freiem Flug darauf zur Anlandung ansetzt. Im Hotel buchbar sind auch Arrangements, die eine Falken-Show mit einem einstündigen Besuch des Rainforest Experience (eine Erlebnis-Wellness-Anlage) und einem Frühstück verbinden.

Banyan Tree Al-Wadi.
Tel. 07/206 77 77,
www.banyantree.com

stehenden »Banyan Tree« in Ras-al-Khaimah ist ungewöhnlich: Gäste wechseln während ihres Aufenthalts von der Wüste zum Meer (oder umgekehrt). »Banyan Tree Al-Wadi« heißen die im Naturreservat inmitten der Wüste errichteten Gästevillen, in denen rund um die Uhr ein Privatbutler zur Verfügung steht. Das »Banyan Tree Ras al-Khaimah Beach« wiederum ist ein Strandhotel. Gäste sind untergebracht in freistehenden, 80 Quadratmeter großen Beach Villas mit Zeltdach, von deren großzügigen Holzterrassen man es wenige Schritte zum Meer hat. Im Unterschied zu Dubai befindet man sich hier tatsächlich an einem abgelegenen Ort und genießt exklusives Beach-Ambiente. Ein Shuttlebus bringt die Gäste zum Schwesterhotel, wo man alle Einrichtungen benutzen kann, beispielsweise die Banyan Tree Rainforest Experience. In dem in Halbdunkel getauchten Hydro-Thermalbereich werden die Besucher durch diverse Stationen geschickt, von Tauchbecken mit Massagedüsen zur Eisgrotte, Hitze und Wärme wechseln ab mit Kälte, und aus Regenduschen, die mit Donner und Blitzen ein Monsun-Erlebnis zaubern, springt man in den Pool – einzigartig inszeniert!

Baden in heißen Quellen

Wellness-Erlebnisse garantieren auch die 20 Kilometer von Ras al-Khaimah-Stadt am Fuß des Hajargebirges liegenden heißen Mineralquellen, Khatt Springs genannt, die man in einem öffentlichen Thermalbad genießen kann. Ausländische Besucher ziehen es aber vor, sich gleich im »Golden Tulip Khatt Springs Hotel & Spa« einzuquartieren, einem höchst ungewöhnlich aussehenden Hotel. Einer Burg gleich thront es als rechteckiger, mit vier Ecktürmen versehener Palast auf einem Felsplateau. Die Ausblicke auf die Umgebung und das Hajargebirge sind eindrucksvoll.

Ras al-Khaimah

Infos und Adressen

ESSEN UND TRINKEN

Sands. Das Signature Restaurant des legendären Hotels steht auch Nicht-Hotelgästen offen, der mit Abstand beste Ort für ein feines Mittagessen oder ein edles Dinner (z.B. Jakobsmuscheln, Lamm auf Couscous oder Entenbrust mit Blattspinat). Die »Sands Bar« bietet frisch gepresste Obst- und Gemüsesäfte, italienischen Prosecco, französischen Champagner und alle international bekannten Cocktails. Tgl. 12–23 Uhr, Banyan Tree Ras al-Khaimah Beach, Al-Jazira al-Hamra, Tel. 07/206 77 77, www.banyantree.com

Al-Waha. Internationale Küche und regionale Spezialitäten; riesige Fensterscheiben erlauben Ausblick in die Wüste. Tgl. 6.30–15, 18.30–24 Uhr, Banyan Tree Al-Wadi, Wadi Al-Khadiya, 20 km südlich von Ras al-Khaimah-Stadt, E311 nach Norden, Ausfahrt 119, dann 7 km südlich, Tel. 07/206 77 77, www.banyantree.com

Frühstücksbuffet im »The Cove Rotana Hotel«

La Palmeraie. An westlichen Besuchern und Hotelgästen orientierte arabische Küche. Tgl. 7–24 Uhr, Golden Tulip Khatt Springs Hotel & Spa, Khatt Springs, 20 km südlich von Ras al-Khaimah-Stadt, Tel. 07/244 87 77, www.goldentulipkhattsprings.com

ÜBERNACHTEN

The Cove Rotana Resort. Arabisch inspiriertes Design, großzügige ausgestattete Zimmer und Villas mit Privatpool und Terrasse zur künstlich geschaffenen Lagune. Ras Al Khaimah, Tel. 07/206 60 00, www.rotana.com/thecoverotanaresort

EINKAUFEN

Manar Mall. Neben Boutiquen für Bekleidung auch Shops für Goldschmuck, Elektronika, Kosmetika und traditionelle Souvenirs sowie einem Carrefour-Supermarkt. Tgl. 10–22 Uhr, Al-Nakheel Road, www.manarmall.com

INFORMATION

RAK Tourist Information. Al-Jazira al-Hamra, Ras al-Khaimah, Tel. 07/244 51 25, www.rasalkhaimahtourism.com

Unterwegs auf dem Gelände des »Cove Rotana Hotels«

UMGEBUNG UND AUSFLÜGE

47 Fujairah
Hajargebirge und dunkel schimmernde Sandstrände

Landschaftlich das schönste der Emirate: Grüne Palmenhaine vor der Kulisse der steil aufragenden, kahlen Hajarberge, durch die eine alte und grandiose Bergstraße verläuft. Auf einer Tour entlang der Ostküste und durch Fujairah sieht man die älteste Moschee der Emirate und badet im Golf von Oman. Taucher wiederum finden hier eine artenreiche Unterwasserfauna- und flora.

Jahrtausendelang war der Gebirgszug der Hajarberge eine natürliche Barriere zwischen Ost- und Westküste der Musandam-Halbinsel. Auf einer Länge von über 80 Kilometern und einer Breite von 30 Kilometern reichen die Erhebungen bis zu 1000 Meter, dazwischen erstrecken sich tiefe Täler. Die erste befestigte Straße, die man zwischen Dubai/Sharjah und Fujairah durch das Gebirge baute,

Oben: Auch in Fujairah wurden neue Moscheen gebaut.
Unten: Menschenleerer Strand auf der Halbinsel Musandam

MAL EHRLICH
EINGESCHRÄNKTER BADESPASS
Fujairah ist ein Ziel für Badeurlauber, und die dortigen Hotels sorgen dafür, dass ihr jeweiliger Strandabschnitt makellos gepflegt ist. Während der Sommermonate – in denen jedoch ohnehin von einem Aufenthalt wegen der hohen Temperaturen von über 40 Grad abzuraten ist – kann es mitunter zu einer Belästigung durch einen roten Algenteppich (Red Tide) kommen. Darüber hinaus muss ganzjährig mit immer wieder auftretenden Verunreinigungen von Öl gerechnet werden – schließlich läuft die viel befahrene Tanker- und Frachterroute an der Ostküste entlang zur Straße von Hormuz.

Fujairah

stammt von 1976 und wird noch heute von Besuchern, die einen Eindruck von der kargen, majestätischen Umgebung bekommen wollen, benutzt.

Fujairah, das als Einziges der sieben Emirate an der Ostküste liegt, nimmt landschaftlich eine Sonderstellung ein und beeindruckt weniger durch Wüste als durch seine grandiose Natur. Die breiten Strände und die intakte Unterwasserwelt stellen zwar ein einzigartiges touristisches Potenzial dar, doch wurde dieses bislang eher wenig ausgeschöpft. Insgesamt 70 Kilometer Küstenlinie besitzt das Emirat im Osten der Halbinsel Musandam, immer wieder unterbrochen von sog. Exklaven, nämlich Land, das zu einem anderen Emirat, in diesem Falle Sharjah, gehört. Fujairah ist nur 1166 Quadratkilometer groß, umfasst damit weniger als zwei Prozent der Landesfläche der VAE – ein echtes Juwel mit intaktem Ökosystem.

Unterwegs im Emirat

Tourveranstalter bieten von Dubai, Sharjah und Abu Dhabi Tagesausflüge ins Emirat an, das – mit der Ausnahme von einigen schönen Strandhotels - sonst noch kaum von westlichen Touristen besucht wird. Eine hervorragende Gelegenheit, einmal den Glamour und die Weltgewandtheit der reichen Emirate gegen das bescheiden auftretende Fujairah einzutauschen. Stopp für alle Reisebusse ist die an der Küste südlich von Dibba beim kleinen Ort Bidyah liegende Al-Bidyah Mosque. Die älteste Moschee der Emirate stammt vermutlich aus der Mitte des 15. Jahrhunderts, ein berührendes Zeichen des islamischen Glaubens, auch weil das kleine, kaum mehr als 50 Quadratmeter große Gebäude von großer Schlichtheit gekennzeichnet ist. Welch ein Kontrast zu den heutigen, durch Superlative gekennzeichnete Prachtbauwerke der Emirate! Vier runde Kuppeln kennzeichnen das

AUTORENTIPP!

TAUCHEN UND SCHNORCHELN
Dubai und die VAE sind sicherlich kein Traumziel für Taucher wie etwa das Rote Meer oder Yucatán. Da die gesamte Westküste zu flach und sandig und deshalb ohne attraktive Unterwasserwelt ist, kommt höchstens das an der Ostküste gelegene Fujairah infrage. Die dort ansässigen Tauchzentren, oft in Hotels anzutreffen, bieten sowohl Unterricht und Verleih von Ausrüstung als auch geführte Tauchgänge. Die Sicht ist meist hervorragend und das Tauchrevier abwechslungsreich, auch *night dives* (nächtliche Tauchgänge) werden angeboten bzw. Touren ins omanische Musandam. Neben dem bei Tauchern beliebten Hotels in Al-Aqah ist das »Sandy Beach Motel« in Dibba eine sympathische und günstige Adresse; es spricht besonders Taucher und Schnorchler an, die über ein kleineres Budget verfügen.

Sandy Beach Motel. Dibba-Khorfakkan Road, Fujairah,
Tel. 09/244 55 55,
www.sandybm.com

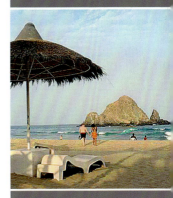

UMGEBUNG UND AUSFLÜGE

Dach der aus Natursteinen und Lehm erbauten und hell verputzten Moschee, hinter der graubraune Berge mit Wachtürmen aufragen.

Als Strandort punkten kann Fujairah in der 60 Kilometer nördlich der Hauptstadt gelegenen Kleinstadt Dibba. Dort reichen die Berge bis an die breiten, weißen und feinsandigen Strände heran, liegen mehrere Hotels, darunter auch luxuriöse Fünfsterne-Resorts wie das »Radisson Blu«.

Fotostopp Friday Market

Weithin bekannt ist der sogenannte Friday Market von Masafi, ein täglich stattfindender großer Markt entlang der alten Straße (E88) von Dubai/Sharjah an die Ostküste und nach Fujairah. Mittlerweile sind nicht mehr Emiratis die Verkäufer von Obst und Gemüse, Teppichen und Getränken, sondern Männer aus Bangladesch und Pakistan, Afghanistan und Indien. Man kann sich an den Ständen umschauen und frisches Obst kaufen, ein Glas süßen *chai* an einer der Teebuden trinken. Auch Weihrauch und Duftöle gibt es hier in großer Auswahl.

An der Straße von Masafi nach Fujairah-Stadt gelangt man unterwegs auch zu einer kleinen Oase, die eine sehenswerte Festung besitzt. Bithna Fort stammt aus dem Jahr 1745 und thront über Dattelpalmenhainen und Wadis. Tatsächlich errichtete man das Fort, um das für die damaligen Bewohner bedeutsame Wadi Ham zu schützen, das entlang der historischen Gebirgsroute liegt.

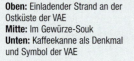

Oben: Einladender Strand an der Ostküste der VAE
Mitte: Im Gewürze-Souk
Unten: Kaffeekanne als Denkmal und Symbol der VAE

Alle Wege führen ins Museum

Fujairah-Stadt lohnt kaum einen längeren Besuch, und leider besitzt auch die Altstadt kaum historische Bauwerke, die in einem guten Zustand sind.

Fujairah

Mit dem Leihwagen unterwegs im Emirat

A Dibba – Hafenort, den sich zwei Emirate sowie Oman teilen; Ausgangsort für Bootstouren in die Buchten von Musandam

B Al-Aqah – Küstenstreifen, der berühmt ist für seine schönen, feinsandigen Strände und hervorragenden Tauchgründe; Adresse mehrerer gepflegter Strandhotels, darunter auch Fünfsterne-Resorts. Ein Wellness-Erlebnis der besonderen Art ist das edle Spa des Viersterne-Resorts »Fujairah Rotana Resort« mit Hamam (orientalischem Dampfbad) sowie mit der beliebten Beach Bar »Sharky's«. Al-Aqah Beach, 15 km südlich von Dibba, 45 km nördlich von Fujairah-Stadt, Tel. 09/244 98 88, www.rotana.com – Ansprechend ist auch das »Miramar Al-Aqah Beach Resort« im marokkanischen Stil mit orientalisch verspieltem Dekor. Al-Aqah, 15 km südlich von Dibba, 45 km nördlich von Fujairah-Stadt, Tel. 09/244 99 94, www.iberohotel.de

C Bidyah – Die älteste Moschee der Emirate ist ein lohnendes Ausflugsziel.

D Khorfakkan – Der größte Ort an der Ostküste gehört zu Sharjah und besitzt mehrere Hotels und eine sehenswerte Meerespromenade an der weit geschwungenen Bucht, an der auch Kreuzfahrtschiffe anlegen.

E Fujairah-Stadt – Eine nicht nur während der Sommermonate träge erscheinende Stadt, in der die

Fujairah Fort: großartige Festungsarchitektur

Geschäfte und das öffentliche Leben stets mit gebührender Ruhe getätigt werden. Das kann man auch beim Besuch in einem der einfachen Café-Restaurants beobachten, wo man herzlich empfangen wird, die Zubereitung eines Tees (*chai*) aber dauern kann.

F Bithnah Fort – Um das als Schutz zum angrenzenden Wadi Ham, durch das einst bedeutsame Karawanenstraßen führten, erbaute Fort ranken sich zahlreiche Legenden. Sa–Do 9–13 Uhr, Fr 14–18 Uhr, Eintritt 2 Dh, Al-Salam Road, Ecke Al-Kalla Road

G Masafi Friday Market – Kontrastprogamm zum Einkauf in den Konsumtempeln von Dubai und Abu Dhabi ist ein Besuch auf dem Straßenmarkt, wo man die Dinge bekommt, die man in der Region seit jeher zum Leben benötigte: Wasser, Datteln, Lebensmittel, Kochtöpfe und Gebetsteppiche. Heute werden zunehmend Souvenirs für Touristen angeboten.
Tgl. 8–21 Uhr, Al-Dhaid Road, Masafi, 34 km von Fujairah-Stadt

Bullenkampf in Fujairah

Einige wenige noch erhalten gebliebene Häuser aus Lehm wurden restauriert. Das Fujairah Museum besitzt eine sehenswerte Abteilung mit ethnografischen Ausstellungsstücken: landwirtschaftlichen und Haushaltgeräten, wie sie z.T. noch heute benutzt werden, sowie in der lokal verbreiteten Volksmedizin verwendete Heilkräuter; daneben sind auch über 4000 Jahre alte Ausgrabungsfunde zu bestaunen. Absolut sehenswert ist das in erhöhter Lage thronende alte Fort, ein gewaltiges Bollwerk von 1670 mit den Hajarbergen als Hintergrundkulisse. Es zählt zu den mächtigsten und bedeutendsten Forts der Ostküste.

Stierkämpfe auf arabisch

Eine nur in Fujairah (und in Oman) anzutreffende Besonderheit sind die hier ausgetragenen Stierkämpfe. Sogar einen eigenen *Bull Ring* (Stierkampfarena) gibt es, der an der südlichen Corniche liegt. Regelmäßig finden dort an Freitagnachmittagen etwa ein Dutzend Wettkämpfe statt, bei denen aus Indien stammende Brahmin-Rinder gegeneinander antreten – ohne Matador. Ein staubiges, spannendes Spektakel ohne Blutvergießen.

AUTORENTIPP!

ANREISE PER GLEITSCHIRM
Von Dibba sind es noch etwa 20 Kilometer in das auf der omanischen Seite liegende Fünfsternehotel an der Zighy Bay. Dies erreicht man auf spektakuläre Weise; an der Rezeption steigt man in einen hoteleigenen Jeep und erklimmt einen kahlen Bergrücken. Tief unten sieht man das Meer und das einsam gelegene Hotel. Abenteuerlustige können mit einem Tandem-Gleitflug zur Lobby schweben, während das Gepäck mit dem Jeep nachkommt. Das Hotel ist einzigartig, u.a. mit einem durch die Anlage verlaufenden Falaj-Kanal. Trotz der abgeschiedenen Lage wird einem nie langweilig, dafür sorgen das göttliche Spa mit arabischem Hamam und die maßgeschneiderten Exkursionen.

Six Senses Zighy Bay. Zighy Bay, Musandam, Oman,
Tel. 00968/26 73 55 55,
www.sixsenses.com

Fujairah

Infos und Adressen

SEHENSWÜRDIGKEITEN

Ain al-Madhab Gardens. Anschließend an das Heritage Village lockt die schöne und grüne, 50 Hektar große Parkanlage, deren Palmen und blühende Blumen von einer hier sprudelnden mineralhaltigen Quelle bewässert werden. Man trifft sich besonders an Wochenenden in den dortigen Cafés und an den Grill- und Picknickplätzen. Sa–Do 9–13, 16–19 Uhr, Fr 15–19 Uhr, Eintritt 5 Dh, nördliches Ende der Al-Ittihad Road

Bull Ring. Hier gibt es keine Preise zu gewinnen, denn nur die Tiere treten gegeneinander an. Fr ab 16 Uhr, Eintritt frei; südöstlicher Stadtrand zwischen Fujairah Corniche und Al-Muhail Road

Fujairah Museum. Sa–Do 8.30–13.30, 16.30–18.30 Uhr, Fr 14.30–18.30 Uhr, Eintritt 5 Dh; Al-Gurfa Street, Ecke Al-Nakheel Road, Fujairah

ESSEN UND TRINKEN

Sailor's Restaurant. Was man hier isst: am besten frisch gefangenen Hammour (eine Art Barsch) oder gegrillte Langusten. Anschließend gönnt man sich einen Drink in der Sailor's Strandbar. 12–23.30 Uhr, Hilton Hotel, Fujairah-Stadt, Beach Road, Tel. 09/222 24 11, www.hilton.de

ÜBERNACHTEN

Hilton Fujairah Resort. Beste Adresse der Stadt ist das am Meer und am dunkel leuchtenden Privatstrand gelegene Baderesort mit Baldachin-Strandliegen. Fujairah-Stadt, Beach Road, Tel. 09/222 24 11, www.hilton.de

Radisson Blu. Gegenwärtig das beste Hotel des Emirats, ein Fünfsternehaus in einem erfrischend kreativen Design, alle Zimmer mit Meerblick oder großen Veranden, hervorragendes Spa, mehrere Spitzenrestaurants, zwei Pools und 500 m Privatstrand. Dibba Beach, Tel. 09/244 97 00, www.radissonblu.com

INFORMATION

Fujairah Tourism Bureau. Fujairah Trade Centre, Hamad Bin Abdullah Road, 9. Etage, Tel. 09/223 15 54, www.fujairah-tourism.ae

Fujairah-Stadt

UMGEBUNG UND AUSFLÜGE

48 Ajman
Kleinstes der Emirate

Mit dem Ajman Museum, untergebracht im alten Fort, früher Wohnsitz des Emirs und heute Anlaufstelle für Reisebusse auf Besichtigungstour, besitzt das kleine Emirat ein kulturelles Highlight. Und mit dem »Kempinski Hotel Ajman« gleichzeitig ein äußerst schönes Strandhotel, das besonders während der Wintermonate Ziel von Europäern ist. Das auch die dortigen Ayurveda-Kuren vorzüglich sind, hat sich bis nach Indien herumgesprochen.

Etwa 22 Kilometer nördlich von Dubai liegt Ajman-Stadt, Hauptstadt des kleinsten Emirats der VAE zwischen Arabischem Golf und einem Meeresarm, arabisch Khor genannt. Es erstreckt sich von hier aus an einem 16 Kilometer breiten Küstenstreifen gen Süden und wird von Sharjah umschlossen. Der Tourismus steckt hier noch in den Kinderschuhen, und der schöne, naturbelassene Sandstrand wird nur von einigen wenigen Hotels eingenommen. Zu Ajman gehören außerdem noch die beiden Exklaven Manama, eine etwa 60 Kilometer östlich bei Al-Dhaid gelegene Oasensiedlung, in der Obst und Gemüse in großem Stil angebaut und an die anderen Emirate geliefert wird, sowie das 160 Kilometer südöstlich im Hajargebirge und nahe der Grenze zum Oman gelegene Masfoud, wertvoll für das Emirat wegen der dort sprudelnden mineralhaltigen Quelle.

Oben: Hotelstrand in Ajman
Unten: Ajman im Fort Museum

Unterwegs in der Hauptstadt

In Ajman-Stadt, wo mit 270 000 Menschen über 95 Prozent der Bevölkerung des Emirats leben, hat man Gelegenheit, unverfälschtes, provinzielles Leben der Emirate kennenzulernen. Man muss

Ajman

nicht besonders abenteuerlustig sein, um einmal einen der einfach aussehenden *Tea Shops* zu besuchen, wo Gastarbeiter aus Indien und Bangladesch ihren heißen und süßen Tee aus Pappbechern trinken und es überraschend köstlich schmeckende indische Snacks wie *samosas* (frittierte Zucchini und Kichererbsenbällchen) und *pakoras* (frittiertes Gemüse) für ein paar Dirham zu kaufen gibt. Da der hygienische Standard, wie überall im Lande, sehr gut ist und man auch als offensichtlich Fremder hier auf das Freundlichste und ohne jede Spur von Aufdringlichkeit behandelt wird, sollte man sich das ungewohnte Vergnügen einmal gönnen, hier einzukehren.

Ayurveda im »Kempinski«

Der gegenwärtige Emir, Sheikh Humaid Bin Rashid al-Nuaimi, lebt heute in einem neuen Palast am Meer unweit des »Kempinski Hotels«. Dieses ist nach wie vor das beste Hotel des Emirats, eine im arabischen Stil errichtete Herberge, die von der berühmten deutschen Hotelkette betrieben wird. Der Ruhm und die Heilerfolge der dortigen Ayurveda-Behandlungen sind bereits bis ins ferne Indien gedrungen, von wo einige der Therapeuten stammen und wo diese über 2000 Jahre alte Heilkunst ihre Wurzeln hat. Im Ayurveda werden Krankheiten als im Körper manifest gewordene energetische Störungen beschrieben, die man mittels medizinischer Kräuter, die man u.a. über Ölmassagen und -güsse auf die Haut und damit in den Körper des Patienten einbringt, heilt. Im »Ajman Kempinski« steht den Gästen ein ayurvedischer Arzt zur Verfügung, der diagnostiziert und einen Behandlungsplan aufstellt. Dazu gehören auch immer ein spezielles Ernährungsprogramm für mehr Lebensenergie sowie Yoga- und Meditationsübungen. Doch auch als reine Wellness-Massage ist Ayurveda wirksam.

Infos und Adressen

SEHENSWÜRDIGKEITEN
Ajman Museum. Das Museum in einem imposanten Fort birgt Exponate, die das traditionelle Leben anschaulich dokumentieren, inkl. nachgebauter *Suk*gasse. Sa–Do 9–13, 16–19 Uhr, Eintritt 5 Dh, Al Bustan, Aziz Sreet (beim Al-Hosn Roundabout), Tel. 06/742 38 24

ESSEN UND TRINKEN
Ajman Beach Hotel. Das mehrstöckige Dreisterne-Strandhotel ist eher schlicht, aber geschmackvoll gestaltet. Der Shuttlebus nach Dubai ist kostenlos. Ajman Corniche, Tel. 06/742 33 33, www.ajmanbeachhotel.com

Sabella's. Carpaccio als Antipasti, Penne mit grünem Spargel oder Saltimbocca: Man speist bei romantischem Kerzenlicht auf einer Terrasse am Meer. Mo–Sa 18.30–23.30 Uhr, Ajman Kempinski, Ajman Corniche, Tel. 06/714 55 55, www.kempinski-ajman.com

ÜBERNACHTUNG
Ajman Kempinski. Zwischen Palmen am weißen Sandstrand in herausragendem Kempinski-Standard. Von den Terrassen der Laguna Poolside-Zimmer gelangt man direkt zum Pool und zum Meer. Die Ayurveda-Anwendungen verleihen dem Hotel ein Alleinstellungsmerkmal. Ajman Corniche, Tel. 06/714 55 55, www.kempinski-ajman.com

INFORMATION
Ajman Tourism Development Department. Tel. 06/711 66 66, www.arabiantravelmarket.com

Oben: Fort in Umm al-Quwain
Unten: Freizeitvergnügen auf der Lagune von Ras al-Khaimah

UMGEBUNG UND AUSFLÜGE

49 Umm al-Quwain
Beschauliches Leben

Obwohl der Name des zweitkleinsten Emirats »Mutter zweier Kräfte« bedeutet, erfreut man sich heute augenscheinlich der relativen Bedeutungslosigkeit und genießt als Einheimischer das Leben in der Hauptstadt, deren Altstadt eher an ein großes Dorf erinnert. Besucher haben hier noch die Möglichkeit, mit Emiratis in Kontakt zu treten, die die beschaulichen Teebuden bevölkern und sogar im *Suk* verkaufen.

Besucher erleben eine Überraschung, wenn sie nach Umm al-Quwain-Stadt gelangen, befindet sich doch die Hauptstadt (55 000 Einwohner) auf einer zwölf Kilometer langen und einen Kilometer breiten Landzunge zwischen dem Arabischen Meer und der größten natürlichen Lagune des Landes, Khor al-Baydah. Im Osten wird die Lagune durch einige Inselchen und Sandbänke abgegrenzt, darunter Al-Siniyah, archäologischen Funden zufolge einst ein Siedlungsschwerpunkt von Umm al-Quwain. Obwohl in Umm al-Quwain Fauna und Flora noch kaum dokumentiert wurden, hat man die gesamte Lagune unter Naturschutz gestellt.

Lehmhäuser und enge Altstadtgassen

Die Altstadt mit ihren gewundenen, engen Gassen und zahlreichen älteren, z.T. vom Verfall bedrohten Lehmhäusern befindet sich am nördlichen Ende der Halbinsel. Wenn man selbst mit dem Auto unterwegs ist, parkt man am besten am Hafenbecken, welches man erreicht, wenn man an der Ostseite der Landzunge auf der Sheikh Ahmed Bin Rashid al-Moalla Road entlangfährt. Von hier

Umm al-Quwain

aus ist es nicht weit zum Museum. Dieses ist untergebracht in einem gewaltigen, von Lehmmauern umgebenen Fort von 1770. Auch wenn man bereits andere Museen mit ethnografischen Abteilungen in den Emiraten besichtigt hat, sollte man auch angesichts des niedrigen Eintrittspreises einen kurzen Rundgang durch die einzelnen Abteilungen unternehmen. Auf diese Weise gewinnt man ein Gefühl, wie sich das Emirat in den letzten Jahrzehnten entwickelt hat.

Palma Beach Hotel

Ein paar Querstraßen weiter am Meer gelegen, trifft man auf das bei westlichen Besuchern beliebte »Palma Beach Hotel«, das unbeschwerten Strandaufenthalt garantiert. Angeboten werden Kajakfahrten in die Lagune und diverse Wassersportmöglichkeiten. Südlich der Altstadt am Meer gelegen, gelangt man schließlich zu einer der wenigen in den Emiraten noch vorhandenen Dau-Werften. Hier entstehen nach wie vor traditionelle arabische Holzschiffe. Die Bezeichnung *Dau* (engl. *dhow*), so muss man wissen, ist nur ein im Ausland gebräuchlicher Oberbegriff für die unterschiedlichen Bootstypen, die in der Region gebaut wurden. Dazu gehören um die 40 Meter lange und *baghala* genannte Boote, hochseetüchtige Handelsschiffe mit bis zu drei Segeln. Gebräuchlicher sind heute die sogenannten Boom-Schiffe (abgeleitet von *alboom as-saffar*), die um die 30 Meter messen. Bei einem Besuch kann man ruhig einmal die dort arbeitenden Männer nach der jeweiligen Bezeichnung des Bootes, an dem gerade gearbeitet wird, fragen. Nördlich der Hauptstadt am Meer liegt Dreamland Aqua Park, ein 250 000 Quadratmeter großer Wasser- und Erlebnispark mit über 30 unterschiedlichen Attraktionen, Café-Restaurants und einer tropischen Bepflanzung. Tageweise können auch Bungalows gemietet werden.

Infos und Adressen

SEHENSWÜRDIGKEITEN
Umm al-Quwain Museum. Auch eine archäologische Abteilung wurde eingerichtet, in der Ausgrabungsfunde des Emirats ausgestellt sind. So–Do 8–13, 17–20 Uhr, Eintritt 5 Dh, Al-Lubna Road, Altstadt von Umm al-Quwain.

ESSEN UND TRINKEN
Palma Restaurant. Das einzige Restaurant in der Gegend, dafür aber Spitzenklasse: Im gleichnamigen »Palma Beach Hotel« lässt es sich in eleganter Atmosphäre schlemmen (siehe ÜBERNACHTEN).

ÜBERNACHTEN
Palma Beach Hotel. Wenn auch die ägyptische Dekoration mit Pharaonenbildern und Säulen etwas ungewöhnlich ist, so gefällt doch allen Gästen die große Bandbreite der hier buchbaren Wassersportmöglichkeiten und Exkursionen. Sogar Dinner Cruises mit einer *Dau* werden angeboten. Sheikh Ahmed Bin Rashid al-Moalla Road, Alhambra, Tel. 06/766 70 90, www.palmagroup.ae

AKTIVITÄTEN
Dreamland Aqua Park. Tgl. 10–20 Uhr, Fr ab 14 Uhr, Eintritt 135 Dh, Kinder bis 120 cm 85 Dh, Tel. 06/768 18 88, www.dreamlanduae.com

UMGEBUNG UND AUSFLÜGE

50 Musandam
Fjorde und glasklares Meer

An ihrem nördlichen Ende zeigt sich die Musandam-Halbinsel in ihrer ganzen Schönheit und präsentiert ein dramatisches Naturschauspiel: hohe, schroffe Gebirge und einsame Täler, Steilküste und Fjorde, die weit ins Land reichen, und nur mit dem Boot zugängliche Badebuchten. Übrigens handelt es sich beim »Norwegen Arabiens«, wie die Halbinsel gelegentlich genannt wird, um eine omanische Exklave.

Wer an grandioser Naturlandschaft und spektakulären Gebirgszügen seine Freude hat, wird Musandam als Ziel seiner Reise in die VAE nennen. Auch Taucher werden hier zufrieden sein. Musandam, die Region, die immer wieder als »Norwegen des Nahen Ostens« beschrieben wird, gehört neben den Liwa-Oasen zu den abgelegensten Gebieten der Region. Noch bis in die Neunzigerjahre des vergangenen Jahrhunderts war die Halbinsel, die in die Straße von Hormuz ragt, die am meisten befahrene Tankerstraße der Welt, militärisches Sperrgebiet. Heute bieten zahlreiche Reiseveranstalter in den VAE mehrtägige Touren nach Musandam an. Meist übernachtet man in der 14 000 Einwohner zählenden Hauptstadt Khasab, geprägt von ihrem Hafen und dem mächtigen portugiesischen Fort aus dem 16. Jahrhundert zwischen Bergen und Meer.

Halbinsel Musandam: eine einzigartige Fjord-Landschaft

Unterwegs in die Fjorde

Vielleicht startet man zuerst mit einer Ausflugstour in die Meeresarme mit einer der vielen am Hafen liegenden *Daus* (traditionelle Segelschiffe). Bekannt ist der bald 20 Kilometer lange Khor al-

Musandam

Mit dem Auto quer über die Halbinsel

Eine Tour nach Musandam kann man sowohl mit dem eigenen Mietwagen von Dubai oder Ras al-Khaimah aus unternehmen als auch beim Veranstalter buchen. Vor Ort, nämlich in der Hauptstadt Khasab, findet man zahlreiche Einheimische, die anbieten, mit ihrem Auto den Besucher herumzufahren, die Preise müssen stets vorher ausgehandelt und fest vereinbart werden. Auch in den Hotels können Touren gebucht werden, die dortigen Preise können z.B. als Ausgangsbasis für individuelle Verhandlungen dienen.

Ⓐ **Khasab** – Die Hauptstadt der omanischen Exklave Musandam besitzt einen geschäftigen Hafen, wo täglich morgens Schmuggler aus dem Iran Hauhaltswaren mitbringen sowie in Khasab einkaufen. Hier am Hafen kann man auch einen der Bootsführer ansprechen und einen Trip in die Fjorde vereinbaren. Sehenswert ist das im Stadtzentrum liegende Fort.

Das Minarett einer Moschee in Khasab

Ⓑ **Khor al-Shim** – Spektakuläre Landschaften und umfassende Stille kennzeichnen den bekanntesten und schönsten Fjord der Region.

Ⓒ **Golden Tulip Khasab Hotel and Resort** – Das gepflegte Mittelklassehotel ist das beste Hotel der Region, bietet Blick auf die Straße von Hormuz und die vielen dort vorbeifahrenden Tanker (s. Autorentipp, S. 268).

Ⓓ **Bukha Fort** – Das majestätisch an der Küste gelegene Fort aus dem 17. Jahrhundert ließ Saif Bin Sultan al-Ya'rub erbauen, der von 1692 bis 1709 regierte. Die restaurierte Festung sieht so unberührt aus, als hätte sie noch nie irgendwelche Angreifer gesehen. Dem Besucher bietet sie heute wie gestern fantastische Blicke auf die Berge und aufs Meer.

Ⓔ **Tibat** – Grenzübergang zu Ras al-Khaimah.

AUTORENTIPP!

MIT ROMANTISCHER AUSSICHTSTERRASSE

Grundsätzlich kann man an allem etwas zu kritisieren finden. Das trifft auch auf das »Golden Tulip Hotel« in Khasab zu. Bislang gibt es hier in diesem abgelegenen Winkel der Welt nur drei Hotels der unteren und mittleren Kategorie, und die meisten Besucher ziehen es vor, im »Golden Tulip« außerhalb auf einer Anhöhe zu übernachten. Die angekündigten »vier Sterne« entsprechen sicherlich eher Dreisterneniveau nach europäischem Standard, doch kann das sympathische Haus mit einer großartigen Restaurant-Terrasse über dem Meer aufwarten, von wo aus auch die karge Berglandschaft zum Greifen nahe ist. Auch das abendliche Buffet kann man genießen und die Freundlichkeit der Angestellten, die zwar keine Schweizer Hotelfachschule besucht haben, jedoch service-orientiert sind.

Golden Tulip Hotel and Resort.
Khasab, Musandam,
Tel. 00968/26 73 07 77,
E-Mail: qm@goldentulipkhasab.com
www.goldentulipkhasab.com

Musandam ist bekannt für seine Naturschönheiten

UMGEBUNG UND AUSFLÜGE

Shim, dessen nur auf dem Wasserweg zugängliche Welt man auf einer ganztägigen Bootstour kennenlernt. Badesachen sollte man dabeihaben, denn unterwegs gibt es nicht nur ein Mittagessen, sondern man steuert auch einige einsame und glasklare Badebuchten an. Ausgerüstet mit Schnorchel und Flossen kann man sehen, wie vielfältig die Fischwelt in dieser Region noch ist, mitunter sieht man kleinere Korallenriffe. Nahezu senkrecht fallen die bis ans Wasser reichenden, kahlen Felswände ab. Mitunter entdeckt man kleine abgelegene Fischerdörfchen.

Hoch hinaus

Am nächsten Tag sollte man sich eine Fahrt auf einer der Schotterstraßen in die Berge nicht entgehen lassen. Auch in Khasab bieten mehrere kleine Agenturen solche Fahrten mit geländegängigen Wagen an. Dabei haben sollte man ausreichend Trinkwasser sowie Trekkingschuhe und eine Kopfbedeckung. Besonders während der Sommermonate wird es hier brütend heiß, und die kahle Bergwelt scheint die Temperaturen noch aufzuheizen. Erst wenn man auf den steilen und schmalen Bergstraßen immer weiter nach oben kommt, kühlt es sich etwas ab. Unterwegs wird an immer neuen Aussichtspunkten angehalten, und es wäre schwer zu sagen, was mehr beeindruckt: Musandam vom Wasser aus oder aus der Höhe. Am besten, man beginnt gar nicht erst zu urteilen, sondern schaut und empfindet nur die großartige Schönheit des Ortes, an dem man sich befindet. Je höher man gelangt, desto weiter geht der Blick, bis man schließlich sogar die Straße von Hormuz erkennen kann, jene nur 30 Seemeilen breite Meerenge, die den Golf von Oman (Indischen Ozean) mit dem Arabischen Golf verbindet. Auf dem Rückweg passiert man einige kleine Bergsiedlungen, wo noch Halbnomaden leben.

Musandam

Infos und Adressen

SEHENSWÜRDIGKEITEN
Khasab Fort. Das restaurierte portugiesische Fort bietet einen herrlichen Blick auf die Stadt und die Palmenhaine. Sa–Do 9–16 Uhr, Fr 8–11 Uhr, Khasab, Tel. 00968/26 73 03 18

ESSEN UND TRINKEN
Dibba. Das Hotelrestaurant serviert seinen Gästen europäische und arabische Küche, auch im Rahmen von Frühstücks- und Abendbuffets. Wählen lässt sich auch unter vielen Pasta- und Risotto-Gerichten auch vegetarische Spezialitäten. Die Fischplatte ist eine besondere Gaumenfreude. 7–24 Uhr, Hotel Golden Tulip, Khasab,
Tel. 00968/26 73 07 77,
www.goldentulipkhasab.com

Khasab Hotel Restaurant. Bei schönem Wetter sitzt man am Pool und genießt die chinesische, indische und arabische Küche. Das Restaurant ist spezialisiert auf Meeresfrüchte und Fischspezialitäten und bietet eine Vielzahl frisch gepresster Früchte. 7–23 Uhr, Khasab Hotel, Khasab, Tel. 00968/26 73 02 67, www.khasabhotel.net

ÜBERNACHTEN
Esra Hotel Apartments. Preiswerte Apartments mit 1, 2 und 3 Schlafzimmern, Küche und Bad, zu buchen bei Khasab Travel & Tours, Khasab, Tel. 00968/26 73 04 64, www.khasabtours.com

Extra Divers Villa. Charmante Herberge für Individualisten und Tauchfreunde, im Zentrum von Khasab, nur 5 Autominuten vom Golden Tulip entfernt. Bei 6 Doppelzimmern (ca. 40 m²) und einem Einzelzimmer kommt man hier auf der großen Terrasse schnell ins Gespräch. Die von Thomas Whyssenbach geführte Tauchbasis ist von 8–18 Uhr geöffnet. Tel. 00968/26 73 05 01,
www.taucher.net

Hotel Khasab. Günstiges, einfach und zweckmäßig ausgestattetes Hotel mit großem, schönem Pool sowie Kinderspielplatz. Khasab,
Tel. 00968/26 73 02 67, www.khasabhotel.net

INFORMATION
Khasab Travel & Tours. Khasab,
Tel. 00968/26 73 04 64, www.khasabtours.com

Das Khasab Fort in Musandam

REISEINFOS

Dubai von A–Z
Fremdenverkehrsämter, Klima und
Reisezeit, Dubai im Internet   **272**

**Dubai und Emirate für
Kinder und Jugendliche**   **282**

Kleiner Sprachführer   **284**

Vorangehende Doppelseite: Jumeirah Beach mit Blick auf den Burj Al Arab
Oben: Deira in Dubai: seine klimatisierte Haltestelle
Mitte: Henna-Malereien
Unten: Wassertaxi am Dubai Creek

REISEINFOS

Dubai von A–Z

Anreise
Mit dem Flugzeug
Dubai lässt sich von Deutschland mit mehr als 70 Direktflügen wöchentlich erreichen. Empfehlenswert ist die Anreise mit Emirates Airways (www.emirates.com); die Airline mit Fünfsterne-Auszeichnung hat ihren Sitz in Dubai und gilt als eine der renommiertesten im internationalen Vergleich. Emirates fliegt von Frankfurt, München, Hamburg, Berlin, Düsseldorf und Zürich. Alternative ist Etihad Airways (www.etihadairways.com) aus Abu Dhabi, die nationale Fluggesellschaft der VAE, von München, Düsseldorf und Frankfurt nach Abu Dhabi (mit kostenlosem Bustransfer nach Dubai und Al-Ain). Air Berlin (www.airberlin.com) verkehrt von Berlin nach Dubai und Abu Dhabi, ebenso Lufthansa (www.lufthansa.com) von München und Frankfurt; Condor (www.condor.com) fliegt von Frankfurt nach Dubai, Swiss (www.swiss.com) von Zürich und Austrian Airlines (www.aua.com) von Wien nach Dubai.

Will man auf dem Weg nach Dubai oder Abu Dhabi ein Stopover in einer der Hauptstädte am Arabischen Golf einlegen, dann bieten sich Gulf Air (via Bahrain), Kuwait Airways (via Kuwait), Oman Air (via Muskat) und Qatar Airways (via Doha) an. Als Billigfluglinien bieten Air Arabia (www.airarabia.com) und Fly Dubai (www.flydubai.com) u.a. preiswerte Flüge innerhalb der Arabischen Halbinsel bzw. nach Indien, Bangladesch und zu Zielen in Afrika an.

Diplomatische Vertretungen

Deutsche Botschaft – Abu Dhabi, Towers at the Trade Centre, West Tower (14. Stock), Tel. 02/644 66 93, www.abu-dhabi.diplo.de

Dubai von A–Z

Deutsches Generalkonsulat – Dubai, Street 14A, Jumeirah I, Tel. 04/349 88 88, www.dubai.diplo.de
Österreichische Botschaft – Abu Dhabi, Al-Reem Island, Sky Tower, office no. 504, Tel. 02/694 49 99
Schweizerische Botschaft – Abu Dhabi, Dhabi Tower, 1. Stock, Sheikh Hamdan Street, Tel. 02/627 46 36

Shopping und Souvenirs

In Dubai wird dessen Name nicht ganz zu Unrecht oft auch als »Do buy«, nämlich der Aufforderung zu kaufen, interpretiert, dreht sich ein Großteil des Lebens ums Shopping. Heute sind es allerdings nicht mehr in erster Linie die traditionellen *Suks* (Ladengassen), die überdachten arabischen Einkaufspassagen, in denen die Produkte nach Ladengassen getrennt angeboten werden, sondern die Shopping Malls, in denen die Bevölkerung einkauft. In Dubai gibt es mittlerweile rund 50 dieser klimatisierten Einkaufswelten, die mit ihren Cafés, Restaurants und Kinos auch an den Wochenenden beliebte Ausgehziele sind. Günstig kauft, wer auf die immer wieder reduzierten Angebote und Waren achtet, denn obwohl in Dubai keine Steuern auf die Waren erhoben werden, sind z.B. die Verkaufspreise europäischer Luxusmarken wie Louis Vuitton höher als in Europa. Überwältigend ist das Angebot, in den großen Malls finden sich nahezu alle international bekannten Marken der Welt, oft in eigenen Läden und somit in großer Auswahl. Besonders lohnenswert ist die Schnäppchenjagd während des Dubai Shopping Festivals im Januar/Februar, wenn die Geschäfte ihre Preise um bis zu 50 Prozent reduzieren.

Ein überwältigendes Verkaufsangebot hält auch der »Dubai Duty Free Shop« bereit, neben den üblichen Kosmetika, Alkohol und Zigaretten gibt es Designerboutiquen, Geschäfte für Unterhaltungs-

Oben: Als Teil der kulturellen Identität trifft man immer wieder auf das Kamel.
Unten: Anregungen für kleine Geschenke gibt es reichlich.

REISEINFOS

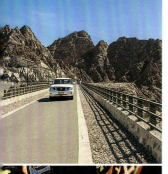

Oben: Unterwegs im Hajargebirge
Mitte: Auf den Desert Safari wird auch Kulturelles geboten.
Unten: Entspannen im »Barjeel Heritage Guest House«

elektronik, Juweliere, Leder- und Schreibwarenartikel, Sonnenbrillen und Sportartikel, auch Souvenirs (von Stoffkamelen über Wasserpfeifen bis hin zu Gourmet-Datteln). In der Region geschätzte Lebensmittel können vor dem Weiter- bzw. Heimflug hier ebenfalls frisch und ohne Probleme erworben werden.

Einreisebestimmungen

Dubai und die VAE bieten ein *visa on arrival* (Visum bei Ankunft): Deutsche, Österreicher und Schweizer erhalten bei der Einreise (Ankunft auf dem Flughafen) ein 30 Tage gültiges kostenloses Visum (in den Pass gestempelt). Der Reisepass muss noch bis sechs Monate nach der Ausreise aus den VAE gültig sein.

Elektrizität

220/240 Volt Wechselstrom; oft wird ein dreipoliger Adapter benötigt.

Feste/Feiertage

Der wöchentliche Feiertag ist der Freitag, das Wochenende erstreckt sich von Donnerstagnachmittag bis Samstagabend. Mit dem überall begeistert gefeierten **UAE National Day** wird der Staatsgründung am 2. Dezember 1971 gedacht. Im ganzen Land finden kulturelle Veranstaltungen statt, abends erleuchten opulente Feuerwerke den Himmel, und Flugzeuge malen Farben und *I love*-Botschaften in die Luft; dazu gibt es Autokorsos und Kamelrennen. Die hohen zwei- bis dreitägigen islamischen Feste **Eid al-Fitr** (2014: Ende Juli) und **Eid al-Adha** (2014: Anfang Okt.) entsprechen in ihrer Bedeutung dem christlichen Weihnachtsfest. Diese werden gemäß dem islamischen Kalender begangen (daher jedes Jahr elf Tage früher). Der

Dubai von A–Z

Fastenmonat Ramadan fällt 2014 in den Juli. Das **PGA-Golfturnier Dubai Desert Classic** (www.dubaidesertclassic.com) findet Anfang Februar statt, eines der bedeutendsten Sportereignisse der Region, zu dem die internationale Golfer-Elite anreist. Die **Dubai Tennis Championships** (www.dubaidutyfreechampion ships.com) werden in der zweiten Februarhälfte ausgetragen. Der **Dubai World Cup** (www.dubaiworldcup.com), das höchstdotierte Pferderennen der Welt und ein großes gesellschaftliches Ereignis in Dubai und den VAE, findet in der zweiten Märzhälfte statt.
Die Formel 1 wiederum kommt zum **Abu Dhabi Grand Prix** im November nach Abu Dhabi (www.yasmarinacircuit.com). Alle Veranstaltungen mit genauen Terminen und Veranstaltungsorten sind veröffentlicht unter www.dubai.calender.ae bzw. auf der Homepage des Dubai Department of Tourism and Commerce Marketing (www.dubaitourism.ae).

Fotografieren

Hafenanlagen, militärische Einrichtungen und Flughäfen dürfen nicht fotografiert werden. Bei Palästen der Herrscher fragt man zuvor die Wache. Muslimische Frauen dürfen auf keinen Fall fotografiert werden!

Fremdenverkehrsämter

Dubai Department of Tourism – Bockenheimer Landstr. 23, 60325 Frankfurt/Main, Tel. 069/710 00 20, www.dubaitourism.ae
Abu Dhabi Tourism & Culture Authority – Goethestr. 27, 60313 Frankfurt/M., Tel. 069/299 25 39 20, www.visitabudhabi.ae
Sharjah Tourism Authority – Fasanenstr. 2, 25462 Rellingen, Tel. 04101/370 92 40, www.sharjah-welcome.com

Oben: »Hyatt Hotel« auf dem Gelände des Dubai Creek Golf und Yacht Club
Unten: Angestellter im »Dubai Heritage and Diving Village«

REISEINFOS

Geld/Währung

Die Währung der VAE ist der Dirham, abgekürzt Dh und AED, unterteilt in 100 Fils. Der feste Kurs zum US-Dollar ist 3,67 Dh. Kreditkarten werden fast überall akzeptiert, auch im Schnellrestaurant und Autobahnshop. Geldautomaten befinden sich in Einkaufszenten und an jeder Ecke. Wer Bargeld wechseln will, geht zum *money exchange*.

Inlandsflüge

Die private Fluggesellschaft Rotana Jet (www.rotanajet.com) betreibt den Inlandsflugverkehr. Sie fliegt von den Flughäfen Abu Dhabi International Airport und Al-Bateen Airport (Stadtflughafen von Abu Dhabi) zur Insel Sir Bani Yas, nach Fujairah und Al-Ain; Tickets kosten 150–250 Dh.

Internet

www.dubaicityguide.com – Die private Webseite mit Werbung führt zu Sehenswürdigkeiten im Emirat Dubai, enthält praktische Hinweise und aktuelle Nachrichten.
www.dubaitourism.ae – Umfassender Auftritt des Department of Tourism von Dubai mit Hotelbuchungsmöglichkeit
www.uaeinteract.com – Offizielle Webseite der Vereinigten Arabischen Emirate mit aktuellen Nachrichten (auch auf Deutsch)
www.visitabudhabi.ae – Offizielle Webseite der Tourismusbehörde des Emirats Abu Dhabi mit zahlreichen praktischen Hinweisen

Kleidung

Optimal ist weite Baumwoll- bzw. Leinenkleidung; alles was eng, kurz oder gar durchsichtig ist, sollte man zu Hause lassen. Kurze Hosen bzw. Röcke

Oben: Großartiger Jumeirah Beach
Mitte: Araberin mit Burka-Gesichtsmaske
Unten: Straßenszene am Dubai Marina JBR The Walk

Dubai von A–Z

sind ebenfalls nicht das Richtige, wenn man sich außerhalb des Hotels und auf Besichtigungstour befindet, auch wenn man des Öfteren sieht, dass Westler leicht bekleidet unterwegs sind. In teureren Restaurants und Hotels herrscht Dresscode, d.h. Damen tragen Kleid oder Tuchhosen, Herren haben ein Jackett dabei bzw. ein Oberhemd mit langen Ärmeln. Restaurants, Hotels und Shopping Malls sind stets auf unter 20 °C gekühlt, sodass man eine Jacke bzw. ein Schultertuch dabeihaben sollte, wenn man in den VAE unterwegs ist. Aufgrund der ganzjährig hohen Sonneneinstrahlung gehört ins Tagesgepäck auch eine Kopfbedeckung.

Klima & Reisezeit

Von Mai bis September steigen die Temperaturen auf über 40 °C; selbst bei den preiswerten *summer surprises* (sogenannte Sommerüberraschungen, d.h. Rabatt-Aktionen von Hotels und Geschäften, Veranstaltungen), die in Dubai angeboten werden, macht der Aufenthalt nicht viel Spaß, da man meist im Hotel und in den klimatisierten Shopping Malls bleibt. Von Oktober bis April herrschen angenehme Temperaturen zwischen 20 und 30 °C.

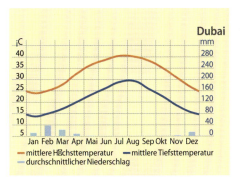

Oben: Stolzer *National* im Dubai Cruise Terminal, dem Kreuzfahrthafen von Dubai
Mitte: Ausgiebige Bewässerung lässt Blumen erblühen.
Unten: Perlenketten in großer Auswahl im Blue Souk von Sharjah

REISEINFOS

Medizinische Versorgung

Der Standard der ärztlichen Versorgung ist hoch, die im Ausland ausgebildeten Ärzte sprechen Englisch. Deutschsprachige Arztpraxen und Kliniken sind in Dubai vorhanden. Es empfiehlt sich eine Reisekrankenversicherung.

Mietwagen

Die VAE verfügen über ein gut ausgebautes Straßennetz und vielspurige Autobahnen mit guter (auch englischsprachiger) Beschilderung. Wer in Dubai-Stadt bleibt, benötigt keinen Leihwagen, dort (und auf dem Weg von Dubai nach Sharjah) steht man zudem meist im Stau. In den VAE reicht ein nationaler Führerschein aus. Einen Kleinwagen gibt es ab 200 Euro pro Woche, ein Liter Benzin kostet 25–30 Euro-Cent. In die Wüste sollte man nur mit Geländewagen mit Allradantrieb und nur mit zwei Autos gemeinsam fahren.

Notrufnummern

Polizei: Tel. 999
Feuerwehr: Tel. 997
Ambulanz: 998

Öffentlicher Nahverkehr

Abra – *Abras*, so heißen in Dubai die kleinen hölzernen Fährboote für 20 Passagiere und mit Dieselmotor, die von Anlegestellen auf der Deira-Seite über den Creek zu Anlegern auf der Bur Dubai-Seite verkehren. Die Abfahrt erfolgt, wenn ein Boot voll besetzt ist, ca. alle fünf Minuten. Die Überfahrt (1 Dh) dauert 7–9 Minuten.
Fernbus – Überlandbusse verkehren von Abu Dhabi nach Dubai, Al-Ain und Madinat Zayed (Emirates Express). Von Dubai fahren die Inter-Emirates-

Oben: »Atlantis« in Sicht – das Hotel gehört zu den Superlativen der VAE
Mitte: Je niedriger die Zahl, desto bedeutender ist der Fahrer (in der Regel).
Unten: Ein vorzügliches Verkehrsmittel in Dubai ist die Metro.

Dubai von A–Z

Busse der RTA (www.rta.ae) in alle anderen Emirate sowie nach Hatta und Al-Ain. Die Fahrpreise liegen zwischen 5–25 Dh. Abfahrt ist (fast) stündlich. Die Busbahnhöfe Al-Ghubaiba in Bur Dubai und Union Square in Deira sind auch mit der Metro zu erreichen.

Metro – Seit 2009 verkehrt in Dubai eine fahrerlose Metro. Die Red Line erstreckt sich von Jebel Ali im Süden bis zum Flughafen, die Green Line in einem Ost-West-Bogen durch die Stadt (zusammen 76 km). Auf dem größten Teil der Strecke fährt die Bahn auf einem 4–6 Meter hohen Viadukt, nur wenige Abschnitte verlaufen (in Deira) unterirdisch. Eine Fahrt kostet – je nach Zone – 1,80–6,50 Dh. Tickets (Nol Card) gibt es an Automaten und am Schalter. Eine Red Nol (2 Dh plus Preis für die Zone) kauft man bei einer Einzelfahrt, eine Silver Nol (2 Dh inkl. 14 Dh Guthaben) für mehrere Fahrten. Eine Tageskarte kostet 14 Dh. Die Nol Card gilt auch für Busse und den Waterbus (www.dubaimetro.ae).

Stadtbus – In den Städten Abu Dhabi, Dubai und Sharjah verkehren Stadtbusse, die Preise liegen bei 2–3 Dh pro Fahrt. In Dubai gibt es Tickets (Nol Card) an Automaten; eine einzelne Fahrt (Red Nol) kostet 2 Dh plus Preis für die Zone, kürzeste Zone 1,80 Dh); dieses Ticket kann zehn Mal (einzeln) wieder aufgeladen werden. Die Nol Card gilt auch für die Metro, dort ist sie auch am Schalter erhältlich. Eine Silver Nol kostet 20 Dh, davon 14 Dh Guthaben für Fahrten, und kann bis 500 Dh wieder aufgeladen werden (www.rta.ae).

Waterbus – Eine klimatisierte Fähre für 36 Passagiere verkehrt auf dem Meeresarm von Dubai (Dubai Creek) zwischen fünf Stationen der Stadtteile Bur Dubai und Deira. Eine Fahrt dauert etwa 15 Minuten und kostet 2 Dh; die Nol Card lässt sich hier auch einsetzen (www.rta.ae).

Water Taxi – Etwa 25 Anlegestellen für Wassertaxis liegen am Creek und an der Küste von Dubai.

Oben: Gondeln gegenüber dem Creek Golf & Yacht Club
Mitte: In der Dubai Metro ist die Orientierung kinderleicht.
Unten: Mit dem Wassertaxi wird jede Fahrt zum Vergnügen.

REISEINFOS

Man ruft sie unter Tel. 800 90 90, eine Fahrt kostet zwischen 100 und 600 Dh (www.rta.ae).
Taxi – Dubai: Zu der Grundgebühr von 3 Dh (25 Dh ab Hafen, Flughafen und nach Sharjah) kommen 1,60 Dh pro Kilometer hinzu; minimaler Fahrpreis ist 10 Dh. Das Ladys Taxi nur für Frauen, erkennbar am rosaroten Dach und einer Fahrerin, 6 Dh und 1,60 Dh pro Kilometer. Sharjah hat ähnliche Taxipreise, in Abu Dhabi ist das Taxifahren noch billiger.

Ramadan

Der Monat Ramadan ist Muslimen heilig. Tagsüber, von Sonnenaufgang bis -untergang, wird gefastet. Essen, Trinken, Rauchen und Vergnügungen sind dann nicht erlaubt. Erst mit Sonnenuntergang erwacht das Leben, und oft wird dann in speziellen Zelten zu Abend gegessen. Restaurants und Geschäfte sind tagsüber geschlossen. In Hotelrestaurants essen Touristen hinter einem Paravent oder Vorhang. Es ist kein großer Spaß, in dieser Zeit zu reisen; wer in der Hitze in der Öffentlichkeit einen Schluck Wasser trinkt, wird schief angesehen und auch angesprochen.

Sicherheit

Man kann sich in Dubai und den VAE überall sicher fühlen. Eigentumsdelikte, Betrug, Einbruch in den Mietwagen und sonstige Kleinkriminalität sind in den VAE äußerst selten.

Übernachten

Neben dem Luxushotel »Burj Al Arab« in Dubai und »Emirates Palace« in Abu Dhabi, die selbst schon einen Rang als Sehenswürdigkeit haben, gibt es ein sehr großes Angebot an Hotels aller Preisklassen. Außergewöhnlich sind eine Reihe von

Oben: Mit einer traditionellen Abra, dem günstigen Wassertaxi, geht es schnell über den Dubai Creek.
Mitte: Im »Bab al-Shams« legt man Wert auf jedes Detail.
Unten: Mit Halbedelsteinen versehene Säulen in der Sheikh Zayed Grand Mosque

Dubai von A–Z

luxuriösen Wüstenhotels; zu ihnen zählen das »Bab al-Shams« in Dubai, das »Qasr al-Sarab« in Abu Dhabi und das »Banyan Tree« in Ras al-Khaimah. Im Fünfsternebereich sind alle internationalen Hotelketten vertreten.

Telefon

Die VAE-Telefongesellschaft Etisalat (www.etisalat.ae) bietet am Flughafen und in ihren Filialen eine Prepaid-SIM-Karte für Besucher (80–100 Dh inklusive Guthaben).

Vorwahlen in den VAE

Abu Dhabi 02
Ajman 06
Al-Ain 03
Dubai 04
Fujairah 09
Ras al-Khaimah 07
Sharjah 06
Umm al-Quwain 06

Trinkgeld

In der Restaurantrechnung sind 10 Prozent Service enthalten. Da dieser Betrag dem Personal jedoch nicht zugute kommt, rundet man ein wenig auf. Zimmermädchen erwarten 5–10 Dh pro Nacht, Gepäckträger 5 Dh pro Stück, Taxifahrer erhalten kein Trinkgeld, jedoch wird aufgerundet.

Zoll

Freizügige Bebilderung in Zeitschriften führen manchmal dazu, dass diese einbehalten werden. 400 Zigaretten sowie 4 Liter Wein oder Spirituosen dürfen eingeführt werden, nicht jedoch nach Sharjah.

Oben: Köstliche arabische Vorspeise genießt man überall in den VAE.
Mitte: Noch warm und frisch aus dem Holzofen: eine wahre Delikatesse
Unten: Leichte Kost wird vor allem tagsüber bevorzugt.

Dubai und Emirate für Kinder und Jugendliche

ERLEBEN

Dubai Kartdrome. Der 1,2 km lange Rundkurs mit 17 Kurven, einem Tunnel und einer Brücke ist der richtige Einstieg ins Vergnügen Kartfahren. Tgl. 10–22 Uhr; 110 Dh (ab 7 Jahre) für 15 Minuten; Arabian Ranches R/A, Dubai Motor City, Sheikh Mohammed Bin Zayed Hwy. (Emirates Road, E311), Ausfahrt Motor City, www.dubaikarting.com

Ferrari World. Highlight besonders für autobegeisterte Jungen und Jugendliche, die Spaß haben an Achterbahnfahrten und waghalsigen Fahrgeschäften mit Ferrari-Thematik. Di–Do 11–20 Uhr. 235 Dh (Besucher über 130 cm Körpergröße), 195 Dh (Besucher unter 130 cm Körpergröße), Abu Dhabi, Yas Island, www.ferrariworldabudhabi.com

Einheimische Mädchen in farbenfroher Tracht

Iceland Waterpark. Nach Aquaventure und Wild Wadi in Dubai, dem Yas Waterworld in Abu Dhabi und dem Dreamland Aquapark in Umm al-Quwain ist der größte Wasserpark im nördlichsten Emirat entstanden. Weniger spektakulär und edel in der Aufmachung, dafür auch weniger überfüllt und mit günstigeren Preisen und mit genug Action und Wasserrutschen, um Kinder in Atem zu halten. Mi 10–19 Uhr, Fr 10–18 Uhr, Do, Sa 10–20 Uhr, 150 Dh, Kinder (bis 120 cm Körpergröße 100 Dh, Kinder (bis 80 cm) frei, E11 (zwischen Al-Hamra Village und Mina al-Arab, Ras al-Khaimah; www.icelandwaterpark.com

Ski Dubai. Wenn in Dubai schlechtes Wetter herrscht, d.h. es draußen zu heiß ist, vergnügen sich die Kids bei einer Schneeballschlacht und beim Rodeln in einer Winterwunderwelt auf 22 000 m² und mit fünf Skipisten. So–Mi 10–23 Uhr, Do 10–24 Uhr, Fr 9–24 Uhr, Sa 9–23 Uhr; 200 Dh, Kinder 200 Dh (2 Std.), 300 Dh, Kinder (bis 12 J.) 275 Dh (ganztags); Sheikh Zayed Road, Interchange 4, Al-Barsha (neben Mall of the Emirates), Metro: Mall of the Emirates, www.playmania.com/skidubai

Wadi Adventure. Ein Wasserpark mit zwei Seen, einem Fluss, auf dem man Kajak und Floßfahrten unternimmt und der mit künstlichen Stromschnellen für gewissen Nervenkitzel sorgt. Ältere Kinder freuen sich am Surfpool und an den Ziplines, den Drahtseilkabeln und der Kletterwand. Sa, So, Di, Mi 12–23 Uhr, Fr bis 24 Uhr, Mo geschl., 100 Dh, Kinder (bis 120 cm) 50 Dh, Familien 200 Dh, Ain al-Fayda Road, südl. der Stadt am Fuß des Jebel Hafeet, www.wadiadventure.ae

Wild Wadi. Freien und wiederholten Eintritt genießen Kinder und Jugendliche, wenn deren Eltern in einem der benachbarten Jumeirah-Hotels wohnen: ein auch architektonisch sehr ansprechender, im Stil einer Wüstenlandschaft gestalteter Wasserpark mit diversen Wasserrutschen und Vergnügungen, die einen halben Tag beschäftigen können. Beliebt auch bei Erwachsenen. Eintritt 235 Dh, Kinder (bis 110 cm Körpergröße) 175 Dh, Nov.–Febr. 10–18 Uhr, Sept., Okt., März–Mai 10–19 Uhr, Juni–Aug. 10–20 Uhr, Jumeirah Road, Jumeirah (neben dem Burj Al Arab), Dubai, Tel. 04/348 44 44, www.jumeirah.com

MUSEEN

Sharjah Discovery Centre. Auf einer Fläche von 4000 m² sind diverse Themenbereiche aufgebaut, in der Kinder experimentieren, spielen, sich austoben können. Neben Bauen und Basteln sind auch die Bereiche Sport und Verkehr, Sinne und Wasser vertreten. So–Do 8–14 Uhr, Fr, Sa 16–20 Uhr, 10 Dh, Kinder (3–16 Jahre) 5 Dh, Al-Dhaid Road (Airport Road, E88), neben dem

Dubai von A–Z

Wissenschaftsmuseum, gegenüber dem Flughafen; www.sharjahmuseums.ae

Sharjah Science Museum. Seit 1996 bietet das Wissenschaftsmuseum inzwischen über 50 interaktive Screens, die Groß und Klein inspirieren, darunter Experimente und visuelle Illusionen zur Erforschung des Phänomens Farbe, Flugzeugtechnik, Kryotechnik und Physiologie. In der Kinderecke können die ganz Kleinen ihren neugierigen Blick auf die Welt schärfen. So–Di 8–14 Uhr, Fr–Sa 16–20 Uhr, Kinder (3–17 Jahre) 5 Dh, Erwachsene (ab 18 Jahre) 10 Dh, Tel. 06/566 87 77, www.sharjahmuseums.ae

LERNEN

Children's City. Vom Kleinkind bis zu Jugendlichen gibt es hier garantiert Spaß, Unterhaltung und Action bei didaktisch aufbereiteten Spielen und Workshops in einem 8000 m² großen Indoor-Themenpark. Und anschließend gibt es mit den Eltern einen langen Spaziergang durch den herrlichen Creekside Park. Sa–Do 9–20 Uhr, Fr 15–20 Uhr, 15 Dh, Kinder 10 Dh; Creekside Park, Gate 1, Metro Al-Jadaf, Dubai, www.childrencity.ae

Kidzania. Dieser Indoor-Themenpark ist eine Welt für Kinder, in der diese in die Berufsrollen der Erwachsenen schlüpfen können, in ein Flugzeug steigen oder als Verkäuferinnen Brot und Milch verkaufen, im Krankenhaus arbeiten und Busschaffner sind. Auch für die ganz Kleinen gibt es Spielmöglichkeiten. So–Mi 9–21 Uhr, Do 9–23 Uhr, Fr, Sa 10–23 Uhr; 95 Dh, Kinder (4–16 Jahre) 140 Dh, Kinder (2–3 Jahre) 95 Dh; Dubai Mall, Ebene 2, Downtown Dubai, Financial Centre Road (Doha Road), ab Sheikh Zayed Road, Interchange 1, Dubai, Metro: Dubai Mall/Burj Khalifa; www.kidzania.ae

TIERE

Al-Ain Zoo & Aquarium. Ein Muss für Familien, die in der Oasenstadt unterwegs sind: der schönste Zoo der Emirate. Okt.–April tgl. 9–20 Uhr, Mai–Sept. 16–22 Uhr; 15 Dh, Kinder (3–12 Jahre) 5 Dh, Al-Ain, Zayed al-Awwal R/A, www.awpr.ae

Sharjah Desert Park. Für Kinder ein ganz besonderes Erlebnis, weil sie hier die Tiere der Wüste zum Anfassen nahe betrachten können. Mo, Mi, So 9–18 Uhr, Fr 14–18 Uhr, Sa 11–18 Uhr, Di geschl., 15 Dh, Kinder (12–16 Jahre) 5 Dh, Kinder (bis 11 Jahre) frei; Al-Dhaid Road (Airport Road, E88), Interchange 9, 25 km östlich Sharjah-Stadt, www.breedingcentressharjah.com

Interaktiv: im Sharjah Desert Park Natural History Museum

REGISTER

Abras 9, 30, 50, 112, 287
Abu Dhabi Corniche 141, 148f.
Abu Dhabi Heritage Village 141, 160
Ain Al-Madhab Gardens 261
Ajman 205, 263f.
Ajman Museum 263
Al Aqah 259
Al Ghouss (Freilichtmuseum) 46
Al Maha Desert Resort 23
Al Maha Resort 214
Al Turath (Beduinendorf) 45
Al-Ahmadiya School (Koranschule) 88f., 93
Al-Ain 205, 230f.
Al-Ain Al-Fayda Chalets Hotel 233
Al-Ain Lifestock Market 233
Al-Ain Oasis 233
Al-Ain Palace Museum 233
Al-Ain Zoo & Aquarium 233, 234, 283
Al-Badia Golf Club 209
Al-Esla Schulmuseum 195
Al-Fahidi Fort 38f.
Al-Falayah Fort 253
Al-Jahili Fort 233
Al-Jazira al-Hamra Village 253
Al-Jimi Oase 233
Al-Khor Corniche 79, 80f.
Al-Mahara (Fischrestaurant) 110
Al-Qasba Musical Fountain 184
Al-Qattara Oase 233
Al-Shindaga 44

Altes Fort Ras al-Kaimah 251
Ambassador Lagoon 124
Amouage 45
Anantara Al-Saheel Villas 246
Ando, Tadao 172
Antilopen, Weiße 242
Aquaventure 99, 122f., 124
Arabian Tea House 34
Arada 241
Armani, Giorgio 68
Assawan Spa & Health Club 111
At the Top 66, 69
At.mosphere 67
Atlantis 99, 122f.
Ave Gallery 36
Ayurveda-Kuren 262

Bait al-Naboodah 185
Ballonfahrten 235
Banyan Tree Al Wadi 251, 252
Banyan Tree Beach Club 253
Barakat Gallery 159
Bastakiya 30
Bastakiyah Nights (Restaurant) 33, 35
Bayan Tree Al-Wadi 23
Baynunah Towers 151
Beduinen-Schmuck 31
Bidyah 259
Big Red 215
Bithnah Fort 259
Blue Souk 199
Bogenschießen 216
Breakwater 151
Breakwater Local Café 161
Buddha-Bar 127
Bukha Fort 267

Bull Ring 261
Bur Dubai 29ff.
Bur Dubai Heritage Village 29, 44f., 49
Bur Dubai Old Souk 43
Bur Juman Centre 22
Burj Al Arab 6, 99, 103, 108
Burj Khalifa 6, 27, 55, 59, 66f.
Burj Khalifa Lake 64
Burj Nahar 93

Children's City 283
Chillout Lounge 61
Cleopatra`s Spa & Wellness 60
Corniche Beach 151
Creekside Park 49
Cultural Foundation 141, 164

Datteln 86
Daus 29, 50, 80, 130, 187, 254
Deira 79ff.
Deira City Centre 22
Deira Heritage House 91
Deira Old Souk 79, 84f.
Desert Palm Hotel 210
Dibba 259
DIFC Dubai International Financial Centre 58
Digdagga 253
101 Dining Lounge and Bar 117
Diving Village 29, 44f., 49
Downtown Dubai (Flanierviertel) 64
Dragon Mart 210
Dreamland Aqua Park 265

Dubai Aquarium & Underwater Zoo 70, 73
Dubai Country Club 215
Dubai Creek 6, 29, 50f.
Dubai Creek Gold & Yacht Club 79, 96f.
Dubai Desert Conservation Reserve 215
Dubai Fountain Lake 64, 65
Dubai Grand Mosque 40, 43
Dubai International Boat Show 131
Dubai International Film Festival 114
Dubai Kartdrome 282
Dubai Mall 6, 22, 55, 70f.
Dubai Marina 59, 99, 126f.
Dubai Marina Yacht Club 131
Dubai Municipality Museum 53
Dubai Museum 6, 29, 37, 40f., 43
Dubai Outlet Mall 207
Dubai Shopping-Festival 46
Dubai World Cup 223
Dubai World Trade Centre 59, 62
Dubailand 205
DWTC Tower 58

Emirates National Auto Museum 239
Emirates Palace 7, 141, 151, 156f.
Emirates Towers 56f., 59
Etihad Towers 151, 153
Etisalat Tower 82
Eye of the Emirates 183

Falaj-Kanäle 228
Falkenhospital 141, 176
Ferrari World 166f., 282
Festival City 205
Financial District 59
Fjorde 266
Fort Al-Hisn 195
Fort Attab 240
Fossil Rock 215
Fossilien 202
Foster, Sir Norman 172
Fujairah 205, 256f.
Fujairah Museum 261

Galleria Shopping Mall 83
Gateway Towers Station 103, 120
Gazellen 244
Gehry, Frank 172
Global Village 207
Gold & Diamond Park 56
Gold Souk 72, 79, 94f.
Golden Tulip Khasab Hotel & Resort 267
Grand Cinecity 89
Green Mubazzarah Resort 233, 236

Hadid, Zaha 172
Hajar-Gebirge 226, 256
Hamim 241
Hamra Fort Hotel & Beach Resort 253
Hatta Fort Hotel 205, 228, 229
Hatta, Gräber von 40
Haus von Sayed Mohammed Sharif Al-Ulama 33, 35
Heritage Area Sharjah 7, 181, 192
Hill Fun City 233

Historisches Deira 79, 88f.
Hormuz, Straße von 186, 256
Hotel Yas Viceroy 167, 169
Ibn Battuta Mall 22, 59
Iceland Waterpark 282

JBR Walk 99, 134f.
Jebel Ali Golf Resort & Spa 104
Jebel Hafeet Road 233
Jumeirah Archeological Site 100
Jumeirah Beach 99, 100f., 103
Jumeirah Beach Residence 136
Jumeirah Lake Towers 59
Jumeirah Mosque 41, 102ff.

Kamelmarkt Al-Ain 234
Kameltrekking 216
Khalifa Bridge 173
Khasab 267
Khatt Springs 253
Khor al-Baydah 264
Khor al-Khalid 198
Khor al-Shim 267
Khorfakkan 186, 259
Kidzania 283
Kuba-Flamingos 220

Lehmhäuser 88, 264
Links Golf Course 169
Liwa Oasen 7, 205, 241, 238f.

Madinat Jumeirah 99, 103, 112, 115
Majlis al-Midfa 195
Majlis Gallery 33

REGISTER

Majlis Ghorfat Umm al-Sheif 103, 106
Mall of the Emirates 22, 55, 59, 74f., 77
Manar Mall 255
Manarat Al-Saadiyat 174
Mangosaft 51
Mangrovenwälder 221
Maraya Art Centre 184
Marina Mall 129, 133
Marina Market 134
Marina Restaurant Pavilion 209
Marina Torch 128
Masafi Friday Market 259
Masdar City 141
Mercato Mall 102, 103
Meydan City 206
Mezirah 241
Monorail 103, 120
Moreeb-Dünen 240
Motor City 206
Musandam 205, 266
Muscum of Islamic Civilization 181, 188f.

Naif Fort 93
Naif Tower Police Museum 93
Neos 67
Noukhada 169
Nouvel, Jean 172

Observation Deck 68
Om Namo Shivaja 39
Oman 227
One & Only Royal Image 23
Oryx-Antilopen 217

Palm Jumeirah 7
Palm Strip Shopping Mall 103
Palma Beach Hotel 265
Park Hyatt 23
Perlfischerei 27, 44
Pferderennen 222
Philately House 33, 35

Qanat al-Qasba 182
Qasr Al-Sarab 23, 241
Qatuf Fort 241

Raffles Hotel 61
Ramadan 280
Ras al-Kaimah 205, 250f.
Ras al-Khor Wildlife Sanctuary 205, 220f.
Ritz Carlton DIFC 60
Rolex-Tower 80
Royal Mirage 100, 105
Rub al-Khali 239

Saadiyat Island 141, 157, 172ff.
Safari 246
Sandy Beach Motel 257
Schnorcheln 257
Shangri-La Qaryat al-Beri 144
Sharjah Aquarium 181, 186
Sharjah Art Museum 197
Sharjah Calligraphy Museum 195, 196
Sharjah Desert Park 181, 198
Sharjah Desert Park 283
Sharjah Discovery Centre 282
Sharjah Heritage Museum 197
Sharjah Lagoon 181
Sharjah Maritime Museum 181, 187
Sharjah Science Museum 282
Sheikh Juma al-Maktoum House 49
Sheikh Mohammed Centre of Cultural Understanding (SMCCU) 33, 37, 105
Sheikh Zayed Grand Mosque 7, 142
Sheikh Zayed Road 55ff.
Sheraton Abu Dhabi Hotel & Resort 151, 153
Sir Bani Yas 205, 244ff.
Ski Dubai 75f., 282
Skyview Bar 109
Souk Al-Arsah 193, 195
Souk Al-Bahar 65
Souk Al-Bastakiya 37
Souk Qaryat al-Beri 145
Spice Souk (Gewürzmarkt) 84
Stierkämpfe 260

Talis Spa 115
Tauchen 257
Thailändischer Fischmarkt 131
The Gate 60
The Lime Tree Cafe 101
The Palm Deira 119
The Palm Jebel Ali 119
The Palm Jumeirah 99, 116f., 119

BILDNACHWEIS

The World Island 119
Thesiger Wilfried 1, 216
Tibat 267
Tim Hortons 71
Trilogy 113
Twin Towers Shopping Mall 83

Umm al-Nar-Kultur 235
Umm al-Quwain 264
Union Square 90

VAE Pavillon Expo 2010 173

Wadi Adventure 282
Wafi City 62
Wafi Mall 57
Waterbus 53
White Fort 141, 164f.
Wild Wadi 103, 108, 282
Windtürme 31
Wüstentrips 212

XVA Hotel & Gallery 33f.

Yas Arena 169
Yas Gateway Park 173
Yas Island 141f., 166ff.
Yas Island East, West 173
Yas Leisure Drive 173
Yas Marina 169
Yas Marina Circuit (Kart Zone) 169, 170
Yas Waterworld 169

Zayed Grand Mosque Abu Dhabi 41
Zighy Bay 260

Alle Bilder des Umschlags und des Innenteils stammen von Udo Bernhart, außer:

TCA Abu Dhabi: 11 o., 15o., 20 o., 26, 140, 145o., 162, 163, 166o., 167m., u., 168, 169, 172, 174, 177, 204, 232, 236, 237u., 244, 245, 246, 247m., 282

Shutterstock (www.shutterstock.com): 7 u. (Konstantin Stepanenko); 7 z.v.o. (Seqoya); 64o. (S-F); 64u. (Sergey Aryaev); 90 (Laborant); 116u., 146o. (Irina Schmidt); 128o., 150m. (Zhukov Oleg); 128u. (Ashraf Jandali); 138m. (slava296); 142, 156u. (Sanchai Kumar); 143, 230o. (Patrik Dietrich); 144,145o. (Al Akhda); 146m. (Seqoya); 146u. (bibiphoto); 147o. (oleandra); 147u., 148o., 149, 150o., 243u. (Sophie James); 148u., 160o., 262u. (Philip Lange); 160u., 230u.; (tony740607); 164 (Steve Heap); 166u., 237u. (Ritu Manoj Jethani); 167m. (hainaultphoto); 170u. (s-ts); 171o. (Naiiyer); 231 (Arthur Hidden); 239 (Piotr Zajac); 240m., 250u. (David Steele); 236 **Chantal de Bruijne**; 258u. (steba); 259 (bigfatcat); 262 o. (slava296), 264, 269 (Patrik Dietrich); 266 (Turki Al-Qusaimi); 267 (Marc C. Johnson); Umschlag oben (creativei images)

Kempinski-Emirates Palace: 7 o., 156o., 157, 158, 159

Hilton Abu Dhabi Beach Club: 153

ADTA Exposure: 170o., 171u.

Masdar City 2011: 178,179

Dubailand: 206

One and Only Resorts: 117

Ras al Khaimah Tourism: 21o., 234, 247,249, 251/2, 256-8, 264

Jumeirah at Etihad Towers: 154,155

Bildagentur Look München: Umschlag unten

IMPRESSUM

Danksagung:
Der Dank des Fotografen geht an Frau Natja Zulauf vom Government of Dubai, Department of Tourism and Commerce Marketing in Frankfurt, an Frau Nicole Adami von w&tp Wilde & Partner, Public Relations GmbH, an Frau Jana Bleckmann von WeberBenAmmar PR und an Stefanie Cireli Tourism Development Authority Ras Al Khaimah, die ihn bei der Organisation seiner Reise unterstützt haben.

Verantwortlich: Ulrich Jahn, Marianne Rösler
Redaktion: Karin Weidlich, München
Layout: graphitecture book & edition
Repro: Korotan Ljubljana
Umschlaggestaltung: Ulrike Huber, uhu-design.de, Kolbermoor
Kartografie: Kartographie Huber, Heike Block, München
Herstellung: Bettina Schippel
Printed in Slovenia by Korotan Ljubljana

Sind Sie mit diesem Titel zufrieden? Dann wurden wir uns über Ihre Weiterempfehlung freuen.

Erzählen Sie es im Freundeskreis, berichten Sie Ihrem Buchhändler, oder bewerten Sie bei Onlinekauf.

Und wenn Sie Kritik, Korrekturen Aktualisierungen haben, freuen wir uns über Ihre Nachricht an
Bruckmann Verlag,
Postfach 40 02 09,
D-80702 München oder per
E-Mail an lektorat@verlagshaus.de.

Unser komplettes Programm finden Sie unter:

 www.bruckmann.de

Alle Angaben dieses Werkes wurden von den Autoren sorgfältig recherchiert und auf den neuesten Stand gebracht sowie vom Verlag geprüft. Für die Richtigkeit der Angaben kann jedoch keine Haftung übernommen werden.

Umschlag:
Vorderseite:
Oben: Detail aus den vergoldeten Säulen in der Scheich Zayed Moschee Abu Dhabi
Mitte links: Landsleute im Gespräch
Mitte rechts: Mall of the Emirates
Unten: Burj al Arab Hotel und Madinat Jumeirah Resort Dubai
Rückseite:
Links: Wüstentour
Rechts: Spaziergänger am Jumeirah Beach

Die Deutsche Nationalbibliothek verzeichnet diese Publikation in der Deutschen Nationalbibliografie; detaillierte bibliografische Daten sind im Internet über http://dnb.d-nb.de abrufbar.

© 2014 Bruckmann Verlag GmbH

ISBN 978-3-7654-8268-7